河北省社会科学基金项目

河北省长城沿线红色资源整理与研究（1921—1949），项目批准号：HB22DD011

中共河北省委党校（河北行政学院）资助出版

河北长城文化和旅游产业带
发展探索

刘翠莲　著

河北出版传媒集团

河北人民出版社

石家庄

图书在版编目（CIP）数据

河北长城文化和旅游产业带发展探索 / 刘翠莲著.
石家庄 ：河北人民出版社，2024.6. -- ISBN 978-7
-202-17036-6

Ⅰ. K928.77；F592.722

中国国家版本馆CIP数据核字第2024FR3436号

书　　名　河北长城文化和旅游产业带发展探索
　　　　　Hebei Changcheng Wenhua He Lüyou Chanyedai Fazhan Tansuo
著　　者　刘翠莲

责任编辑　赵　蕊　牛海婷
美术编辑　王　婧
封面设计　寒　露
责任校对　余尚敏

出版发行　河北出版传媒集团　河北人民出版社
　　　　　（石家庄市友谊北大街330号）
印　　刷　河北万卷印刷有限公司
开　　本　710毫米×1000毫米　　1/16
印　　张　15.75
字　　数　210 000
版　　次　2024年6月第1版　　2024年6月第1次印刷
书　　号　ISBN 978-7-202-17036-6
定　　价　88.00元

前言

　　长城，这座跨越千年的历史丰碑，不仅是中国的象征，还是世界文化遗产之一。她见证了中华民族的兴衰更迭，承载了无数的历史故事和文化精神。河北省拥有丰富的长城资源和独特的文化遗产。从山海关的雄壮，到金山岭的秀丽，再到唐山北部长城的神秘，河北长城以其独特的地理位置和丰富的历史文化，吸引了无数国内外游客的目光。本书正是基于这样的背景，试图探讨河北长城文化和旅游产业带的发展现状、问题及未来的发展方向。

　　在撰写本书的过程中，笔者深入河北省长城沿线，实地考察了长城文化遗址、旅游资源和产业发展情况。笔者试图通过对长城知识的普及，让读者了解长城不只是一堵墙，更是中华民族精神的象征；通过对河北长城沿线文化遗址的介绍，展示长城文化的深厚底蕴；通过对河北长城文化与旅游产业带发展的概述，分析当前的发展现状和面临的挑战。长城的每一砖、每一瓦都凝聚着中华儿女的智慧和汗水，她的每一个故事都蕴含着深刻的历史意义和文化价值。因此，笔者在书中特别强调了对长城红色旅游资源的尊重和保护，倡导可持续发展的理念，以及通过科技创新丰富长城旅游文创产品，从而推动河北长城文化旅游产业带的高质量发展。

　　在此，笔者深感责任重大。长城不仅是中国的长城，还是世界的长城。如何更好地保护和利用这一宝贵的文化遗产，是摆在人们面前的一项严峻任务。笔者希望本书能够为长城文化旅游产业带的发展提供一些思路和建议，为河北省乃至全国的长城保护和旅游发展贡献一分力量。最后，期待本书能够引起社会各界对长城文化遗产保护和旅游发展的关注，激发更多人对长城深厚文化的探索与热爱，共同努力，让长城文化旅游产业带焕发新的生机与活力。

目 录

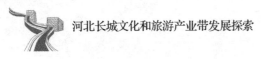

第一章　长城知多少

第一节　追寻长城的前世今生

一、长城的形成：春秋战国长城

在春秋战国时期（公元前770年—公元前221年），中国经历了历史上的第一次重大分裂，诸侯国之间竞争和冲突不断。这一时期，春秋五霸与战国七雄兴起，各诸侯国为了攻防需要而修建了大量的防御工程，其中以长城最为典型。2019年，国家文物局联同文化和旅游部发布了《长城保护总体规划》，强调春秋战国时期的长城为中国北方地缘政治变迁的重要证物。这些长城遗迹主要分布在今天的河北、河南、山东、陕西、甘肃和内蒙古等省份和自治区，涉及齐、楚、赵、燕、魏、秦、中山等多个国家。遗址总长约3100千米，其中现存墙壕遗迹近1800段，单体建筑遗迹近1400座，关隘和堡垒遗迹约160座，以及其他相关设施遗迹30余处。这些防御工程主要采用毛石干垒、土石混合建造、砌筑或夯土方式构筑。

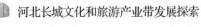

（一）齐长城

在春秋时代，齐国作为初期中原地区的霸主，经历了从齐桓公时期的兴盛到后来势力的衰退。面对四面楚歌的局面，尤其是北部的燕国，南部的鲁国，西南的曹、宋，以及西部的卫、晋等国的环伺，齐国迫切需要构筑坚固的军事防御体系。齐国东临大海、北依山岭，自有天然屏障，但西南面的冲积平原地形对于春秋时期盛行的车战很不利，因而成为防御的薄弱环节。历史记录显示，面对晋国的军事压力，齐国于西南边境先行建立了防御设施，以抵御外敌的侵扰。进入战国时期，齐国南部边境面临莒、越及楚等国的威胁，尤其是越国灭吴后势力的北推，迫使齐国加强南部边防。到了战国中晚期，随着齐国实力的进一步衰弱及田氏取代齐国统治后，大规模修建长城成为防御策略的重要组成部分。齐长城的建设贯穿春秋至战国时期，是齐国君主为保卫国家主权与领土完整而采取的关键措施。根据考古发掘和文献研究，齐长城自黄河西起，东至黄海，全长数千里，体现了齐国在军事防御方面的远见及决心。

（二）楚长城

楚国长城建设，标志着中国长城历史的起点。《中国最早的长城——南阳楚方城》一文中提到，春秋时期南阳的楚长城即中国长城建设的发源地。楚长城，亦称为"方城"，其修建反映了楚国在春秋时期的军事策略与扩张野心。在楚国力图在中原地区称霸的过程中，楚国君主采取了筑城堡以固防线、通过军事防御来应对意外攻击的战略，从而既能有效防御来自强大邻国的侵扰，又有助于楚国的领土扩张。特别是在楚庄王时期，楚国通过灭庸并修建长城与山脊相连，构筑了一道既依托天然地形又具备人工防御设施的复合防线，以对抗秦国的潜在威胁。2008 年对河南省南部地区楚长城资源进行的调查显示，楚长城不仅包括人工墙体、关堡、城址、烽火台、古道，还结合了自然山险与河流等天然防御资源，部分区域甚至保留有古代兵营遗址，展现了楚国在军事防御和战略布局上的深远考量。

（三）赵长城

韩、赵、魏三家分晋之后，赵国承继了晋国的东部及北部领土，从而开启了其领土拓展的历程。在赵武灵王和惠文王的治理下，赵国达到了疆域扩张的巅峰，成为诸侯国中的一员强国。赵国西面与秦国隔黄河相望，南接魏国，东与齐国为邻，北部与燕国及北方的游牧民族相接，其领土横跨现今的河北、山西、陕西及内蒙古等地区。为了维护国家安全与疆域完整，赵国在赵肃侯与赵武灵王的领导下，着手构筑了一系列防御工程，包括南北两条长城，即赵长城。

赵北长城主要面向西北方的林胡、楼烦等少数民族，其建设旨在防御这些民族的侵袭。考古研究表明，这一段长城主要位于现山西省境内，全长约 350 千米，现存遗址超过 50 千米，主要以石材建造，局部采用黄土夯筑。赵南长城则是为了防御南方的魏国而修建的，特别是在赵肃侯时期，赵魏两国之间的冲突频发，赵国多次处于不利地位。为了加强南方的防御，赵国在现河北省临漳、磁县一带修建了约 200 千米的赵南长城，旨在稳固南疆安全。

赵武灵王在位期间，采取了胡化改革措施，推广胡服骑射，提升了军事力量。通过先后击败中山、林胡、楼烦等，赵国成功拓展了领土。为了防范北部少数民族的反击，赵武灵王在北部边境加强了长城的建设，以保障国家北疆的安全。

（四）燕长城

在战国七雄中，燕国位于东北部，其疆域东临渤海，北界东胡等游牧民族，西邻赵、秦，南与齐国接壤。由于四面楚歌的地理位置，燕国为防御外侵，特别是来自北方的威胁，修筑了一系列长城工程，遍布于现黑龙江、吉林、辽宁、北京以及内蒙古等地区。特别在燕昭王时期，燕国通过秦开将领的努力，成功击败东胡等北方民族，将国土向北扩展了千余里。为巩固这一成果，燕国在新获得的领土上设置了上谷、辽西、辽东等郡，并修筑了长城。这些长城不仅加强了燕国的防御体系，还标志着燕国在东北地区边防建设上的先进性。后来，这些防御工程被秦始皇所继承并加以完善。为了进一步加强南方的防御，燕国在燕昭王时期还特别注意了易水以南地区的防御，修建了燕南长城，以防御来自齐国等南方诸侯国的侵扰。燕南长城的建设，不仅体现了燕国在军事防御方面的战略思考，还为后来的统一长城工程奠定了基础。

（五）魏长城

在战国时期，魏文侯开启了改革的先河，推崇贤才，重视经济发展和水利建设，使得魏国一时国力强盛，成为战国七雄之一，领土跨越了现今的山东、河南、河北、山西、陕西等省份。然而，到了魏惠王时期，魏国的国力开始逐步走向衰弱。与此同时，秦国占领了河西地区，并频繁侵扰魏国东部地区。为了应对战争的威胁，魏国在魏惠王之后着手修建了长城，主要包括河西长城和河南长城两部分，其中河西长城位于魏国的西边界，由于位置在黄河以西，因此得名；而河南长城则位于当时的河南省境内，因位于黄河以南而命名。

魏长城的建造与当时的历史背景密切相关。自公元前 627 年后的 70余年间，晋国与秦国之间爆发了多次战争，晋国一度获得了秦国的河西地区。随着晋国的衰落和三家分晋的局面出现，魏国获得了河西地区。面对秦国的东扩和频繁的征战，魏国国力不足以抵抗秦国，因此开始修建长城进行防御。但是，这样庞大的防御工程未能阻止秦国的侵略步伐，也未能改变魏国衰败的趋势。考古发现，魏河西长城的遗址横跨华阴、大荔、白水、黄龙、富县等地，部分遗址保存状况良好。而魏河南长城则主要旨在防御韩国的侵扰，并保护其都城大梁的安全，根据史料记载，这部分长城起点位于今河南省阳武县，经过中牟县延伸至新密市，沿线现存有多处遗址。

（六）秦长城

秦国，始作周朝西北诸侯之一，春秋时期曾居五霸之列，但秦穆公之后，国势一度衰弱，经济发展滞后，内外困扰频繁。在三家分晋的背景下，魏国因魏文侯采纳贤才、推行改革而日益强盛。在秦与魏的多次冲突中，秦国屡遭挫败，尤其是魏将吴起的深入进攻，使秦失去河西地区，面临国破家亡的危机。随着魏国与他国的矛盾激化，秦国暂得喘息之机。此外，秦国还需应对西北边境匈奴、北戎等民族的侵扰。

秦孝公在国力衰落之际实施变革，任用卫鞅推行新政，秦国势力因此渐入佳境。秦昭王期间，以范雎、白起等为用，采取远交近攻策略，先后击败三晋、齐、楚等强敌，国土面积持续扩张。特别是灭除强大的北戎族群义渠之后，为巩固胜果及保护关中平原，秦昭王在陇西等地修筑了长城，后世称之为秦昭王长城。

考古研究揭示，秦昭王长城穿越今日的甘肃、宁夏、陕西、内蒙古等地，其走向大致与当时秦国的西北边界吻合，亦为当地农牧业的分界线。该长城根据地形变化而异，利用天然地势建造，如甘肃定西的平缓地带建有高而厚的城墙，并辅以深宽的护城沟以阻挡入侵者。城墙多采用黄土夯实，而陕西榆林神木地区则以石材为主。除此之外，长城体系还包括沟堑、墩台、瞭望台、烽火台等辅助防御设施，以及内外城构造，形成一整套复杂的军事防御网络。通过配置大量士兵驻守，不仅强化了边防安全，还促进了边疆地区的经济开发和民族融合，产生了深远的影响。

（七）中山长城

春秋时期末年，位于今日河北唐县地区的白狄民族（亦称鲜虞）建

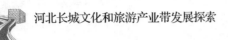

立了中山国，这一地区在战国时期成为众多诸侯国之间的缝隙。尽管国土狭小，中山国却频繁与周边强邻交锋，成为邻国关注的焦点。在魏文侯的领导下，大将乐阳与吴起曾成功占领中山国，但中山桓公后来恢复了国家的独立，并将其发展至鼎盛。面对赵国的紧迫威胁，中山国在其南部边境修建了一座长城，即中山长城，作为防御措施。

20世纪90年代，河北省的文物专家在唐县北店头乡的蔡庄村发掘出了中山国时期的古长城遗迹。基于进一步的考古研究，这段位于太行山脉一带，跨越涞源县、唐县、顺平县及曲阳地区的长城，全长约89千米，被正式认定为中山长城。该长城以其主干城墙作为核心，辅以内部的屯兵设施，形成了一个高度整合的防御网络，展示了中山国为保卫领土完整所做的努力。

二、长城的发展变迁

从春秋战国到清朝，中国多个朝代因应军事防御需求修建或修补长城，以抵御北方游牧民族侵袭。这些长城工程，尤以秦汉长城与明长城，为农耕与游牧文明冲突、交流与融合的标志，体现了封建王朝建立的国家防御体系和工程技术体系。长城不仅是农耕民族保卫家园的防线，还见证了中国古代文明的冲突与融合历程。

（一）秦万里长城

战国末期，秦国国力强盛，秦始皇在统一六国后，面临北方匈奴的威胁。匈奴趁秦忙于统一战役南下，占领河套平原。秦始皇为巩固新建立的秦朝，启动北方防御工程，于公元前215年派蒙恬率30万大军北征，成功收复河南地区并驱退匈奴。为长期防御匈奴，秦始皇决定修筑长城，沿秦、赵、燕三国旧长城基础增筑，西起临洮，东至鸭绿江，称为"万里长城"。

秦长城大体分为东、中、西三段，穿越甘肃、宁夏、陕西至内蒙古，利用地形修建，平地筑高墙，险峻处利用天然地貌。此长城不仅限制了匈奴骑兵，保护了边境安全，还促进了河套地区的开发和民族融合。尽管长城的建设对匈奴构成有效威慑，保障了秦朝的稳定，但同时也给秦朝百姓带来了重负。

（二）汉长城

汉朝的长城建设主要集中在西汉时期，以防御北方匈奴等游牧民族的侵扰为主要目的。匈奴在冒顿单于的领导下达到鼎盛，频繁侵犯汉朝边境。汉高祖时期，尽管采取和亲政策，但边境冲突未能根本解决。西汉武帝时期，国力增强，开展了长达44年的对匈奴战争，收复了河南地区，并在朔方、五原设置郡以屯田戍边。西汉还修缮和利用了部分秦朝长城，增筑了河西长城，巩固了河西走廊，削弱了匈奴力量，确保了西域通道的安全。

汉朝长城修筑考虑到地形地貌，采用就地取材的方式，根据防御需要和地区特点进行差异化建设。河西地区的长城既保护开发地，又确保了丝绸之路的畅通。汉长城的建设体现了高度的军事防御意识和开发边疆的战略目标，通过新建和修缮长城，汉朝有效地防御了外敌侵扰，同时推动了边疆地区的经济社会发展。

（三）魏晋南北朝时期的长城

在魏晋南北朝时期，面对北方及西北方游牧民族的不断侵扰，尤其是柔然等民族的威胁，北魏和北齐等政权为了防御和稳定边疆，大规模修筑和增强长城防线。这些长城工程不仅是军事防御的体现，还反映了当时中原政权与边疆民族之间复杂的关系和相互作用。

北魏时期，随着拓跋珪建立政权，为了抵御柔然的侵扰，沿北方边境修建了约1000千米的长城，并设立军镇和戍守军队，有效地防止了柔然的南下攻击，同时标志着鲜卑族从游牧转向农耕文明。

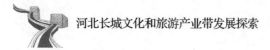

北齐则是南北朝时期修建长城最为频繁和规模最大的朝代，其修建的长城系统复杂，纵横数千里，既有为抵御北方柔然等民族侵扰的北境长城，也有为防御西方北周和山胡等族群的西线长城，以及保卫国都及陪都的内外线长城。这些长城的修筑，不仅体现了北齐对国防战略的重视，还反映了其在政治、经济上对边疆地区的控制和利用。

（四）隋唐长城

隋唐时期，隋朝与新兴的突厥势力之间冲突频发，因此隋朝加强了边境的防御工作，包括加筑和修缮北方长城。突厥的威胁促使隋文帝命令在关键边防地区，如幽州、并州和大兴城周围加强长城建设和防御。隋朝的长城工程主要是对既有的北齐长城进行修缮，并在一些地区新建长城以应对突厥的侵扰。这些长城的建设和维护，体现了隋朝对北方边疆安全的重视。

唐朝的长城建设策略与隋朝有所不同。唐朝初期，主要依靠开明的民族政策和对少数民族的吸纳融合，减少了对长城防御体系的依赖。然而，随着与突厥、回鹘、吐蕃等周边民族关系的恶化，唐朝也不得不修缮早期长城，并在某些地区增建新的防御设施来应对可能的外侵。唐朝的这些防御工程，既包括对历代长城遗址的修缮，也包括为应对特定威胁而新建的防御设施。

（五）辽长城

辽朝，一个在东亚历史上存在了两个世纪的强盛帝国，其疆域广阔，曾使周边的高丽、西夏等国家臣服。面对北方的渤海国、女真族以及其他部落的威胁，辽朝在今天的黑龙江、吉林、辽宁以及内蒙古地区修建了庞大的防御体系。这些防御工程体现了辽朝在军事防御上的远见和力度。

辽朝的防御工事主要包括镇东海口的长城、松花江周边的防御设施以及漠北的边壕。其中，镇东海口长城的建设目的之一是阻断渤海国与中原地区的联系，防止渤海国的南下和扩张。考古学家在大连市北部和金州古城南部发现的长城遗址，从东北向西南延伸，部分地段保存良好，而有些部分则几乎被完全破坏。

（六）金长城

金朝时期，为了防御北方尤其是蒙古族的侵扰，在东北到北部地区修建了一系列的防御设施，被称为金界壕，这是金朝长城的一种形式。金界壕贯穿了黑龙江、吉林、内蒙古、河北等地，展示了金朝的军事防御策略。这些防御工程的结构因地制宜，既有墙体也有壕沟，材料主要为当地的土和石头。

金界壕不仅是金朝防御外敌入侵的重要设施，还象征了当时游牧与农耕、渔猎文化的碰撞与融合。这些工程见证了12世纪东北地区的历史变迁，包括不同民族之间的冲突与交流。遗址的发现和研究表明了金界壕在我国长城建设历史中的重要地位，连接着过去与未来，承载着丰富的文化和历史价值。

（七）明长城

明代的长城，作为中国历史上规模最宏大、保存最完整的边防工程，见证了明朝的军事、政治、文化发展与边疆民族关系的演变。明长城不仅承载着防御外敌的重要职责，还是明朝国力与中外交流融合的象征。为了应对北方的蒙古族等游牧民族的威胁，明朝通过修缮和加固北方长城，增建关隘和戍堡，构筑了一道强大的防线。随着明朝国力的增强，明武帝时期对蒙古采取了更为主动的北伐政策，取得了显著的军事胜利，进一步巩固了边防安全。

然而，明朝中后期，随着国力的衰退和边疆威胁的加剧，明朝的防御策略逐渐转向以长城为基础的被动防御。特别是在土木堡之变后，明

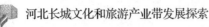
朝全面加强了长城的防御建设，长城成为明朝抵御北方民族侵扰的重要防线。明长城东起辽宁虎山，西至甘肃嘉峪关，横跨多个省份，其规模宏大，建筑结构复杂，体现了明朝在军事防御体系建设上的高超技艺。

明长城的建设，依据地形地貌进行精心设计和策划，既有加固和修缮旧有长城的段落，也有新建的关隘和城堡。明朝设立了多个军事重镇进行管理，形成了点线面相结合的防御体系，提高了防御效率。此外，明长城的建设有助于加强中央政府对边疆的控制。

（八）清长城

清朝时期，统治者认为依靠长城的物理防御并非长久之策，更注重以德治国。然而，在清末为镇压内部起义，清政府也不得不修建一些防御工事。这些工事中的典型代表是柳条边，一种土堤、壕沟与柳条相结合的特殊防御系统，主要分布于东北地区，旨在保护清朝的东北边疆。

柳条边的建设早期主要是为了保护盛京（今沈阳）及其附近的皇陵，同时实施民族隔离政策，防止外族侵扰与挖采作物破坏大清"气运"。这种防御工事的特点在于其简易的构造——土堤上插柳并用绳相连，外侧配以壕沟，形成一道特殊的防线。与传统意义上的长城相比，柳条边更多的是一种行政分界，而非纯粹的军事防御工程。

柳条边分为东、西、北三段，各有其特定的修建目的和历史背景。东段主要为了保护皇陵不受朝鲜人侵扰，西段则是为了分隔蒙古游牧区与农耕区，北段旨在保护长白山这"大清龙脉"。尽管柳条边在一定程度上帮助清朝实现了部分目标，促进了边疆的稳定与民族融合，但随着清末自然灾害、外来侵略的加剧，清政府被迫采取开放边疆、鼓励移民实边的政策，柳条边的功能最终逐渐消失。

第二节 长城的历史文化与精神价值

一、长城的历史文化

(一)长城是中国古代军事防御工程体系的建筑遗产

1.长城体现了"居安思危,有备无患"的军事防御思想

长城的建设和存在,深刻体现了中国古代的军事防御思想——"居安思危,有备无患"。这一思想贯穿中国历史,反映了中华文化中对安全与稳定的深刻理解和追求。在农耕与游牧文明的边缘,长城不仅是一道物理防线,还是两种不同生活方式和政治体制间对立与共存的象征。

长城建设的历史背景和目的主要是防御北方游牧民族的侵袭。无论是在春秋战国时期诸侯国之间的防御中,还是在后来少数民族建立的朝代对更北方游牧势力的抵御中,长城都扮演了关键的角色。这反映了一种深植于中华文化的防御思想,即通过建立坚固的防御工事来保障国家和人民的安全。

《孙子兵法》中提到的"先为不可胜,以待敌之可胜"[1]策略,精准地捕捉了长城防御策略的精髓。长城的建设使农耕文明在面对游牧民族的军事威胁时,能够立于不败之地。游牧民族的战争策略以高度的机动性和随机性为特点,而长城通过提前准备和防御,有效地抵御了这种威胁。

2.长城承载着古代系统全面的防御制度

长城不仅是古代中国军事防御的物理象征,还是复杂而全面的防御体系的核心。这一体系依托于精心设计的防御工程、周密的军事布局,以及高效的信息传递系统,因此也是一道坚不可破的防线。

在防御工程方面,长城展现了古代中国的"因地制宜"原则。其延

---

① 敬人:《智无止境:〈孙子兵法〉名句今悟》,青岛出版社2021年版,第57页。

绵数千里的墙体不仅利用了自然地形的优势，还采用了土、石、砖等多种材料，根据地理环境和资源条件进行差异化建造。这种建造策略不仅提高了长城的防御能力，还反映了各地区的建筑技术和艺术风格。长城的防御体系还包括了一套完善的管理制度。这一制度涵盖了长城的各项防御功能，如边境守卫、军事屯田、瞭望警报、信息传递和贸易往来等，涉及屯兵管理、军需供给、烽火报警、驿站传递和边境贸易等多个方面。这些制度的有效运作，保障了长城防线的稳固，同时促进了边疆地区的经济社会发展。

（二）长城反映了地方与中央的关系

长城既是中国古代政治演变的产物，也是大一统理念的物质体现。其起源于春秋战国时期，一个由分封制向中央集权郡县制转换的关键历史阶段。这一时期，各诸侯国之间连绵战争，旨在扩张领土和人口，增强自身的经济实力和政治影响力，而这也是最初修建长城的直接动因。随着时间的推移，长城的功能从起初的诸侯国间的相互防御，演变成抵御北方草原上游牧民族的侵扰。这一转变不仅反映了农耕文明与游牧文明之间长期的对峙状态，还体现了中国古代对中央集权体制的坚持和对大一统理念的追求。长城的修建和维护，往往是由中央政府统一规划和执行的国家级工程，显示了中央集权制度下的组织能力和行政效率。然而，长城的修筑也是一把双刃剑，虽然在一定程度上保障了国家的安全和边疆的稳定，但也对国家的经济和社会稳定造成了重大压力。例如，秦始皇修建的万里长城虽然加强了国防，但巨大的人力物力消耗引发了民众的不满，加速了秦朝的衰亡。

（三）长城见证了中华民族的形成与发展，促进了民族融合与发展

长城不仅是中国古代军事防御体系的核心，还是中华民族形成与发

展过程中民族融合的重要舞台。这一伟大的建筑不仅见证了农耕文明与游牧文明之间的交流与冲突，还促进了多元文化的交融与发展，为中华民族的形成提供了坚实的基础。

长城地区成为不同民族文化交汇的前沿，无论是农耕民族还是游牧民族在掌握中原地区的政权后，都展现出了对统一中国和推进民族融合的共同愿望。尤其是当游牧民族政权入主中原后，他们不仅需要与农耕文化深度融合以实现社会的稳定和谐，还要在不断推动政治、经济和文化整合的过程中促进汉族与各少数民族互相融合，塑造多元一体的中华民族。在长城附近地区，农耕人与游牧人的互动尤为频繁，他们通过交易、学习和文化吸收，取长补短，共同进步。这种经济与文化上的互补性，不仅促进了双方的发展，还加深了彼此之间的了解和尊重，为民族融合奠定了坚实的基础。

历史上，长城地区的移民政策和人口流动进一步加速了民族融合的进程。从魏晋南北朝时期的大迁徙到后续的主动和被动移民，都在不同程度上改变了该地区的民族分布格局，促进了不同民族之间的交流和融合。这种大规模的人口流动不仅促进了政治和经济上的整合，还为文化的互相影响和融合提供了条件。古代的贸易活动，如关市、榷场和茶马互市等，更是民族融合的重要推手。通过这些官方许可的贸易形式，不仅加强了农耕文明与游牧文明之间的经济联系，还促进了社会政治关系和文化生活的深入交流，从而有效地推动了各民族之间的融合。

（四）长城与中国传统文化

长城不仅是农耕与游牧文明交汇的界线，还是一道独特的文化风景。它不仅见证了中国传统文化的形成与发展，还是中外文化交流的桥梁。贯穿中国史册的长城，既承载着中国古代社会变迁的记忆，也映射出深厚的文化底蕴。长城及其相关文化，如边塞诗歌、民间故事与传说等，构成了中国文学宝库中的宝贵财富，对中华文化的传承与发展产生

了深远影响。长城不仅是一种物质文化遗产，还是一种精神象征，反映了中国人民适应环境、改造环境的智慧与勇气，以及对生存状态的深刻理解。

在多民族交流碰撞与共同发展的历史进程中，长城地区成为不同文化模式和传统形成、交融的重要场所。这里不仅孕育了丰富多样的文化传统，还形成了中华民族集体记忆，展现了家国一体的文化理念。"天下兴亡，匹夫有责"的责任感正是长城文化中的重要精神内核，它强化了中华民族的文化生命力和凝聚力，孕育了无畏牺牲、奋不顾身的民族精神。同时，长城还是古代"丝绸之路"的关键节点，促进了东西方文化的交流与融合。通过长城的保护，汉代确保了丝绸之路的畅通，为中外文化交流搭建了桥梁，促进了中华文明与世界其他文明之间的互相理解与尊重。

二、长城的精神价值

（一）团结统一、众志成城的爱国精神

长城作为民族精神的象征，深刻反映了中华民族追求统一和众志成城的坚定意志。自秦朝确立国家统一的格局以来，历代的分分合合都未能改变追求统一的国家发展轨迹，体现了中华民族对国家统一和民族团结的深切渴望。

中华民族伟大复兴的道路，离不开各族人民的紧密团结和对国家统一的坚守。历史证明，无论是农耕文明的承继者还是入主中原的游牧民族，都将国家统一视为发展的核心目标，从而推动了不同民族间的深度融合。特别是在长城地带，多民族的交流与碰撞催生了共同的文化模式与传统，加深了全民族的团结与认同。内蒙古、新疆、宁夏等与长城紧密相关的自治区的成立，不仅是民族自治政策的实践，还是民族团结与国家统一理念的具体体现。长城遗产的保护与传承，成为连接不同民族、

共同守护家园的纽带。

　　在国家面临挑战时，众志成城的精神尤为重要。历史上的长城见证了中华儿女共同抵御外侮、保卫国土的决心和勇气。这种精神在现代依然是克服困难、战胜灾难的关键力量。爱国精神是国家强盛的根基。每个人的贡献虽小，但众人汇聚成的力量能构筑起守护国家的坚固长城。爱国主义精神、民族自尊心和对国家的热爱，是每个公民的宝贵财富，也是国家发展不可或缺的精神支柱。

（二）坚韧不屈、自强不息的民族精神

　　长城所体现的坚韧不屈和自强不息精神贯穿了中华民族的发展历程，成为推动民族复兴的精神力量。这种精神以古代神话传说、历史故事为载体代代相传，成为中华民族共同的文化遗产和精神财富。从女娲补天到愚公移山，这些神话故事不仅展示了中国人面对困难时的坚定和勇气，还传递了一种不屈不挠、敢于挑战的精神态度。这些故事中的人物被视为英雄，成为激励后人的典范。

　　自强不息是中华民族的传统美德，意味着永远不停止追求进步和完善自我。这种精神在中国的古典文化中有着深厚的根基，如《易经》中所述"天行健，君子以自强不息"，强调了不断自我完善和奋发向上的重要性。自毛泽东主席宣布"中国人民从此站起来了"以来，中国人民在国家建设和民族复兴的道路上展现出了无比的坚韧和勇气。无数革命先烈的牺牲和奋斗，为今天的和平与发展奠定了坚实的基础。

（三）守望和平、开放包容的时代精神

　　中华民族自古以来就崇尚"天下为公"的理念，追求共存共荣。长城的修建，是为了保护人民免受战乱之苦，而非侵略扩张，体现了中国人民爱好和平、避免战争的深层次心态。这种以和为贵的态度，是中国人民代代相传的宝贵精神财富。然而，历史也教会人们，仅凭愿望无法

保证和平。清朝闭关锁国的政策导致中国落后，成为西方列强侵略的对象。朝鲜战争更是向世界展示了中国维护国家主权和领土完整的决心与勇气。在面对外部压力和挑战时，中国人民展现了不畏强权、勇于斗争的坚定态度。

改革开放以来，中国积极学习国外的先进技术和管理经验，致力于世界各国友好合作，体现了开放包容的时代精神。这种精神不仅促进了中国的快速发展，还有助于世界和平与发展。中国的发展道路证明，只有坚持开放包容、合作共赢的原则，才能促进国家繁荣发展和人民幸福安康。

守望和平、开放包容的时代精神，是当代中国对外交往的基石，也是中华文化的重要组成部分。在新的历史时期，中国将继续秉承这一精神，与世界各国共同努力，构建人类命运共同体，为世界的和平与发展做出更大贡献。

第三节　长城文化遗产分布及环境特征

一、文化遗产及其分布

长城始建于春秋战国时期，1987 年被列入世界文化遗产名录。根据 2019 年发布的《长城、大运河、长征国家文化公园建设方案》，长城国家文化公园的建设范围已明确。这一范围不仅包括了战国长城、秦长城、汉长城、北齐长城、北魏长城、隋唐长城、五代长城、宋长城、西夏长城、辽长城等长城遗址，还包括了明长城和金界壕等代表性的防御体系。这些遗址遍布我国河北、北京、天津等 15 个省（自治区、直辖市），展现了长城在中国广阔地域中的重要地位和历史价值。

（一）河南省

河南省的长城遗址主要包括战国时期的楚长城、魏长城和赵长城。

楚长城，作为中国早期建筑之一，其遗址遍布平顶山市、驻马店市、南阳市和邓州市，以东线、西线和北线为主。这些区域不仅保存有长城墙体，还有关隘、兵营、烽火台等相关建筑和设施的遗迹。当前，分水岭关、鲁阳关等关隘较为知名。魏长城，始建于魏惠王时期，主要用于抵御楚国和秦国的侵袭，分布在管城、荥阳、巩义、新密等地。当前，郑州青龙山长城遗址和新密长城遗址为全国重点文物保护单位。赵长城，由赵肃侯于公元前333年修建，俗称"赵南长城"，位于黄华南天门外的高家庄村东部，是河南省的重点文物保护单位。这些遗址的长度各不相同，最长可达10千米，最短的只有300余米，部分区域的遗迹已不复存在。

（二）山东省

山东省的齐长城遗址，作为战国时期齐国所修建的古代军事防御工程，被视为"长城之父"，其历史悠久，至今已超过2600年。这条长城贯穿山东省中部，由西至东依次经过济南、泰安、莱芜、淄博、潍坊、临沂、日照和青岛等地，展示了丰富的文化遗迹和史迹。其中，杜庄城堡、牌孤城、鲁地便门、穆陵关以及大峰山遗址等，都是沿线的重要文化标志。特别是青岛胶南段的长城，作为青岛的著名景点之一，以"少海连樯"之称闻名，体现了古代齐国在军事防御及地理策略上的智慧和技艺。

（三）陕西省

陕西省拥有丰富的长城遗址，跨越了从战国时期至明代的数个历史阶段。其中，战国时期的秦国长城包括早期的秦东部长城和秦昭王时期的扩建，遗址分布在渭南市、延安市等地，如"堑洛长城"及"秦上郡塞长城"等。这些长城遗迹虽然经历了严重的损毁，但仍有部分段落保存相对完好，如榆林市李家畔村的一段，俗称"城墙疙瘩"，成为研究秦国军事防御和地理策略的重要资料。

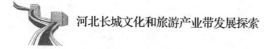

魏河西长城，作为魏国在河西地区的防御工事，其遗迹主要位于陕西省的华阴市、韩城市和延安市，尽管大部分已遭严重破坏，但残存的墙体和堑山遗迹仍能窥见当年的边防风貌。秦长城和隋唐长城遗址，分别代表了秦朝大一统后的北部边疆防御工程和隋唐时期的边防建设，其遗址散布在陕西省北部，包括神木市和靖边县，虽然遗迹存留不多，但仍具有很高的历史和文化研究价值。明代的边墙，即明朝延绥镇长城，横贯榆林市和延安市，以规模宏大和保存较为完好而著称。内外两道长城的平行分布，展现了明朝边防防御体系的严密与复杂，是研究明代军事防御和地理策略的珍贵资料。

（四）甘肃省

甘肃省是古代丝绸之路的重要通道，也是多段长城遗迹的所在地，跨越了从战国时期到明代的数个历史阶段。

战国时期的秦国长城，主要指秦昭王时期建造的长城，其西起点为定西市临洮县，沿西南—东北方向延伸，途经平凉市、庆阳市等地。这段长城为秦国北部防御线的重要组成部分，而由其遗址至今仍能窥见当年的雄伟景象。

汉长城，又称河西汉塞，是汉朝为了巩固西北边疆而修建的防御工程，分布于兰州市至敦煌市一带，即河西走廊地区。其主要以壕堑形式存在，加之年代久远，大部分已被流沙掩埋。尽管如此，沿线分布的烽火台和烽燧线等遗迹，仍然是研究汉朝边防体系的重要资料。

明长城的西段遗址在甘肃省尤为突出，其中主线贯穿兰州市至嘉峪关市，而北线则分布于庆阳市、白银市至兰州市。这段长城遗址以其规模宏大和保存相对完好而著称，每隔约 5 千米便设有烽火台，充分展现了明朝时期边防防御体系的严密性与复杂性。尤其是嘉峪关城楼，以"天下雄关"的美誉闻名，是明长城西段的重要标志性建筑，也是研究明代军事历史、地理环境及民族交流的宝贵资源。

（五）宁夏回族自治区

宁夏回族自治区拥有几条不同历史时期修筑的长城，如战国时期秦昭王长城、宋长城和明长城等。

战国时期的秦昭王长城，是宁夏南部的历史见证，延续至固原市和中卫市。它与甘肃省的秦昭王长城相连，共同构成了那一时期秦国北部边境的防御线。这段长城利用了天然地形，展示了古代军事防御的智慧。

北宋时期，在吴忠市、中卫市和固原市地区的长城，由于自然侵蚀和人为破坏，大部分已难以辨认。这些长城遗址包括壕堑、墙体、敌台、城堡和烽火台等，体现了北宋时期边防建设的特点和复杂性。

明代长城在宁夏的分布更为广泛，主要包括河东墙、北长城、西边墙和内边墙四条主干长城，覆盖了宁夏东部及东北部、北部、西部及西北部，以及东部偏南地区。现存的长城墙体虽然部分损毁，但仍保留有敌台、铺舍、城堡和烽火台等遗迹，总长度约793米，其中保存较完整或尚存遗迹的墙体约669米。

（六）内蒙古自治区

内蒙古自治区的长城遗址跨越了战国、秦、汉、北魏、金、西夏和明等时期，总长度达7570千米。

战国时期的长城，包括秦昭王长城、燕北长城和赵北长城，反映了那一时期中国北方边疆防御的初步建设。特别是秦昭王长城在鄂尔多斯市，燕北长城在赤峰市和通辽市，赵北长城贯穿乌兰察布市至巴彦淖尔市，都是防御外侵的重要工程。

秦长城和汉长城在内蒙古的存在，显示了从秦始皇统一中国后，对边疆防御体系的加固和拓展。秦始皇时期的长城遍布巴彦淖尔至通辽等地，而汉代的长城更是扩展至赤峰、呼和浩特等多地，以应对北方游牧民族的威胁。

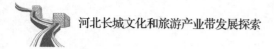

北魏时期的长城，特别是六镇长城南线和北线，以及泰常八年长城，都是为了防御北方民族而修建。它们不仅有助于加强边疆的防御，还可促进内蒙古地区的汉化。金界壕和西夏长城遗址的发现，为研究这一时期的军事防御和民族关系提供了宝贵的实物证据。明长城在内蒙古的三条线，即外长城、内长城和长城次边，更是明代防御体系的核心，展现了明朝对北方边防的重视。

（七）山西省

山西省长城遗址跨越了战国、北魏、北齐、宋、明等多个历史时期，总长度约为1400千米。

战国时期的长城遗迹，主要分布在晋城市，呈现出西东偏南的走向，全长大约75千米，展现了当时诸侯国间的军事对峙和边疆防御的初步构想。

北魏和北齐时期的长城，在山西省北部忻州市形成了一体化的防御体系，其中北齐长城是利用并重修东魏长城而来，遍布于吕梁、忻州、原平、山阴、朔州、大同、晋城等地，虽然大部分墙体已坍塌，但仍有少数地段保存较好，如背泉村、大口村的长城遗迹。

宋时期的长城，则是在北齐长城的基础上进行修筑，主要位于忻州市岢岚县，以片石垒砌结构为主，部分段落顶上仍保留有女墙，周围散落着大量宋代瓷片，展现了宋代对边防安全的持续维护和文化的痕迹。

明代的长城遗存是山西省内保存最为完好、设施最齐全的部分，延伸于大同、朔州、忻州、原平、阳泉、晋中、长治等地，总长约896千米。其中，黄河岸边的长城，多劈山为墙，墙体均为黄土夯筑，展现了明代长城建设技艺方面的高度成就。

（八）河北省

河北省汇集了战国、秦、汉、北魏、北齐、唐、金、明八个不同历史时期修建的长城，展现了中国古代边防建筑的丰富多样性和技术进步。

战国时期，河北省的长城遗迹主要包括中山、燕、赵三个国家的长城，遗迹分布于保定、张家口、承德、廊坊等地，反映了战国时期诸侯国间的军事竞争和边防策略。

秦朝统一六国后，在原有的燕、赵长城基础上扩建而成的秦长城，跨越承德、张家口，全长达 676.5 千米，标志着中国古代军事防御体系的初步形成。

汉朝时期，长城建筑向西北扩展，利用并新建长城，以增强边疆安全，部分工程沿用了赵北长城和秦长城的路线，展示了汉朝边防建设的扩张与完善。

北魏和北齐时期的长城，主要集中在张家口和承德，体现了北方民族在控制和保护边疆方面的努力，以及北方民族与中原王朝间的军事对抗和文化融合。

唐代的长城，主要位于张家口，建设于唐开元年间，现存的戍堡和烽火台遗址，如康庄障城和八里庄障城，展示了唐朝时期长城防御体系的持续发展和改善。

金界壕的南线，分布于承德、张家口，现存遗址包括城堡、马面和烽火台等，彰显了金朝对边防安全的重视。

明代长城，从山海关的老龙头开始，途经秦皇岛、唐山、承德、张家口等地，是长城建设历史上的高峰，包含了众多著名遗址，如山海关、金山岭、大境门、角山长城等，展示了明朝边防工程的宏大规模和精湛工艺。

（九）辽宁省

辽宁省拥有丰富的长城遗址，包括战国、秦、汉、辽、北齐、明六个不同历史时期的长城。

战国时期的燕长城，即燕北长城，遍布辽宁多个市区，展现了战国

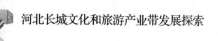

时期燕国的边防策略和建筑技术。这一时期的长城多样化的结构，如石墙、夯土墙和自然地形防御，体现了古人根据地理环境巧妙设计的智慧。

秦长城，继承并发展了燕长城的路线和结构，是中国统一后边防体系的重要组成部分，其在辽宁省内的分布，彰显了秦帝国边防策略的延续和强化。

汉长城作为汉朝边疆防御体系的东端，其在辽宁的分布，既有利用前朝长城的部分，也有自行新修的长城，展示了汉朝边防建设的拓展性和完善性。

辽长城在大连市甘井子区的遗迹，虽然保存不多，但仍呈现出了辽朝时期边防建设的特点和历史价值。

北齐长城及其在明朝的扩建，特别是在葫芦岛市绥中县九门口的部分，展现了长城作为军事防御工程的持续重要性，以及明朝时期边防策略的关键点。

明长城在辽宁广泛分布，包括辽东山地、辽河平原和辽西丘陵地区，体现了明朝对辽东边防的重视。尽管许多长城遗迹损坏严重，现存的墙体和附属建筑遗迹仍然是研究明朝军事防御体系的重要资料。

（十）吉林省

吉林省承载着汉、唐、金三个历史时期的长城建筑遗产。

汉长城的遗址在通化县，揭示了汉朝对东北边疆的控制和保护，延伸至辽宁省，显著地体现了汉朝边防线的东扩。汉烽燧线的发现，不仅推进了对中国长城历史的研究，还为研究汉朝的军事策略提供了重要的实证。

唐长城的遗迹，尤其是老边岗土墙，让人们得以一窥唐朝时期边防建设的布局和特点。同时，渤海国延边边墙的遗迹，更是展示了唐朝时期东北地区民族交融与边防建设的独特景象。

金代边墙的发现，特别是在延边朝鲜族自治州的大规模遗迹，更是反映了金朝时期对长白山区域的防御与控制，展示了金朝军事防御体系的复杂性和高度组织性。

（十一）北京市

北京市拥有北齐和明两个时期的长城遗迹。北齐长城虽然在北京地区的遗存较少，但其遗迹仍然是研究北齐时期军事防御体系的宝贵资料。明长城在北京的分布更为广泛，形成了一道环抱北京北部山区的壮丽防线，不仅是中国古代军事防御工程的代表，还是世界文化遗产的杰出代表。

明长城在北京的分布为，从东边的平谷区到西边的门头沟区，跨越了北京市多个区域，并且以燕山山脉为依托。这些长城遗迹包括城堡、关口、敌台等多种军事防御设施，每一处都蕴含着丰富的历史信息和文化价值。其中，八达岭长城、居庸关长城等地，因保存完好、景观壮观，已成为国内外游客的重要旅游目的地，也是中国长城文化的重要展示窗口。

（十二）新疆维吾尔自治区

新疆，作为丝绸之路的重要节点，其长城遗址体现了古代中国为保护这一重要商贸通道而做出的军事防御努力。这里的汉长城和唐长城遗址，尽管经历了数百年的自然风蚀和人为破坏，许多已经残破不堪，但依旧能够让人们窥见当时宏大防御网络的雄伟。这些遗址不仅是军事防御体系的见证，还是古丝绸之路文化交流的重要标志，讲述着古代东西方文明交汇的历史故事。

（十三）天津市

天津的明长城遗址则展示了明朝时期在北方边防建设的高超技艺。位于蓟州区的长城段落，不仅因其优越的地理位置和复杂的建设技巧成

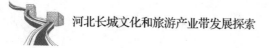

为重要的军事防御工程，还因其完整的长城体系和丰富的相关建筑遗迹而具有很高的历史文化价值。这些长城不但作为军事防线有着重要的作用，而且也是研究明代军事、建筑技术发展的重要资料。

（十四）青海省

青海省的明长城遗址，从祁连山南麓向东延伸至甘肃的河西长城，展现了明代边防体系在中国西部的扩展。这条长城不仅具有军事防御作用，还是古代中央政府对西部边疆地区行政管理和控制的重要体现。长城的主线和辅线共同构成了一个复杂的防御网络，不仅保护了内地的安全，还促进了当地的经济社会发展和民族融合。长城遗址及其附属建筑物，如烽火台、关堡等，不仅是军事防御建筑的代表，还反映了当时的建筑技术和管理水平。

（十五）黑龙江省

黑龙江省的金界壕遗址，则是金朝时期为防御北方民族侵袭所建的边防设施。位于齐齐哈尔市的这段长城，虽然长度不及传统意义上的万里长城，但其在东北地区的防御作用同样重要。碾子山区段的金界壕及龙江县段的遗址，凸显了金朝时期边防建设的特点和军事防御体系的复杂性。这些遗址不仅是金朝军事历史的见证，还是研究古代东北边疆防御体系和民族关系的重要资料。

二、自然环境特征

（一）地形特征

长城所覆盖的地区位于中国中北部，跨越了广阔的地理范围，涵盖了15个省（自治区、直辖市），占据了约一半国土面积。这一区域的地形很复杂和多样化，从高原到山地再到平原，呈现出丰富的自然景观和地貌特色。

地形上，整个长城区域由西向东逐渐降低，为典型的"西高东低"地形结构。西部以青藏高原的东北边缘为代表，海拔普遍在 4000 到 5000 米之间，由祁连山脉至阿尔金山脉构成的高山峻岭构成了区域内的最高地形层次。继而向东，地势逐渐下降，形成第二个地形阶梯，这里是由准噶尔盆地、河西走廊、阿拉善高原、内蒙古高原和黄土高原等广阔的高原和盆地，以及六盘山、吕梁山、太行山、阴山等山地组成，海拔为 1000～4000 米，呈现出多样的地表形态。到了东部，华北平原构成了最低的地形阶梯，这里是由黄河、海河、滦河、淮河等河流冲积形成的，平均海拔大约为 50 米，主要由低山和广阔的平原组成，地形相对平坦。辽东半岛的辽东丘陵则是由变质岩和花岗岩构成，地形破碎，海岸线曲折，形成了丰富的港湾和岛屿。而长白山脉和千山地区，海拔为 500～1500 米，构成了东北的一道壮丽山景。东北平原则以其低平的地势和肥沃的土地著称，海拔普遍在 200 米以下，是中国重要的农业生产基地之一。

（二）气候特征

长城所覆盖的地区，由于广泛的地理分布和复杂的地表结构，展现出了丰富而多样的自然景观和鲜明的气候特征。气候上，这一区域可以大致划分为西北干燥气候区和东南季风气候区两大类。西北部广阔的地区有着干燥的气候，全年缺乏明显的旱季和雨季之分，而东南部则处于东南季风气候区，夏季湿润多雨，冬季干燥寒冷，展现出大陆性季风气候和内陆干燥气候的双重特征。此外，这一区域从南到北跨越暖温带和中温带，从东到西呈现出由湿润逐渐向干旱转变的趋势。夏季是降水的高峰期，特别是在 5～9 月。根据降水量的不同，长城地区可以进一步细分为半湿润区和半干旱区，以及更为干燥的荒漠区，后者年降水量不足 200 毫米，自然条件较为恶劣。根据这些复杂的气候条件，长城地区

被划分为 12 个气候大区，包括中温带的四个子区域、暖温带的四个子区域，以及四个高原气候区。这些气候大区反映了从湿润到干旱、从温带到高原的广泛气候变化，为长城沿线的自然景观和生态环境提供了多样化的背景。

（三）水系特征

长城地区的水系体现为自东向西由丰沛到极度干旱逐步变化，涵盖了多种河流和湖泊类型。这一区域的河流系统主要分为内外流两大类，以大兴安岭—阴山—贺兰山—祁连山线为界。东南方的外流区域气候湿润，河流众多，包括嫩江、辽河、海河等，这些河流通常水量充沛，是季风气候区的典型代表。相反，西北方的内流区域由于其干旱的气候，河流稀少且水量小，如河西走廊的冰雪融水河流，大多数河流不流入海洋，而是流向内陆湖泊或消失于沙漠中。

湖泊分布也反映了相应的地理和气候差异，外流区的湖泊多为淡水湖，与河流紧密相连，而内流区的湖泊则以咸水湖或盐湖为主，多数湖泊自成体系，无法排出多余水分，导致盐分浓缩。这些湖泊通常与地壳活动、河流堵塞或地下水上升有关，形成了独特的自然风貌。沼泽地带以泥炭沼泽和潜育沼泽为主，前者主要分布在东北的寒温带和温带湿润地区，后者则多见于东部平原和滨海地区，反映了不同气候和地形条件下水文环境的差异。

三、人文环境特征

（一）民族特征

长城自古以来就是多民族交流融合的重要地带。它不仅是历史上抵御外侮的屏障，还是不同民族文化交流、融合的桥梁。自秦汉以来，鲜卑、乌桓、匈奴、羌、氐、东胡等众多少数民族在长城内外活动，与汉族人民紧密相连，共同生活和发展，形成了错综复杂的民族格局。随着历史的发展，尤其是在汉末魏晋南北朝时期，大规模的民族迁移使得长城带成为各民族杂居的地区，进一步促进了民族间的交流和融合。

隋唐时期，长城带的民族融合进入一个新的阶段，不仅在社会生活领域，还在语言、姓氏、文化及经济活动等方面形成了一体化的社会格局。两宋时期，契丹、铁勒、女真、突厥、沙陀等民族的大迁徙，以及元、明、清三代的民族迁移和融合，进一步丰富了长城带的民族构成，促成了包容并蓄的民族关系网。

现如今，长城带上居住着包括汉族、蒙古族、哈萨克族、维吾尔族、回族等在内的20余个民族。这些民族在历史长河中不断交流互鉴，共同促进了区域的经济发展和文化繁荣，共同构筑了新时代中华民族共同体的坚实基础。如今的长城带不仅见证了中国北方的历史变迁，还是中华民族大融合和共同发展的生动缩影，展现了"你中有我，我中有你"的民族融合新局面。

（二）经济结构特征

在中国北方的长城地带，古代经济结构的形成和发展，深受其独特的地理环境和气候条件影响，呈现出明显的"两区三带"格局。这一格局将中国北方经济文化区分为西部的畜牧业主导带和东部的农业主导带，而这两大区域的分界线则是自大兴安岭经阴山、贺兰山至横断山脉的自然地理线。进一步细分，可以看到三个经济带：水田农业带、旱作农业带以及畜牧业带，它们分别以淮河、秦岭、阴山、燕山和东北平原等地理标志为边界。

在长城以南地区，传统的农业经济占据主导地位。从新石器时代开始，这里就有了土地耕作的活动，随着历史的进程，由于中原势力的北扩、铁器的普及、农技的进步、水利工程的建设等因素，农业经济逐渐向北扩展。现代的长城地区农业经济区域，包括大兴安岭、东北地区、

山西和陕西的农地、内蒙古南部以及新疆等。

长城以北地带，则以畜牧业为经济支柱。在这里，马、驼、牛、羊、驴是游牧民族的重要财富和生计基础。游牧民族在马匹的放养与管理方面形成了一套专业的产业体系，而且其马匹的养护和马匹配套用具的制造，甚至是特色的毡制品和纺织品的制作，都体现了草原畜牧业的高度发展。

（三）生活习俗特征

在长城这条悠长的历史线上，不同民族的文化交融与碰撞形成了一幅丰富多彩的文化画卷。长城不仅是一道防御工程，还是不同民族文化交流的桥梁。同时，由于长城地带的独特地理环境和各主导文化的相互影响，这里的居民在物质生活和精神追求上既保留了自身民族的独特性，也在互动中融合了其他民族的文化精髓，共同塑造了一种既多元又具有一定共性的文化。这样的文化交融不仅丰富了长城地区的民族文化景观，还促进了不同民族之间的相互理解和尊重，为长城地带的和谐和文化持续发展奠定了坚实的基础。

1. 服饰习俗

长城地带的服饰文化丰富多样，蒙古族、哈萨克族等以畜牧业为主的民族，男性多穿着宽大的皮质长袍，女性着装则更加注重体现民族特色，且每个民族的服饰都蕴含着其独特的文化内涵和审美情趣。同时，农业民族的服装虽偏向紧身短上衣，但在北方气候的影响下相对宽大，其中女性服装在款式和装饰上各具特色，充分展现了各民族文化的多样性。

2. 饮食习俗

长城地带的饮食习俗明显体现了畜牧业与农业经济的区别。畜牧民族以肉食为主，奶茶和各种乳制品是日常生活中不可或缺的，而农业民族则以粮食为食，面食在长城地带尤为普遍，无论是汉族还是其他少数民族，面食都是餐桌上的主角。此外，渔猎民族，如赫哲族、鄂伦春族的饮食文化与渔猎生活密切相关，以鱼肉和野味为主要食材，形成了独具特色的风味食品。长城地带的饮食文化在保持各自特色的同时，也展现了民族间的文化交流与融合，形成了独特的饮食文化景观。

3. 居住习俗

长城地带的居住习俗大致可分为游牧狩猎民族的流动住所与农耕民族的固定居所两大类型。游牧狩猎民族，如蒙古族、塔吉克族等，传统上住在蒙古包、毡房或帐篷中，这些住所便于随着季节和牲畜迁徙而迅速搭建与拆卸。而以农业为基础的居民，则多居住在由土坯、夯土或砖石构建的房屋中，形式多样，从北方特有的窑洞到具有地方特色的四合院等，体现了各民族对居住环境的适应与改造。

长城地带的建筑风格和居住习俗也随地域而异，反映出丰富的地方文化和民族特色。在西北地区，由于降水较少，屋顶设计相对较平，以适应少雨的气候条件；东北地区的屋顶坡度较大，以适应积雪较多的冬季。院落是北方建筑的重要组成部分，既有紧凑的四合院，也有宽敞的多进式院落，门楼的建造各具匠心，反映了民族文化和审美偏好的差异。例如，塔吉克族在一个室内生活的习俗体现了家庭的紧密结合，维吾尔族的居住环境融合了自然与文化和谐元素，朝鲜族的住房布局则展现了其生活的条理性与实用性。

4. 生产习俗

长城带地区的生产习俗展现了人民与自然环境的密切关系。农业民族利用当地适宜的气候和土壤条件，发展了丰富多样的农作物种植和耕作技术。畜牧民族则依赖广阔的草原和丰富的水源，发展了以马、羊、牛等为主的畜牧业。各民族在生产活动中形成了独特的技术和习俗，如鄂温克族的狩猎仪式、满族的猎鹰训练、蒙古族的围猎技巧等，这些习俗不仅体现了民族文化的深厚底蕴，也展示了人们对自然环境的深刻理解和尊重。

5.节日习俗

在长城带这片历史悠久的土地上，各民族共同织就了一幅多彩的节日民俗图卷。春节，是最为重要的传统节日之一。无论是鄂温克族、赫哲族、锡伯族、蒙古族还是汉族等，都以其独特的方式庆祝农历新年的到来，通过守岁、拜年、祭祖等形式表达对先人的敬仰和对新一年美好生活的期盼。

除春节外，长城带各民族还庆祝元宵节、清明节、端午节、七夕节、中秋节和重阳节等传统节日，这些节日不仅是岁时变换的标志，还承载着丰富的文化内涵和民族特色。蒙古族的那达慕大会、藏族的藏历新年、哈萨克族和塔吉克族的"切脱恰特尔节"等，都是各自民族文化的独特展现，也是人与自然、人与社会和谐相处的体现。

随着时代的发展和文化的交流，春节等传统节日已成为长城带地区多民族共同庆祝的节日，而元旦、国际劳动节、国庆节等现代节日，也被各族人民所接受和庆贺，成为全国各族共融共享的喜悦时刻。

第二章　走进河北长城沿线文化遗址

第一节　河北长城文化遗址演变历史与类型

一、河北长城文化遗址演变历史

河北省，作为中国历史上重要的长城修筑地区，拥有丰富的长城文化资源，是探索中国古代边防文化与军事防御体系的宝贵实地。从战国时期燕长城的最初修筑，到明代的全面加固，几乎每一个历史时期的长城建筑都在河北省留下了痕迹，展现了中国长城建筑技术的演变和发展。

河北省长城的建筑特色与地理位置密切相关，其大部分建筑沿山脉而设，巧妙利用天然地形作为防御屏障，这一策略既体现了古代中国人的智慧，也展示了长城作为世界最大的军事防御工程之一的独特之处。河北省的长城不仅仅是一道壮丽的军事防线，还是一个复杂的军事防御系统，包括了关隘、烽火台、城堡等多种军事防御设施，它们构成了一个严密的边防网络。

在河北省境内，明代长城的保存状态尤为突出。这里的长城遗迹种

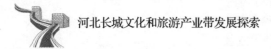

类齐全，保存状况良好，是研究明代长城建筑特点和军事防御体系的重要资料。其中，山海关的长城不仅以雄伟壮观著称，还因其战略位置重要而成为历史上著名的军事要塞，被誉为"天下第一关"。而九门口长城，又称"水上长城"，其独特的地理位置使其成为长城中的奇观，展示了古代中国人在长城建设上的非凡创造力。此外，喜峰口长城作为抗日战争时期的重要防线，见证了中华民族在危难时刻英勇抗争和不屈不挠的精神。这些长城段落不仅是河北省乃至全中国的文化遗产，还是世界文化遗产的重要组成部分，对研究中国及世界历史具有重要价值。

国务院文物行政部门对河北省长城分布范围的认定和公布（表2-1），进一步促进了长城保护工作的开展，也为长城的研究和旅游提供了重要的基础。河北省的长城遗迹不仅吸引了大量的历史学家、考古学家和旅游爱好者，还成为中外交流的重要窗口，展示了中国悠久的历史文化和卓越的古代建筑艺术。

表2-1　河北省长城分布情况

朝代		分布范围
战国	中山长城	涞源县、顺平县、唐县、曲阳县
	赵南长城	涉县、磁县
	赵北长城	怀安县、尚义县
	燕北长城	沽源县、丰宁满族自治县、围场满族蒙古族自治县
	燕南长城	易县、徐水区、安新县、容城县、雄县、文安县、大城县
汉朝	汉长城	平泉市、承德县、双桥区、双滦区、鹰手营子矿区、兴隆县、滦平县、隆化县、围场满族蒙古族自治县、丰宁满族自治县、沽源县、赤城县、崇礼区、下花园区、万全区、张北县、尚义县
南北朝	北魏长城	万全区
	北齐长城	山海关区、海港区、青龙满族自治县、迁安市、承德县、赤城县、崇礼区、蔚县
唐朝	唐长城	赤城县

续表

朝代		分布范围
金朝	金界壕	丰宁满族自治县、沽源县、康保县
明朝	明长城	山海关区、抚宁区、卢龙县、青龙满族自治县、迁安市、迁西县、遵化市宽城满族自治县、兴隆县、承德县、滦平县、怀来县、涿鹿县、涞水县、涞源县、易县、唐县、阜平县、灵寿县、平山县、井陉县、元氏县、赞皇县、内丘县、邢台县、沙河市、武安县、涉县、赤城县、沽源县、崇礼区、宣化区、张家口桥西区、万全区、张北县、怀安县、蔚县、阳原县

　　河北省的长城遗存，作为中国边防历史的见证，融合了跨越数千年的建设智慧和战略思想。在河北这片土地上，长城不仅仅是一段段孤立的城墙，还是由早期长城和明长城两大部分构成的连续历史叙事。这些遗存展现了战国时期燕、赵、中山国对长城的建设，秦汉时期的强化扩展，以及北朝与金代对这一边防线的修复和加固，每一次的建设都是对前人智慧的继承和发展，也反映了各个时期对边防安全的重视和策略调整。

　　河北省内的长城，早在战国时期就已开始筑造。燕、赵、中山国等国的长城，是为了防御外敌入侵而建，各自为战的国家在这片边疆地带留下了自己的印记。秦汉时期，长城建设进入一个新的阶段，秦始皇统一六国后，命令连接和修缮旧有的长城，使之成为防御匈奴的坚固屏障。这一时期的长城修建，标志着中国长城防御体系的初步形成。随着时间的推移，北朝和金代的长城进一步加固和扩展，反映了不断变化的军事需求和防御观念。明长城的修筑，则是长城历史上的高潮。面对外患，明朝对长城进行了大规模的修缮和加固，形成了今天所见长城的雏形。河北省境内的长城段落，以其规模宏大、构筑精良而著称，不仅展示了明代防御体系的完整性和高度发展，也体现了那个时代工艺技术和军事思想的成熟度。

　　河北长城的每一段都是历史的见证，每一块砖石都承载着古人的智慧和勇气。从早期各国各自为战的零散修筑，到秦汉的统一加强，再到北朝金代的持续维护，以及明代的全面加固，河北省内的长城不仅展现了中国长城建设技术的发展脉络，还体现出了中华民族不屈不挠、坚韧不拔的精神。这些历史的层层叠加，使得河北省的长城成为研究中国历史、军事防御体系以及古代建筑技术不可多得的实地课堂。

（一）早期长城

据调查发现，河北省早期长城修筑始于战国时期，秦、汉、北魏、北齐、唐、金各代均在河北境内修筑过长城，河北省长城资源非常丰富，修筑年代历史悠久。

1.早期长城主要遗存

根据最新的考古资料和文献记录，早期长城遗存研究表明，其主体结构主要由土墙、石墙、界壕或壕堑以及依托自然地形的险要部分构成。总体而言，这些遗存的总延伸长度约为1159.91千米，分布于290个不同段落的长城墙体。在单体建筑方面，现存敌楼、马面及烽火台等军事防御设施共915座，这些设施在古代长城防御体系中发挥了极其重要的作用。同时，长城关堡遗存相当丰富，目前已知数量达到70座。除此之外，其他相关遗存，如古代居民居住遗址、房屋基址、采石场等也是研究早期长城文化的重要资料，共计26处。

由于长期的自然侵蚀和人为破坏，加之历史久远，这些遗存的保存状况普遍不佳，多数呈现为土岗和石堆等形式。这些珍贵的文化遗产急需系统的修复和保护，以防进一步损坏，确保其历史价值得以传承。当前，对这一段历史遗存的研究和保护不仅是对我国边防历史的一种回顾，还是对中华民族文化遗产的珍视和维护。

2.早期长城地域分布

河北省为早期长城建设的重要区域，其遗存在此区域分布极为广泛，覆盖了多个市县，揭示了复杂而丰富的历史地理格局。特别是在战国时期，长城的修建区域已经涵盖了当前保定市下辖的唐县、曲阳县、易县、顺平县和徐水区，以及张家口市的怀安县、沽源县，还有承德市的丰宁满族自治县和围场满族蒙古族自治县等地。这些区域的长城遗存，不仅证实了战国时期边防防线的广泛布局，还展示了赵国南部长城在邯郸市涉县和磁县的具体分布情况。值得一提的是，保定市顺平县至今仍保留有战国时期中山国长城的遗址，为研究当时的军事防御体系提供了宝贵的实物证据。这一地域广泛的长城遗存分布，不仅见证了中国古代对于边防安全的重视和长城防御体系的初步建立，还反映了河北省在古代中国军事和政治版图中的重要地位。这些遗址的存在，为深入理解中国古代社会的军事战略、地理环境以及历史发展脉络，提供了不可多得的实证资料。

3. 早期长城历史分析

（1）春秋战国时期的长城。在春秋战国时期，长城建设活动主要集中在中原及其周边地区，这一地带以暖温带半湿润和半干旱气候为主，兼具农耕与牧业地理特点。这一时期的长城不仅是诸侯国间冲突与融合的产物，还是对抗北方游牧民族侵扰的重要防线。据《河北省志（长城志）》及相关研究表明，战国时期河北地区的长城建设，尤其是燕国、赵国、中山国的长城，标志着北方长城防御体系的初步形成。燕、赵、中山三国在河北境内的长城建设活动，展现了当时各国为保卫领土、防御敌侵所采取的战略与技术。这些长城遗迹，以其独特的建造方式和地理分布，见证了中国古代边防建筑的智慧与艺术。在保定、承德、张家口及邯郸等地区，长城沿山势险峻之地蜿蜒，山地处多采用石砌，而平川之地则多以土筑，这种地势的利用展现了古人对自然地理的深刻理解与运用。

据史料记载，如《史记·赵世家》所述，中山国在公元前369年间在今天的保定市一带筑墙自固，而赵国在公元前333年至赵武灵王年间分别修建了赵南长城与赵北长城，以强化其边防线。燕国同样在其南北

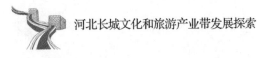

边境修筑了长城，以此来巩固国防和防御北方的游牧民族。虽然这些长城遗址经历了两千多年的风雨侵蚀，但在沽源县、承德的丰宁满族自治县、张家口的尚义县，以及邯郸的磁县和涉县等地，依旧可以见到部分墙体和烽火台的遗迹，这些遗迹不仅具有很高的历史价值，还是研究中国古代军事防御系统的重要资料。春秋战国时期的长城建设，不仅反映了当时动荡的社会政治和诸侯国之间的权力斗争，还体现了中华民族在抵御外侵中的坚韧不拔精神和智慧。这一时期的长城不仅是军事防御工程，还是文化交流的桥梁，河北省内的长城遗迹更是如此，它们讲述了一段段关于勇气、智慧与和平的历史故事。今天，这些遗迹成为研究古代中国社会、军事及文化的宝贵资源，对于理解中国长城的历史发展具有不可替代的作用，同时为后人提供了丰富的历史、文化和科学研究素材。①

（2）秦汉时期的长城。秦始皇统一六国后，为巩固国家统一和加强中央集权，对原各诸侯国间的防御墙体进行了拆除与整合，特别对燕赵地区既有的长城进行了重修和扩建，这些措施将原本零散的长城连接成为一体，构建了西起临洮，北至阴山，东至辽东的宏大防御体系，成为秦代万里长城的核心部分。此外，秦朝还新筑了一道位于燕赵长城北侧，贯穿张家口康保县、承德市围场满族蒙古族自治县等地的长城，创建了一个具有多层阵地的复杂军事工程体系。

进入汉代，长城的修建与维护继续扩展。西汉时期，汉武帝为了防御匈奴的南侵，在秦朝蒙恬筑造的长城遗址之上，进一步向北修建至今承德市隆化滦河南岸，并向西延伸至内蒙古赤峰市（现用名）及辽宁朝阳地区，构筑了一道横贯东西的防御线。在承德市境内，尽管现存的长城遗迹主要为烽火台，墙体遗迹较少，但这些烽火台的地理位置选择和战略部署仍展现了古代中国军事防御体系的高度智慧。

到了南北朝时期，面对北方游牧民族的频繁侵扰，北魏在平城（今

---

① 张平一：《河北境内长城的历史价值和作用》，《文物春秋》2003年第1期。

山西大同）周边开始修筑长城，以此作为维护边疆安全和推进北方统一的重要措施。北魏和北齐在河北境内多次修筑长城，其中包括以延庆八达岭、居庸关为起点，穿越小五台山，至山西的魏南长城，以及北齐为抵御突厥、柔然等北方民族的侵扰而建的内外双层长城系统。这些长城遗址在河北省秦皇岛市、承德市、张家口市都有所发现。

秦汉至南北朝时期的长城建设，标志着中国古代防御体系的逐步成熟和完善，这一时期的长城不仅在军事防御上发挥了重要作用，还成为连接农耕文明与北方游牧文明的重要纽带，而其遗存为人们深入了解中国古代社会的军事、政治、文化交流提供了宝贵的实证资料。

（3）隋唐时期的长城。隋朝时期，随着国家的统一，基于北齐时期建造的内外两道长城遗存，隋朝政府进行了大规模的修缮和加固工作，并在关键的战略位置增设了城堡等军事防御建筑，显著增强了长城的防御能力。在今天的秦皇岛市和张家口市区域，依然可以观察到北齐时期留下的长城遗迹，这些遗迹不仅见证了隋朝对长城维护的重视，还体现了中国古代边防工程的连续性与发展性。

进入唐朝，由于国力的显著增强以及对周边部落采取的军事进攻与政治争取相结合的国防策略，唐朝前期并未重视长城建设。特别是在唐太宗时期，由于其强大的国威和高效的边防管理，周边部落往往不敢轻易侵犯唐朝边境。然而，随着时间推移，特别是在武则天时期，突厥频繁进犯唐朝北部边境，尤其对今天的怀来县、密云区等地进行了掠夺，对唐朝的边防安全构成了严重威胁。为了应对这一局势，武则天下令张说主持在妫州以北修建新的长城，并对该地区现有的长城进行修补与加固，以增强边防的稳固性。这一时期的长城建设虽然没有隋朝那样规模大，但必要的修建与加固，体现了唐朝对于长城防御体系在维护国家安全和边境稳定中不可或缺的作用的认识。这些历史事件和建筑活动，不仅展示了唐朝政府在面对外来威胁时的灵活应对策略，还反映了长城作为中国古代重要军事防御工程的历史延续性和战略重要性。

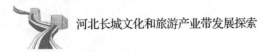

（4）宋辽时期的长城。在北宋时期，面临北方辽国的持续威胁，尤其是在"燕云十六州"被辽国占领后，北宋经过两次尝试收复失地的军事行动未获成功，因而选择放弃了对北方地区的直接控制。为了有效防御辽国的进一步南侵，北宋政府在河北地区采取了以自然地理条件为基础的防御策略，利用河流、沼泽等天然屏障，修筑了一系列堤坝和水上防御设施，构筑了一道被称为"水上长城"的防线。这一防御体系横跨今天的保定清苑区至天津滨海新区，全长约450千米。在这"水上长城"沿线，北宋军方精心布置了26个垒寨和123个军铺，共部署了3000余名士兵，以加强该区域的防御。此外，其还特别配备了巡逻船只，以增强对河流和水域的控制，确保在辽国可能发起的水路侵袭中能够迅速应对。此防御策略的采用，不仅展示了北宋政府在面对边境威胁时的战略灵活性，还反映了利用自然地理条件进行军事防御的古老智慧。通过构建"水上长城"，北宋有效地利用了河北地区独特的自然环境，为国家的安全提供了重要保障，这一策略在中国古代军事史上具有特殊意义，展现了宋辽时期边防军事策略的复杂性和多样性。

（5）金元时期的长城。在金代，面对北方蒙古族的频繁侵扰，长城修建成为金朝防御策略的重要组成部分。金朝的长城工程从岭北地区开始，随后扩展至嫩江，再至大青山，形成了一道初期的防御壁垒。到了金朝后期，长城工程进一步扩展至1925千米，其范围从内蒙古高原东部的锡林郭勒盟延伸至河北康保县，再深入内蒙古化德县，形成了一个规模宏大、网状布局的军事防御体系。这一体系以墙壕为核心，同时辅以边堡、关堡、烽燧等军事设施，实为一个线状、开放式的古代防御工程。在河北省，金代的界壕遗迹占全国总量的6.25%，这些遗迹主要散布在北部草原地区，是当时东部渔猎民族与北部游牧民族之间冲突、交流与融合的历史见证。

到了元代，尽管没有发起大规模的长城建设工程，但统治者对一些关键的关隘进行了重点加固和修缮，其中居庸关的修缮尤为显著，因此其管辖和防御范围较之前显著扩大。这些修缮和加固工作，反映了元朝对于维护边疆安全的重视，以及长城防御体系的连续性和发展性。

金元时期的长城建设和修缮活动，不仅体现了当时对北方边疆安全的重视，还反映了中华民族在面对外来侵扰时的坚韧和智慧。这一时期的长城工程为研究中国古代边防防御体系提供了珍贵的实证资料，也是探索我国东部地区与北部地区民族关系演变的重要窗口。

（二）明长城

京津冀晋地区构成了明代长城的核心分布区域，占据全国明长城总长度的三分之一，代表了明代长城建设的顶峰。这一区域的长城主要位于蒙古高原南侧的燕山与太行山之间，标志着明代长城在保存完好度、文化价值、工程复杂性以及文化内涵上的最高成就。在这两大山系中，燕山地区的长城保存状况尤为优越。明长城沿燕山至太行山走势，展现出由东南向西北再转至东北—西南的独特走向。在河北、北京和天津三地的分布比例中，河北以 81.66% 的占比位居首位，其次是北京的17.02%，天津则以 1.32% 的占比最低。

河北省内的明长城，从东边的秦皇岛市山海关区老龙头延伸至西边的张家口市怀安县西洋河关堡，南至邯郸市涉县，覆盖了全省 172 个县区的近 35%。长城总长达 1338.63 千米，分为 1153 个段落，拥有单体建筑 5388 座、关堡 302 座及其他相关遗存 156 处。这些遗存很多都保存良好，尤其是蓟镇、宣府镇的长城，地势险峻，建筑形式非常完备，同时守护着通往中国西北和东北地区的两大要塞——张家口和山海关。河北省内的长城，因其战略位置的重要性，主要担负着保卫京师的责任。在其修建过程中，融合了前代长城的建筑特色，并随着建筑技术的进步，引入了新的工艺方法，促成了一个以烽火台相互呼应、敌楼密布、利用地形防御、层次分明、点线结合、相互支撑的庞大军事防御网络。因此，河北长城成为明代长城最具特色和集中体现精华的段落。

二、长城文化遗址类型

（一）长城本体

长城文物呈现一系列多样化的遗存类型，其中包括长城墙体、壕堑与界壕、独立的建筑结构、关堡以及其他辅助性设施等。在全国范围内，长城墙体的遗存形式极为丰富，不仅包括由不同材料和技术构筑的墙体，如夯土、堆土，搭配红柳、芦苇或梭梭木加沙的土墙，毛石干垒或土石混合砌筑的石墙，以及采用包土、包石或砖石混砌技术构建的砖墙，还包括木障墙及利用自然地形构成的特殊墙体。这些墙体不仅仅是简单的障碍物，还集成了墙体设施如垛口、瞭望孔、射孔、女墙以及排水设施等，体现了复杂的军事防御思想和建筑技术。壕堑与界壕部分主要由沟堑和挡墙等构成，作为长城防御体系的重要组成部分，增强了长城的防御功能。单体建筑则包括城楼、敌台、马面、水关门、铺房以及烽火台等，这些建筑在军事通信、守卫和物资储备中扮演了关键角色。关堡作为长城系统中的重要节点，总计2200余座，不仅是军事防御的关键点，还是古代军队行军、屯驻的重要地点。此外，长城还包含了挡马墙、品字窖和壕沟等相关设施，共计近200处（表2-2）。

表2-2 全国长城资源本体遗存数量统计

时代	墙体和壕堑／界壕（段、占比）	单体建筑（座、占比）	关堡（座、占比）	相关遗存（处、占比）	合计（段／座／处、占比）	长度（千米、占比）
春秋战国	1795、15.19%	1367、4.63%	160、7.24%	33、17.84%	3355、7.67%	3080.14、14.53%
秦汉	2143、18.14%	2575、8.73%	271、12.26%	10、5.41%	4999、11.43%	3680.26、17.36%
金界壕	1392、11.78%	7665、25.97%	389、17.59%	0、0.00%	9446、21.61%	4010.48、18.92%

续表

时代	墙体和壕堑／界壕（段、占比）	单体建筑（座、占比）	关堡（座、占比）	相关遗存（处、占比）	合计（段／座／处、占比）	长度（千米、占比）
明	5209、44.09%	17449、59.13%	1272、57.53%	142、76.76%	24072、55.06%	8851.8、41.76%
其他时代	1276、10.80%	454、1.54%	119、5.38%	0、0.00%	1849、4.23%	—
认定总数	11815	29510	2211	185	43721	21196.18

数据来源：国家文物局，《长城保护报告》http://www.ncha.gov.cn/art/2016/12/5/art_1027_135423.html。

　　张家口市以 128 座的关堡遗存数量位居河北省首位，且这些关堡的保存状态普遍良好。具体来看，其中包含 11 座早期长城关堡和 117 座明代长城关堡。而秦皇岛、唐山、邢台和石家庄的关堡数量分别排在后续位次，这些地区的关堡主要建于明代，并且大多处于被居住或持续使用的状态。承德市的关堡遗存有 41 座，全部建于较早时期，且包括 13 座战国时期的遗留关堡，这些关堡目前大都未被居住，为遗址状态。保定市的关堡在早期有 15 座，主要由战国时期中山国修筑，明代则增至 18 座。邯郸市拥有 5 座关堡，其中 4 座建于早期，1 座属于明代，主要分布于涉县和磁县境内，大多数仍然被居住或持续使用。廊坊市只有 1 座位于文安县的关堡，即广陵城的遗址，该关堡建于战国时期的燕国，至今仍然有人居住或被持续使用。这些数据不仅展示了河北省不同地区关堡遗存的数量和修筑时期，还反映了这些历史遗迹在当代社会中的不同状态和保护情况，为深入研究长城及其关堡的历史、文化价值和保护现状提供了重要信息。

（二）长城沿线其他文化和旅游资源

1.丰富多彩的传统文化资源

河北省的长城区域也是中华优秀传统文化资源的聚集地。这一地区融合了长城遗产、丰富的历史文化资源以及非物质文化遗产，构成了一个多元而丰富的文化遗产体系。具体而言，该地区拥有 3 项 5 处世界文化遗产地、3 座国家历史文化名城、6 座国家历史文化名镇以及 31 个历史文化名村，展现了河北长城沿线深厚的历史文化底蕴。

河北省长城沿线的非物质文化遗产同样丰富多彩，共计有 821 项，其中包括 105 项国家级非物质文化遗产和 716 项省级非物质文化遗产，分别占全省的 82.68% 和 72.18%。这些非物质文化遗产项目涵盖了广泛的文化领域，包括传统手工艺、民间音乐与舞蹈、节庆活动等，是河北省文化多样性的重要体现。在文化设施方面，河北省长城沿线地区设有 105 家各类博物馆和 25 家文化产业园，这些文化设施不仅致力保护和展示长城及相关文化遗产，还为公众提供了丰富的文化体验与学习机会。长城村落作为长城沿线地区的重要组成部分，保存了大量与长城建设和防御活动相关的文化遗产，包括名人轶事、传统农耕生活方式、民俗节庆等，为研究长城及其周边地区的历史文化提供了宝贵的实证资料。

历史文化名村主要分布在张家口、邢台、石家庄、邯郸和保定市，其中张家口和邢台市的历史文化名村数量最多，展示了这些地区深厚的历史文化底蕴和地域文化特色。河北省长城作为旅游开发利用的热点区域，已经形成了包括两家国家 5A 级旅游景区、5 家国家 4A 级旅游景区和 6 家国家 3A 级旅游景区在内的多层次旅游目的地（表 2-3）。这些旅游景区以及名城、名镇、名村的分布，进一步证明了河北省长城沿线地区在历史文化遗产保护和旅游资源开发方面的重要地位。

表2-3 河北省长城沿线历史文化名村

城市	历史文化名村
张家口	开阳村、南留庄村、北方城村、大固城村、宋家庄村、水西堡村、代王城、任家涧村、上苏庄村、卜北堡村、镇边城村
石家庄	于家村、小龙窝村、吕家村、大梁江村
邢台	龙化村、内阳村、绿水池村、鱼林沟村、崔路村、英谈村、王硇村、北盆水村、西沟村
邯郸	偏城村、原曲村、北岔口村、花驼村、南王庄村

2.长城红色文化资源丰富

河北省的长城，在中国革命战争史上扮演了至关重要的角色，特别是山海关、义院口、冷口、喜峰口等地，它们是抵抗日军侵略的关键战场，也为《义勇军进行曲》的创作提供了深厚的历史背景和灵感来源。在河北省长城沿线，目前设有国家级爱国主义教育示范基地20个，省级爱国主义教育基地也达到80个。此外，河北省拥有92处红色旅游资源，其中17处被评为国家经典红色旅游资源，9处为红色旅游景区。在全国重点文物保护单位中，84处位于河北省，其中6处专门展示革命文化。这一丰富的爱国主义教育资源和红色旅游资源，不仅体现了河北省在中国革命历史中的重要地位，还使其成为研究中国近现代史、传承红色基因、弘扬爱国主义精神的宝贵场所。河北省长城及其沿线地区的这些资源，为广大民众，尤其是年轻一代提供了深刻的历史教育和精神滋养，强化了国家意识和历史责任感。

3.非物质文化遗产数量多，分布广泛

河北省长城沿线地域是中国非物质文化遗产的重要汇聚地，其内涵丰富、质量上乘，涉及多个县市，展现了地区文化的多样性和深厚的历史文化底蕴。在该地区内，分布着众多国家级非物质文化遗产项目，其中秦皇岛市以其鼓吹乐和孟姜女故事而著称；承德市则以契丹始祖传说、山庄老酒酿造技术、二贵摔跤等项目凸显其文化特色；张家口市的抡花、口梆子（晋剧）等项目，保定市易县东韩村拾番古乐、易水砚制作技艺等，以及雄安新区雄县古乐鹰爪翻子拳，廊坊市的苏桥飞叉会、文安八卦掌等，均展示了河北长城沿线地区非物质文化遗产的独特魅力。此外，石家庄市井陉拉花、桃林坪花脸社火，邢台的沙河藤牌阵，邯郸市的武安赛戏、武安傩戏等项目，进一步丰富了河北省非物质文化遗产的谱系。在省级非物质文化遗产方面，河北省长城沿线拥有兴隆县的皮影戏、寿王坟传说，滦平县的马桥和城隍祭祀等，这些项目遍布各县市，尤其是承德的兴隆县、滦平县、丰宁满族自治县和邯郸市的武安市及涉县，展现了河北省长城沿线地区非物质文化遗产的广泛分布和深厚积淀（表2-4）。

　　河北省长城沿线地区的非物质文化遗产，不仅是地方文化传统的重要组成部分，还是中国文化多样性的生动体现。这些遗产项目在传承和保护中华优秀传统文化、促进文化旅游发展、增强民族文化自信等方面发挥着重要作用，为研究中国历史文化、民俗学及相关学科提供了宝贵的实践材料和研究案例。

表2-4　河北长城沿线红色旅游资源概况

长城红色旅游资源类型	名称
长城抗战纪念地	山海关、喜峰口、罗文峪、崇礼、大境门、怀安、紫荆关、插箭岭、倒马关
爱国主义教育示范基地	山海关长城博物馆、中国人民抗日军政大学纪念馆、山海关八国联军营盘旧址、热河革命烈士纪念馆、董存瑞烈士陵园、塞罕坝机械林场展览馆、白求恩柯棣华纪念馆、晋察冀军区司令部旧址、西柏坡中共中央遗址、八路军一二九师司令部旧址
红色旅游区	张家口市张北县野狐岭军事旅游区、张家口市怀来县董存瑞烈士纪念馆，保定易县狼牙山风景区、白求恩柯棣华纪念馆、保定市阜平县晋察冀边区革命纪念馆、平山县西柏坡纪念馆、邯郸市涉县八路军一二九师纪念馆

4.自然生态旅游资源

河北省长城沿线地带拥有繁盛的自然生态旅游资源，如森林公园、自然保护区以及湿地公园等。据统计，该区域共设有森林公园123处，其中国家级森林公园28处，省级森林公园达95处。此外，还有9处被认定为国家风景名胜区，以及32处自然保护区，包括13处国家级自然保护区（表2-5）。

表2-5　河北长城沿线生态旅游资源概况

长城生态旅游资源类型	名称
国家级森林公园	河北茅荆坝国家森林公园、保定白石山景区、河北塞罕坝国家森林公园、河北天生桥·瀑布群、河北木兰围场国家森林公园、五岳寨景区、河北大青山国家森林公园、河北驼梁山国家森林公园、河北磬锤峰国家森林公园、河北翔云岛国家森林公园、河北黄羊山国家森林公园、河北仙台山国家森林公园、河北六里坪国家森林公园、河北响堂山国家森林公园、河北清东陵国家森林公园、河北黑龙山国家森林公园、河北辽河源国家森林公园、河北蝎子沟国家森林公园、河北海滨国家森林公园、河北前南峪国家森林公园、河北山海关国家森林公园、河北白草洼国家森林公园、河北古北岳国家森林公园、河北武安国家森林公园、河北野三坡国家森林公园、河北易州国家森林公园、河北丰宁国家森林公园、河北坝上沽源国家森林公园
国家级风景名胜区	承德避暑山庄外八庙风景名胜区、野三坡风景名胜区、苍岩山风景名胜区、西柏坡—天桂山风景名胜区、嶂石岩风景名胜区、娲皇宫、秦皇岛市北戴河度假区、崆山白云洞风景名胜区、响堂山风景名胜区
国家级自然保护区	河北雾灵山国家级自然保护区、河北茅荆坝国家森林公园、小五台山自然保护区、青崖寨自然保护区、滦河上游国家级自然保护区、泥河湾自然保护区、大海陀自然保护区、围场红松洼自然保护区、柳江盆地地质遗迹自然保护区、河北塞罕坝国家森林公园、秦皇岛黄金海岸、驼梁景区、衡水湖景区
国家重点生态功能区	青龙满族自治县、宽城满族自治县、承德县、滦平县、兴隆县、丰宁满族自治县、沽源县、康保县、张北县、尚义县、万全县、怀安县、宣化区、涿鹿县、怀来县、赤城县、崇礼区、阳原县、蔚县、涞源县、易县、顺平县、曲阳县、阜平县、灵寿县、赞皇县、邢台市

第二节　河北长城沿线"非遗"分布格局与特征

一、空间跨度大，几乎全境分布

在探讨河北境内长城的空间布局时，首要明确的是，这一伟大建筑并非仅仅是一道简单的城墙线条，还是一个复杂的军事防御网络。长城包括了众多的关城、隘口等关键军事节点，这些节点通过一系列的城墙、堡垒、敌楼、烽火台等防御设施有机地结合在一起，形成了一个立体的、全方位的防御体系。河北长城的这种空间布局和防御体系建设，充分体现了中国古代军事战略思想中的"因地制宜"原则，即根据具体的地形地貌特点来布局和构建防御工程，以达到最佳的防御效果。

河北省因其特殊的地理位置和地形条件，成为长城沿线的重要一段。从北至南，河北境内的长城贯穿了多种地形，包括坝上草原、山脉，以及中南部的平原地区。这一跨度较大的空间分布，不仅展现了长城建设的宏大规模，还反映了古代中国在长城建设上的高超技术和深邃智慧。另外，长城的布局和构造均根据地形地貌的变化而变化，既有利于利用地形进行防御，也便于长城沿线的军事、物资支援。

在河北省内，长城的布局遵循了"由点到线，由线到面"的原则。从最东端的老龙头入海处，顺燕山山脉向西延伸，穿越冀北山地和坝上草原，至最西端的西洋河；从北部的承德半壁山，向南贯穿太行山脊，至最南端的白羊城遗址，这一纵贯河北中西部的长城线，不仅是军事防御的屏障，还是一条连接北方边疆与中原内地的生命线。各个军事重镇、关城、隘口的设置，既有利于对敌方进行有效的阻击和监控，也便于对内部区域进行管理和控制。此外，河北境内的长城不仅仅局限于明代的砖石长城，其历史可以追溯到更早的时代。绝大多数河北县市都分布有不同时代的长城遗迹，这些遗迹见证了长城在不同历史时期的修建和改造情况，反映了中国长期以来在边防建设上的持续努力和智慧积累。

二、大多沿山脉呈"厂"字形带状分布

河北境内的长城，作为中国古代伟大的防御工程之一，其分布格局和构造特征反映了中国古代在长期的历史发展过程中，对于军事防御策略的不断探索。特别是沿燕山—太行山山脉的"厂"字形带状分布模式，不仅体现了古代军事防御工程的高度智慧，还揭示了农耕文明与游牧文明之间长期的冲突与融合历史。

在河北省，长城沿燕山—太行山山脉的分布具有鲜明的地理和战略特点。内外两条长城线相互拱卫，形成了复杂的防御体系。外长城主要分布在燕山山脉以北，这在历史上是农耕文明与游牧文明的分界线。根据张平一的研究，燕山以南地区的居民主要以农业经济为生，而燕山以北地区的居民则以畜牧经济为生，这两大经济形态的不同，导致了双方在经济、文化上的冲突与交流，而且他们会在这一过程中不断相互掠夺。双方冲突的加剧促进了反掠夺防御性城郭沟壕的建设，成为长城最早期的起源之一。[①]

河北省外长城的建设特点之一是连续性强，无论是早期的长城还是后期的明长城，其在空间上的分布都呈现出高度的连续性。这种连续性的布局，不仅有助于形成一道连续的防御线，增强防御效果，还便于长城沿线的军事指挥和物资支援。与外长城不同，太行山脉沿线的内长城，其功能主要是保护京城及其周边地区的安全。内长城所穿越的地区地形复杂险峻，设计者充分利用了自然地理条件，采用了"用险固塞"的策略，构建了一道以关隘为主、城墙为辅的防御体系。这一体系的显著特点是关隘众多而城墙较少，连续性不如外长城强。著名的"内三关"——居庸关、紫荆关、倒马关，都是这一防御体系中的重要组成部分。以紫荆关为例，其地处险峻的山脉之中，东、西、南三面环绕着高耸的山峰，北面则靠近汹涌的拒马河，其城中套城的布局和使用花岗岩条石建造的

---

① 张平一：《河北境内长城的历史价值和作用》，《文物春秋》2003 年第 1 期。

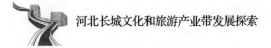

高大城墙，都展现了古代中国在利用自然地理条件进行军事防御方面的非凡智慧。

这种布局和建设特点，使得长城不仅在军事上发挥了重要的防御作用，还在经济和文化上促进了不同文明之间的交流与融合。河北长城作为连接农耕文明与游牧文明的桥梁，促进了中华文明的发展与繁荣。

三、资源空间分布差异性明显

河北省内长城文化遗址的空间分布差异性显著，这一现象不仅体现在遗址的数量和开放程度上，还反映在其地理环境和所蕴含的文化资源类型上。长城修筑跨越了河北省内多样的地貌，包括但不限于坝上高原、燕山—太行山山脉以及华北平原，每一种地貌都赋予了长城不同的地理特征和文化内涵。同时，长城沿线的河流系统，如滦河、潮白河、桑干河、唐河、拒马河等，以及温带大陆性季风气候，共同构成了长城遗址丰富多样的自然背景。沿燕山分布的长城文化遗址，因其良好的保存状态和较高的开发利用程度，成为长城资源中的代表。特别是张家口地区，因其广泛的长城文化资源分布，被誉为"长城博物馆"。这里保存着大量的长城遗址，及众多关堡、敌楼等相关军事防御设施，这些为研究古代中国的军事防御体系提供了丰富的物质证据。

相比之下，河北省南部的太行山区域，长城文化资源数量相对较少，但以红色文化、生态环境和民俗风情为主要特色，展现了与北部地区不同的文化资源类型。这一区域的长城不仅是古代军事防御工程的遗迹，还是研究当地历史文化、生态环境变迁以及民俗习惯的重要窗口。从整个河北省的视角来看，长城关堡的分布具有显著的地域特征。秦皇岛、唐山、承德和张家口这些地区的关堡遗址数量多且分布密集，尤其是张家口，其关堡数量在全省范围内占据了显著的比例。这些地区的长城遗址不但在数量上占据优势，而且在文化价值和研究意义方面具有重要地位。它们的分布模式从点到线，再到面，呈现出一种集中分布的态势，这不仅反映了古代长城建设的策略和布局,还展现了这些地区在历史上的军事、政治和文化地位。然而,河北省南部的长城关堡和城址数量相对较少,且分布较为分散。这一现象可能与当地的地理环境、历史背景以及古代军事战略有关。虽然这些地区的长城遗址在数量上不占优势,但它们依然承载着丰富的历史文化价值,对于深入理解长城在不同地域的文化内涵和历史角色具有重要意义。

第三节 河北长城沿线文化资源的价值评价

长城作为人类历史上的一项卓越成就,不仅在建筑学上具有很高的价值,还在艺术和文化领域具有深远的影响。位于河北省的长城段落分布着众多的文化遗产,这些遗产的价值已经受到了学术界与业界的普遍认可和高度评价。

一、现存规模大,保存程度好

河北省的长城,作为中国古代辉煌文明的象征之一,以其宏伟的规模占据了中国长城总长度的11.79%,达到了2498.54千米,而且其保存程度在全国各省中位列第二。这一部分长城包括了从历史长河中传承下来的所有时期的长城遗迹,特别是明代的砖体长城,代表了中国长城建筑艺术和军事防御技术的巅峰。

河北省内的明长城之所以保存得如此完好,是因为其建造时采用的坚固材料以及精湛的建筑技艺。河北省内的这些长城段落,经过几百年的风雨侵蚀,除约8%因自然和人为因素而消失外,大部分依旧屹立不倒,见证了中国古代劳动人民的智慧和力量。

在这些保存至今的长城中,不仅有作为军事防御工程的高大墙体,还有关堡、敌台、烽火台、马面等各种军事建筑,这些构筑物的完好无损不仅体现了明代长城在军事防御上的全面性和复杂性,还展现了中国

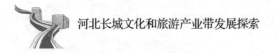

古代在建筑技术和军事策略上的成就。另外，这些遗址为现代人提供了研究古代中国军事、历史、文化、建筑等的珍贵资料。

二、文化价值高，展示了独特的艺术成就和建筑成就

长城以其在艺术和建筑上的独特成就彰显了无与伦比的文化价值。1987 年 12 月，长城被正式列入世界文化遗产名录，这一荣誉的获得是对长城作为人类共同财产的重要性和其在世界文化遗产中独特地位的认可。长城的列入，符合了世界文化遗产遴选标准中的五项，不仅因为其在建筑和艺术上具有卓越价值，还因为它承载着人类文明的发展脉络和精神追求。长城建筑就是对古代中国工艺技术、战略思想和美学理念的集中展示。河北段的明长城，因其丰富的建筑类型、完备的防御系统和精湛的工艺美术而闻名。其不仅具备用于防卫的主线城墙，还有敌台、墙台供战斗和瞭望使用，有烽火台用于通信，以及兼具多功能的关隘、关城等。这些构造自成一体，既有与民用建筑相似之处，又因其特殊功能而展现出独有的建筑风格和要求，体现出了古代中国军事建筑系统的特色。此外，长城的艺术价值体现在其对美学理念的深刻把握和独特表达上。河北段长城的建筑装饰，如孙家楼、陈家楼、耿家楼等敌台券门上的精美雕刻，反映了深厚的地方文化特色和工匠的高超技艺。这些雕刻不仅美化了军事设施，还传达了人们对和平与美好生活的向往，使长城成为跨越时间和空间的文化艺术宝藏。

河北省怀来县境内的样边长城，以其独特的建造方式和卓越的建筑质量成为明代长城修筑的代表作。这一段长城采用当地的条石砌成，既展现了地方建筑特色，又体现了古代工匠在利用自然资源、适应地理环境方面的智慧。河北省唐山市境内的青山关古堡保存完好，被誉为"万里长城最精致的古堡"，进一步证明了长城在建筑艺术上的非凡成就。

长城之所以能吸引历史上无数文人墨客和艺术家的目光，留下无数传世之作，是因为它本身就是一部丰富的历史书籍，一幅壮丽的艺术画

卷。从一砖一瓦到整体的布局设计，长城都体现了中国古代人民的智慧和创造力，同时凝聚了他们对家国的忠诚和对和平的渴望。长城的文化价值主要体现为其是中华民族的精神象征和文化传承载体。它不仅见证了中国历史上的风云变幻，还反映了中华文明在不同历史时期的发展和演变。每一段长城都讲述着一个个独特的故事，每一处遗迹都承载着深厚的文化意义。这些故事和意义，共同构成了长城这一世界文化遗产的核心价值，使其成为连接过去和未来的桥梁，不仅属于中国，还属于全人类。

三、古代建筑的杰出代表，呈现了古代军事防御体系建筑最高成就

河北省内的长城，作为我国古代建筑和军事防御体系的杰出代表，不仅融合了春秋战国、秦、汉、唐、明等11个历史时期的所有长城文化，还展现了古代中国在军事防御建筑领域的最高成就和工艺水平。特别是河北省的蓟镇、宣府镇长城，以其地势之险峻、建筑形制之完备，展现了古代工匠因地制宜、尊重自然、利用自然、改造自然的高超智慧和深邃思想。

河北省长城的建设，不仅利用了自然地形的优势，如山险、水障，还通过人工的改造和加固，构建了一道道难以逾越的防线。山海关作为这一防御体系中的瑰宝，由于"枕山襟海"的独特地理位置，成了辽、蓟地区的战略要冲，体现出了古代军事战略家的智慧。山海关的军事防御布局，展现了"主体两翼，左辅右弼"的战术思想，通过在南北两侧设置翼城，东西两侧设置罗城，以及与宁海城、威远城共同构成的七城一体立体防御体系，极大地增强了长城的防御能力。此外，山海关的五座敌楼在军事上发挥了很大的作用，是古代建筑艺术和军事工程的结晶。从老龙头到九门口的防线，遵循"镇城—路城—关城（隘口）—堡城—敌台—烽火台"的指挥系统格局，展现了古代军事要塞的坚不可摧。尤

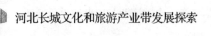

其是山海关,作为长城史上唯一未被攻破的雄关,其不仅是古代军事防御体系的典范,还是人类智慧与勇气的象征。金山岭长城作为典型的古代军事防御体系遗址,展现了我国古人在砖石、夯土建筑营造技艺及建筑工程管理体制方面的成就。金山岭长城的每一砖每一石,都承载着古代工匠的汗水和智慧,每一段城墙、每一座敌楼,都见证了我国古代军事防御体系的发展历程。

河北省内的长城,不仅是古代军事防御体系建筑的杰出代表,还是中国乃至世界建筑史上的宝贵财富。它不仅体现了古代中国对于军事防御的重视和对建筑艺术的追求,还展现了中国人民不屈不挠、勇于创新的精神面貌。长城的每一砖每一瓦,都凝聚了古代中国人民的智慧和努力,每一段历史故事都蕴含着中华民族的坚韧和勇敢精神。

四、为世界文化遗产保护贡献"中国智慧",彰显了中华民族的文化自信

河北省的长城,作为中国古代辉煌文明的象征,不仅贯穿了中华民族历史上 11 个重要时期,还在全国 15 个修建长城的省(自治区、直辖市)中,以其数量之多、年代叠加之繁、空间分布之广和保存完整度,以及文物遗产价值之高,成为长城世界文化遗产中的杰出代表。特别是山海关、金山岭、大境门等长城段落,已经成为中国乃至中华民族的重要文化符号,向世界展示了中华文明和优秀传统文化的深厚底蕴与独特魅力,对于提升中华文化在全球的影响力发挥了重要作用。

中国对长城文化遗产的保护工作起步于河北,这一保护运动的发起,标志着中华民族对自身文化遗产的高度重视和深切关怀。1984 年,党和政府大力推进长城保护工作,在国内掀起了保护长城的热潮,在全球范围内也引发了对长城乃至中华文化遗产保护的关注。随着 1987 年长城被列入世界文化遗产名录,山海关和金山岭等长城段落成为全球知名的文化地标,其影响力和号召力明显增强。这不仅是对长城文化价值的国

际认可，还是对中国长期以来在文化遗产保护方面所做努力的肯定。山海关地区的长城保护制度和政策的推行，特别是秦皇岛抚宁区首次提出并实施长城保护员制度，以及山海关古城修复工程的成功，都体现了中国在文化遗产保护方面的创新思维和实践勇气。这些保护和修复工程的成功，不单是对长城这一具体文化遗产的保护，更是对全人类文化遗产保护工作的重要贡献。中国在长城保护与修复中积累的经验和智慧，已经成为世界文化遗产保护领域的宝贵财富，为世界文化遗产保护提供了"中国方案"，彰显了中华民族在世界文化遗产保护事业中的责任感和使命感。

此外，河北省长城的保护与修复工作，也是中国文化自信的体现。在全球化的今天，中华文化以其独特的魅力和深厚的历史底蕴，越来越受到世界的关注和尊重。长城作为中华文化的重要组成部分，对其的保护与传承不仅意味着对中华民族历史和文化的尊重，还意味着中华文化软实力的提升和全球影响力的扩大。

五、长城抗战精神的展现地，集中承载了中华民族坚韧自强的民族精神

河北省的长城，蜿蜒于燕山至太行山的崇山峻岭之上，是中华民族坚韧不屈、自强不息精神的生动展现。这一伟大建筑见证了中华民族2000多年的风雨历程。长城的每一砖每一瓦，都凝聚了古代中国人民不畏艰难险阻、吃苦耐劳的精神特质，其建造的难度之大、持续时间之长，展示了中华民族顽强拼搏、勇于创造的伟大精神。

在近现代史上，特别是抗日战争和解放战争期间，河北境内的长城成为抵御外侮、保卫国家的重要战场。长城抗战不只是一场军事斗争，更是一次全民族精神的觉醒。喜峰口和罗文峪大刀队的英勇抗战，察哈尔抗日同盟军血战收复多伦，东团堡战斗和黄土岭大捷等，这些重大战役不仅重创了日寇，还激发了中华儿女团结抗敌、众志成城的爱国热情，

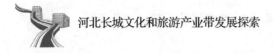

展现了中华民族在绝境中争取生存和发展的坚强意志。

长城抗战的历史，是中华民族抗击外来侵略、争取自由独立的历史缩影。它不单单是一部战争史，更是中华民族精神史的重要组成部分。长城沿线的每一场战斗，每一个故事，都是中华民族坚韧自强、勇于奋斗精神的体现。这种精神，不仅在抗战时期鼓舞中国人民坚持到底，赢得最终胜利，还在和平年代持续激励中华儿女奋勇前进，为实现中华民族伟大复兴的中国梦贡献力量。

作为中华民族的精神象征，长城深深融入了中华民族的血脉之中。它不仅是中国历史的见证者，还是中华民族精神的传承者。长城所传达的坚韧不屈、自强不息民族精神，已经成为推动中华民族在新时代走向复兴的强大动力。在当前全球化和国家发展的新背景下，长城精神依然具有重要的现实意义和深远的历史影响，它不仅提醒着人们要铭记历史、珍惜和平，还激励着人们在面对任何困难和挑战时，都能够继承和发扬中华民族的优良传统，展现出新时代中华儿女的精神风貌。

六、景观组合好，集中展示了人与自然和谐发展的文化景观

河北省的长城，不仅是中国乃至全世界规模最宏大的文化景观遗产之一，还是人与自然和谐共生的最佳范例。历经多年的风雨侵蚀与岁月沉淀，这一伟大的建筑不仅展现了中华民族的智慧和勇气，还与沿线的自然地貌——燕山至太行山的崇山峻岭、坝上草原的壮美雄浑、茂密的原始森林、辽阔的农田和一望无际的渤海海岸线，形成了一个雄伟壮丽的景观体系。这一景观体系的形成，不仅彰显了中华文化与自然环境相融合的独特美学，更是人类与自然和谐相处的生动实践。

河北省长城的两大关口——张家口和山海关，更是这一文化景观体系中的重要节点。张家口，作为明代宣府马市的开设地，不仅加强了汉、蒙古、满等民族之间的经济和贸易交流，促进了地区经济社会的发展，还成

为连接内地与草原，乃至远至中亚和欧洲的"草原丝绸之路"的起点。而山海关，则以其独特的山海城三位一体的地理位置，连接华北的农耕文明与东北的渔猎文明、蒙古的游牧文明，近代更成为东西方文明交汇的前沿。

河北省长城的存在，不仅保障了北方地区长期的稳定、安宁与和平，还保障了沿线交通和互市贸易的畅通，促进了沿线地区农业开发与城镇发展，推动了不同民族之间的文明、文化交流与融合。这一过程中，长城不仅作为军事防御工程发挥了作用，还成为促进经济发展、文化交流的重要纽带。长城及其沿线地区的这种独特景观组合，展示了中国古代人民在与自然环境斗争中，所积累的丰富经验和智慧，以及在自然与社会发展中寻求平衡、实现可持续发展的思想理念。

第三章 河北长城文化与旅游产业带发展概述

第一节 理论支撑：河北长城文化与旅游产业带发展的基础

在当代中国，旅游业及发展中存在诸多问题，如各个行政单位独立开发旅游资源，缺乏协调合作、重复建设或者开发不充分，进而引起资源的浪费。鉴于此，为促进旅游业的健康发展，必须采取措施围绕旅游资源进行跨区域的协同与联动发展。本节主要对"点—轴系统"理论、文化与旅游的融合、符号学习旅游，以及文化与旅游产业带等进行了详细分析。

一、"点—轴系统"理论

在 20 世纪 80 年代初期的改革开放背景下，中国国土开发战略和重点的讨论充满活力，众多观点竞相被提出。正是在这一时期，1984年 9 月，陆大道院士在其报告《2000 年我国工业生产力布局总图的科学基础》中首次提出了"点—轴系统"理论模型。[1] 这一理论模型是

① 陆大道：《2000 年我国工业生产力布局总图的科学基础》，《地理科学》1986 年第 2 期。

基于对中国生产力分布、区域发展和国土开发现状的考察。开始，陆院士并未深入探讨理论模型的科学依据和形成机理。随后通过专著和多篇论文，陆院士详细解释了"点—轴"空间结构的形成机制、发展轴的结构与类型，以及"点—轴"模式的逐步扩散和"点—轴—聚集区"的概念。他还分析了在不同社会经济发展阶段，空间结构的基本特征、空间可达性以及级差地租对区域发展的影响，有助于深刻理解区域发展。

（一）"点—轴系统"理论的基础

在 20 世纪中叶，随着西方社会进入城市化快速发展阶段，城市地理学和经济学领域学者对于城市化进程的研究逐渐深入。基于此背景，德国城市地理学家瓦尔特·克里斯塔勒和经济学家奥古斯特·廖什提出的中心地理论，以及法国经济学家弗朗索瓦·佩鲁的增长极理论和沃纳·松巴特的生长轴理论，共同构成了后来"点—轴系统"理论发展的理论基础。[1] 中心地理论通过六边形结构模型，阐释了经济社会空间分布的理想形态，指出中心地经济活动的集中度和辐射范围，及其在城市化进程中的等级性和规模法则。增长极理论进一步提炼了经济增长的空间不均一性，强调增长先在某些关键点或增长极发生，随后向外扩散，影响整体经济结构。生长轴理论则从重要交通经济带的角度，分析了产业和人口如何围绕交通干线集聚，并指出这种集聚将促进生产成本的降低和经济的集中发展。[2] 这三个理论在思想上互为补充，共同为理解和解释社会发展过程中的空间结构变化提供了深刻启示，为"点—轴系统"理论的形成和发展奠定了坚实的理论基础。

---

[1] 陆大道：《关于"点—轴"空间结构系统的形成机理分析》，《地理科学》2002 年第 1 期。

[2] 吴传清、孙智君、许军：《点轴系统理论及其拓展与应用：一个文献述评》，《贵州财经学院学报》2007 年第 2 期。

（二）"点—轴系统"理论的提出及要点

陆大道院士在《关于"点—轴"空间结构系统的形成机理分析》中提出的"点—轴系统"理论，是在深入分析我国国土资源开发现状及社会经济条件的基础上总结出来的，相比中心地理论更全面地考虑了区域内各实体间的相互作用和协同发展。其核心观点强调，社会经济实体在空间上的相互作用遵循聚集与扩散的基本倾向，及类似物体在空间上相互作用原理。[1] "点"指代区域发展的核心节点，如居民聚集区或中心城市，而"轴"则是连接这些点的线条，包括交通、通信网络线，甚至能源和水源相关基础设施。这些"轴"具备强大的资源吸引力，能在区域内促成产业聚集带，并通过资源与生产力的扩散促进周边区域的经济社会发展。

陆大道院士进一步阐述，"点—轴系统"的发展遵循社会与经济发展规律，经历了从初始的无组织状态到点与轴形成，再到系统框架的建立，最终达到空间结构的重新均衡四个发展阶段。[2] 这一过程体现了区域发展的渐进式扩散特点，即从单一点的发展到线性的连接，最后实现面的广泛发展，推动区域从不平衡状态向相对平衡状态转变。通过这一理论框架，陆大道院士揭示了区域发展所经历从初级均衡到不均衡，再到高级均衡状态的动态过程，反映了社会经济空间组织的客观规律，为区域开发提供了一种有效的指导模式。因此，"点—轴系统"不仅是理解区域发展动态的理论工具，还是指导实践中区域开发策略的重要框架。

（三）"点—轴系统"理论的进一步发展

在20世纪90年代，中国学界基于"点—轴系统"理论，提出了区域发展网络模式，标志着区域发展理论的进一步演化。此模式认为，随

---

① 陆大道：《关于"点—轴"空间结构系统的形成机理分析》，《地理科学》2002年第1期。
② 同上。

着区域发展进入一个新阶段，原有的密集聚集模式已不再完全适应区域增长的需求，因而必须通过建设先进的交通和通信网络，促进产业向边缘区域扩散，以及与其他区域广泛连接，从而实现经济的分散式发展和区域间的有效互联。这种网络开发模式是"点—轴系统"理论的自然延伸。原理论强调，在区域发展的早期阶段，会出现以中心点为核心的产业聚集现象。随着这些中心点发展到一定水平，即原先的产业聚集模式不能有效促进区域发展时，产业的向外扩散变成了新的发展趋势。[1] 这一过程促进了向较少开发地区的产业迁移，逐步促成以一级中心为核心向外逐级扩散的多级中心和多轴连接的复杂网络结构。该模式强调在区域发展中，要在过度集中和完全分散之间寻找一个动态平衡，通过构建灵活多样的连接，促进区域内部和区域间的均衡发展，进而推动整体社会经济结构的优化与升级。

（四）"点—轴系统"理论对长城文化旅游的指导意义

在将"点—轴系统"理论应用于发展长城文化与旅游产业带的过程中，我们的目标是通过精心设计的旅游节点和连接这些节点的轴线，提升游客体验，同时保护和传承长城文化遗产。长城是中国历史的象征，而且每一段长城都承载着独特的文化和历史价值。这些价值可以通过创新的展示和互动体验，为游客提供深刻的教育意义和优美的文化享受。

首先，长城各段的主要关隘和烽火台作为核心旅游节点，是连接历史与现代、教育与娱乐的桥梁。在这些节点，可以通过建立主题博物馆、举办文化节庆、开展传统手工艺工作坊等方式，提升文化的深度和广度。例如，在司马台长城的节点设置互动展览，讲述长城的防御体系及其在历史上的作用，同时举办长城文化节，展示长城沿线各地的民俗和传统艺术。其次，旅游轴线的建设是连接这些旅游点的纽带，旨在形成一个

---

[1] 石培基、李国柱：《点—轴系统理论在我国西北地区旅游开发中的运用》，《地理与地理信息科学》2003 年第 5 期。

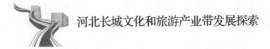

连贯的旅游体验路线。这些轴线不仅仅是物理上的连接，更是文化和信息交流的渠道。轴线可以将不同节点的旅游资源整合，形成统一的服务和管理体系，提供连续的旅游服务，如统一的导览系统、便捷的交通链接以及一体化的预订平台。最后，旅游轴线的设计还考虑到了环境的保护和可持续性发展。例如，在设计旅游路线时，优先考虑对环境影响最小的路径，使用环保材料建设设施，并推广绿色旅游概念。这样的设计不仅能保护长城及其周边环境，还能提升游客的旅游体验质量。这种点与轴的有机结合不仅能够最大化地展示长城的文化和历史价值，还能促进地区经济的发展，提升当地社区的生活水平。通过这样的系统性开发，长城旅游产业带可以成为一个典范，展示如何通过文化旅游促进可持续发展和文化遗产的保护。

在实践中，这种理论的应用将需要地方政府和社区的协作，通过共同努力，确保旅游发展计划的实施既符合历史文化保护的需求，又满足现代旅游市场的期待，使长城成为连接过去与未来的桥梁。这不仅仅是对长城这一世界文化遗产的保护，更是对中国文化自信的一种展现。

二、文化与旅游的融合

（一）文化与旅游融合的学理性探索

1977年，美国学者罗伯特·麦金托什（Robert McIntosh）和夏希肯特·格波特（Shahi Kent Gerbert）首次在其著作《旅游学——要素·实践·基本原理》中提出了"旅游文化"概念。国内关于文化与旅游融合（文旅融合）的研究主要集中在两个方向：一是探讨文旅融合的本质，认为文化是旅游产业的核心竞争力，旅游则是文化产业化的关键渠道，两者的互补关系预示着融合是行业发展的趋势。此过程包括技术、产品、业务与组织、市场的融合，以及对相关产业的带动。二是研究文旅融合的宏观路径与模式，包括文化产业化与产业文化化两种发展路径，将文旅发展纳入国家战略，利用国家倡议推进体制改革，实现文旅融合。此外，提出通过构建集体记忆、增强文化展示性、产业化文化展示等层次路径，以及借鉴国际上的文旅融合模式，为国内发展提供参考。研究还涉及利用文化意象推动文旅融合的技术路径。三是结合具体地域进行文旅融合分析。文旅融合的地域性研究聚焦于不同区域文化资源与旅游产业的结合，如《长三角城市文化资源与旅游产业耦合协调及补偿机制》《民族地区文化和旅游融合发展影响要素的系统构建——基于71个民族县域文旅融合发展要素调查问卷的分析》《文化旅游资源市场价值及其空间分布特征——以湖南湘西州为例》以及《新时代文化和旅游融合的内涵建构与模式创新——以甘肃河西走廊为中心的考察》等。这些研究涵盖了从长三角的城市群到民族地区，再到特定文化旅游地区的多角度分析，针对南部和西部地区的研究较为丰富，针对中部和北部地区的相关研究相对较少。

（二）文化与旅游融合发展规划的政策推进

自1993年国家旅游局（现为文化和旅游部）首次在政府文件中强调旅游业对文化发展的重要作用以来，我国政府陆续出台了一系列政策，加快了旅游业与文化产业的融合发展。这一进程在新世纪以来显著加速，众多政策文件如2001年和2009年的国务院通知，以及2014年关于推动文化创意与产业融合发展的意见等，都为旅游业与文化产业的融合提供了详细的指导和规划。2009年和2011年的指导意见及中央委员会决定，进一步明确了文化与旅游的紧密关系，并提出了文化产业与旅游、体育等产业融合发展的具体措施。

随后，"十三五"旅游业发展规划的发布标志着我国文旅融合发展进入快车道，众多政策文件，如《国家"十三五"时期文化发展改革规划纲要》《关于促进全域旅游发展的指导意见》等，都强调了旅游与文化融合的重要性，并提出了具体的发展措施。2018年成立的文化和旅游部，以

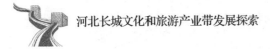

及之后发布的《关于加强文物保护利用改革的若干意见》等文件，进一步加强了对文旅融合的政策支持，推动了文化生态保护和非遗资源保护。

到了"十四五"期间，国家继续深化文旅融合发展策略，发布《"十四五"文化和旅游发展规划》等文件，强调产业融合发展，提出建设文化产业和旅游产业融合发展示范区的目标。由此可见，在政府政策和市场发展的双重驱动下，文化与旅游的融合发展不断深化，两者之间的互动与耦合性日益增强，为产业发展提供了新的动力和方向。

（三）文化与旅游融合理论对长城文化旅游的指导意义

在探讨"文旅融合"理论对长城文化旅游发展的指导意义时，我们需认识到，长城不仅仅是一道壮观的古代防御工程，还是我国悠久历史和丰富文化的体现。长城文化旅游的发展策略依托于文旅融合的理论框架，旨在通过将深厚的文化内涵与现代旅游业务紧密结合，实现对这一世界文化遗产的保护、传承与有效利用。

长城作为一种文化符号，其价值远超过其作为旅游目的地的物理形态。将对文化的深度挖掘与旅游体验相结合，可以通过数字化技术和虚拟现实等现代手段，为游客提供沉浸式的历史体验。这种方式不仅能让游客在观赏长城的壮丽景观时能够更加深入了解其历史意义，还能通过互动体验增强他们对长城文化的认识和尊重。此外，开发与长城文化相符的旅游产品和服务，如主题旅游线路、文化体验活动，可以显著提升游客的旅游满意度，并且为沿线地区带来新的经济机遇。这种经济效益的提升不仅源于游客消费的增长，还源于对地方文化遗产的保护和利用所带来的长远影响。例如，通过文旅项目，长城沿线的小镇和村落可以开设旅游服务中心，提供地方特色餐饮、住宿和购物服务，同时保护和展示当地的文化特色。

在可持续旅游的框架下，对长城的保护和旅游开发需要进行科学规划，通过限制游客数量和推广环保旅游习惯，不仅保护长城的物理结构，还保持其文化的纯粹性。此外，长城能作为中外文化交流的重要平台，举办国际文化节和艺术展览等活动不仅能展示长城，还能展示中国的现代发展和传统文化的和谐统一。

因此，文旅融合不仅为长城文化旅游的发展提供了理论支持和实践指导，还为全面提升长城的国际形象和全球影响力提供了策略路径。在这一过程中，政府的政策支持、企业的创新实践和社区的积极参与是实现这一目标的关键。通过这种多方参与的合作模式，长城的文化旅游可以实现真正的可持续发展，同时为世界文化遗产的保护与利用树立典范。

三、符号学与旅游

符号学的核心观点，由费尔迪南·德·索绪尔（F.de Saussure）提出，将符号定义为能指与所指的结合，其中能指是指语言的声音形象，所指则是语言所映射的概念。[①] 基于此，罗兰·巴特（Roland Barthes）进一步阐述了符号意义构建的过程，将符号系统分为两个交织的子系统：第一个子系统是由符号的能指和所指组成的语言学体系，第二个子系统则是基于第一个子系统中能指和所指的结合，所形成新的符号系统，即二级符号系统。[②] 符号通过意指来表达意义，分为直接意指和隐含意指，后者暗示了符号背后的深层含义，这在修辞学的隐喻概念中得到了体现，指出了两个符号含蓄意指所指之间的相似性。

20世纪70年代，符号学思想被引入旅游研究领域。迪恩·麦坎内尔（Dean MacCannell）首次系统地探讨了旅游吸引物的符号意义，包括其结构差异、社会功能及象征符号等。[③] 乔纳森·库勒（Jonathan Culler）在其论文《旅游符号学》中，将旅游者视为"符号军队"，认为其既是

① 索绪尔：《普通语言学导论》，于秀英译，商务印书馆2020年版。
② 孟庆艳：《文化符号与人的创造本性：早期符号理论比较研究》，博士学位论文，吉林大学马克思主义哲学专业，2006。
③ Dean Mac Cannell：《旅游者：休闲阶层新论》，张晓萍等译，广西师范大学出版社2008年版。

建构标志与景观间联系的主体，也是对这些联系进行解读的主体。格雷本（Graburn）将旅游现象视为社会语义的一部分，提倡使用符号学和符号人类学方法对旅游中的文化文本进行解构分析，以揭示其意义结构和文化变迁过程。①

旅游过程被视为一种符号化过程，其中旅游者所见之物均由符号组成，景观在旅游者的观察下被赋予符号意义，转化为文化景观。科恩（Korn）将现代旅游体验中的通感认识细化为视觉、听觉、嗅觉、触觉等多个方面，强调了后现代旅游中通感器官的使用和全方位感受旅游经历的重要性。② 邓小艳和刘英研究了世界文化遗产旅游地的符号化运作，提出了一个系统的符号化运作模型，包括从调查旅游者的符号需求到实现旅游者与旅游地的符号互动的多个步骤，展示了符号化过程的层层递进性。③

通过符号学理论，我们可以重新审视长城。长城不仅是历史的遗迹，还是一个丰富的文化符号体系，其每一个石块和每一段城墙都深深扎根于中国悠久的历史与文化之中。这种理论的应用使我们能够更深入地挖掘长城的象征意义，将其物理形态与所承载的文化意义紧密结合，从而为游客提供更为丰富和多层次的文化体验。长城的每一部分都可以被赋予新的文化解读，转化为一种能够与现代游客产生共鸣的文化景观，从而不仅增强游客对这一世界文化遗产的认识和欣赏，还强化他们的参与感和体验感。

利用符号学理论，长城文化旅游的开发可以突破传统的观光模式，通过创意和技术的运用，如增强现实技术，使得历史情境和文化故事的呈现更加生动和感人。例如，游客在游览某段长城时，可以通过手持设

① 赵红梅：《论仪式理论在旅游研究中的应用：兼评纳尔什·格雷本教授的"旅游仪式论"》，《旅游学刊》2007年第9期。
② Cohen：《旅游社会学纵论》，巫宁、马聪玲、陈立平译，南开大学出版社2007年版。
③ 邓小艳、刘英：《符号化运作：世界文化遗产旅游地创新发展的路径选择——以湖北武当山为例》，《经济地理》2012年第9期。

备看到该段城墙在历史上经历的重要战役，或是通过互动展览了解到长城修建背后的人文故事。这种技术的应用能够使长城的历史和文化得到新的生命力，也让游客的旅行体验更加深刻和难忘。此外，符号学的应用还有助于长城文化的传承与创新，通过对长城符号意义的重新诠释，开发与之相关的文化产品和旅游活动，如以长城为主题的文化节庆、工艺品或艺术表演等。这些文化创新活动不仅为游客提供了更多样化的选择，还为当地社区带来了经济利益，同时促进了长城文化的现代化传播和国际化推广。在这个过程中，长城作为一个符号，不仅仅是历史象征，更成了连接不同文化和代际之间的桥梁。通过符号学的视角来审视和发展长城旅游，我们不仅能够保护和利用这一宝贵的文化遗产，还能够使它在现代社会中发挥更大的教育和文化价值，真正实现其作为全人类共同财富的持续活力。

第二节　近况分析：河北长城文化和旅游产业带发展的依据

　　长城承载着古建筑和古遗址双重遗产形态，以其遗址形态为核心，展现了独一无二的文化景观。它不仅是一项宏伟的建筑成就，还融合了深厚的文化、历史、建筑、艺术和军事价值。河北省，作为中国长城资源最丰富、保存状态最佳和最具象征意义的地区之一，在国家发展战略的大力支持下，将长城文化与旅游产业的发展从局部扩展至整体。

一、河北长城资源分布及特点

　　河北省内长城相关自然资源与历史文化遗产，铸就了其深邃的文化内涵及独特的历史、文化和旅游价值。长城资源不仅仅局限于其本身所构成的景观，还扩展到了建立在这些遗迹之上的文化符号和价值。依据《长城保护总体规划》，长城文物本体的组成非常丰富，涵盖了长城

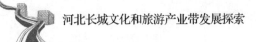

墙体、壕堑（界壕）、独立建筑物、关堡以及其他相关设施。具体而言，长城墙体主要由墙体结构、墙体本身及其基础构成，细分为墙体设施（如垛口、箭孔、瞭望孔等）、土墙（采用多种材料与技术构筑）、石墙、砖墙及其他特殊形式的墙体遗存。壕堑（界壕）则包括沟堑、挡墙等结构。独立建筑物涵盖城楼、敌台、马面、水关、铺房和烽火台等。关堡则指代关隘和堡垒等防御设施。其他相关设施，如挡马墙、品字窖和壕沟等，同样为长城文化遗产的一部分。

（一）河北长城本体资源的分布

河北省为中国长城资源最为丰富和保存最完整的地区之一，而长城遗迹遍布省内多个地区，展示了独特的历史、文化和旅游价值。根据相关资料统计，河北段的长城总长约2498.54千米，包括明代长城和更早时期的长城遗迹。其中，明代长城的长度为1338.63千米，涵盖了1153个不同段落、5388座单体建筑、302座关堡，以及156处其他相关遗存；而早期长城的长度则为1159.91千米，包含290个段落，915座单体建筑，70座关堡，以及26处其他相关遗存。

河北段的长城跨越了省内东部沿海到西部山区，南贯太行山脉，经过的区域包括秦皇岛、唐山、承德、张家口、保定、廊坊、石家庄、邢台、邯郸9个市，几乎遍及河北省的所有区域，除了沧州、衡水。这片长城资源在全国范围内以数量多、保存好、类型全的特点而显得尤为突出，覆盖了从燕山、太行山、坝上高原到华北平原等多种地貌。

在战国时期，北方的燕、赵、秦三国均修筑了长城以抵御游牧民族的侵袭。其中，燕长城分为南北两道，北道即燕北长城，分布于今日河北北部地区，如围场、丰宁、沽源等县，形成了明显的防御线。河北省内的长城遗址，根据历史时期不同，分为燕北长城、燕南长城、赵长城、汉长城、北魏长城、北齐长城、唐长城、金界壕以及明长城等，每一段长城都承载着丰富的历史和文化故事，是研究中国古代军事防御体系和地方历史文化的重要资源。

（二）河北长城资源的特点

1.汇集历代长城

河北省保留了众多历代长城的遗迹，而且这些长城遗迹跨越了从战国时期到明代的广阔时段，构成了一幅丰富多彩的历史文化画卷。这一地区的长城修建始于战国时期，当时的赵、燕、中山等国在此区域建造了长城以防御外敌。秦朝统一六国后，进一步将这些零散的长城连接成一体，构建了一个庞大的防御系统。到了明代，长城建设达到了顶峰，形成了内外两道长城，外长城自山海关起，经过秦皇岛、唐山、承德等地，贯穿燕山山脉、冀北山地及坝上草原，至西洋河，与山西的长城相接；而内长城则自北京出发，经张家口、保定、石家庄、邢台至邯郸，构筑了京师西部和南部的坚固防线。

河北的长城数量较多，且其保存状态、历史跨度及地理分布的广泛性在全国占据前列。从围场、临漳、磁县等地发现的战国时期长城遗址，到秦长城的踪迹，再到明代构筑的庞大防御体系，河北长城的每一段都承载着厚重的历史和文化价值。这些遗迹不仅见证了中国古代边防建筑的发展历程，还反映了不同时期对于国防安全、地域控制的重视。河北长城的这一特性，为研究中国的历史文化、军事策略提供了珍贵的实物资料，也为当代的文化旅游开发提供了丰富的资源。

2.拥有最美的长城

河北省因其独特的地理位置和历史背景，拥有中国保存最完好、最具代表性的长城段落。众多摄影师和学者一致认为，河北长城不仅是整个长城的精华所在，还是其美学展现之地。河北的长城，特别是蓟州段，不仅因其良好的保存状态、精美的设计，以及与自然环境的完美融合而受到赞誉，还因其在视觉艺术中的独特地位而被摄影师所青睐。

河北的长城旅游资源丰富，已开发的景点众多，包括世界著名的山

海关、金山岭长城等。山海关因其悠久的历史和重要的军事地位被誉为
"天下第一关"，是许多帝王将相历史活动的见证地。金山岭长城以其险
峻的地理位置和独特的建筑风格，成为长城中的佼佼者，其"浮雕麒麟
影壁"和"长城边古居"等景点更是吸引了无数游客。① 此外，喜峰口
至潘家口的长城段落和张家口大境门长城都以其各自的历史价值和美丽
景色成为旅游文化开发的重要部分。

3.文物价值深厚

河北省内的长城遗迹，作为中国古代军事防御系统的精华，体现了
深厚的文物价值和多样化的景观特色。从战国到明代，长城的建筑技术
和形式经历了从简单的土夯至精细的砖石结构的演变。特别值得一提的
是，山海关和金山岭长城不仅因其独特的地理位置和建筑风格被列入世
界文化遗产，还因其完整的保存状态和丰富的防御建筑而显得格外重要。
山海关，作为长城线上唯一依山傍海的关城，以其完备的防御设施体系
著称，拥有包括箭楼、临闾楼、瓮城在内的多种古代军事建筑，于1961
年被列为全国重点文物保护单位。②

4.蕴含着丰富的长城精神

河北省的长城遗址不仅是古代中国边防建筑的象征，还是中华民族
坚韧不拔精神的体现。从战国时期的赵、燕长城到明代的壮丽城墙，长
城见证了中华民族对和平的渴望、对自由的追求和对独立的坚守。长城
不仅是物质的防御工程，还是精神的堡垒，反映了中华民族的强大国力、
团结精神、创造智慧和献身勇气。河北长城的历史深远，跨越了数个朝
代，从秦汉的统一防线到明代的宏伟工程，每一段长城都承载着不同的
历史故事和文化内涵。明代的长城修建，尤其在河北地区，达到了前所
未有的规模和技术水平。

---

① 王宏伟:《长城把最美的一段留给了金山岭》,《中国集邮报》2017年4月28日第7版。
② 白翠玲、和文征、牛天娇:《太行山河北段长城旅游开发研究》,《河北地质大学学报》
2017年第4期。

长城的精神内涵丰富，包括中华民族在历史长河中积累的强国意志、坚韧不屈的民族性格和丰富的文化传统。它不仅是抵御外侮的军事防线，还是沟通内外、交流文化的桥梁，促进了沿线多民族的交流与融合。长城沿线文人创作的诗词、文学作品，更是中华文化宝库中的瑰宝，记录了无数英雄事迹。

　　在新时代背景下，河北长城的精神价值被赋予新的内涵，成为激励中华儿女自强不息、勇往直前的强大动力。对长城精神的深入挖掘和传承，不仅有助于弘扬爱国主义、集体主义和社会主义核心价值观，还为推动文化自信和民族复兴提供了坚实的精神支柱。①

二、河北长城资源的文旅开发现状

（一）河北省长城文化保护模式不断推进

　　自中华人民共和国成立以来，国家层面和地方政府均高度重视长城保护与修复工作，逐步建立了一套系统的法规政策体系，确保了长城遗产的有效保护与合理利用。

　　从早期的文物保护指令到 2006 年《长城保护条例》的颁布，再到 2019 年《长城保护总体规划》的正式发布，长城保护法律法规体系日益完善，为长城的持续保护和传承利用奠定了坚实的法律基础。河北省政府响应国家政策，通过《河北省长城保护办法》和后续的《河北省长城保护条例》，强化了长城保护与管理力度，明确了保护原则和责任分配，确保长城的真实性、完整性和历史风貌得到有效维护。

　　在具体实施层面，河北省通过建立长城保护领导小组、推广长城保护员制度、聚焦重点保护与修复工程等一系列措施，有效加强了长城日常管理与保护工作。各级政府的积极行动，如秦皇岛市长城保护立法工

---

① 刘素杰：《长城精神的新时代价值蕴含及其实践途径》，《河北地质大学学报》2020 年第 2 期。

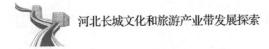

作的启动、承德市对长城实施全程保护和分段管理，以及唐山遵化市对古长城的实测与研究等，均体现了河北省在长城保护方面的创新和努力。此外，河北省还积极开展长城资源的调查与研究工作，及时更新长城资源保护和管理数据，为科学制定保护措施提供了准确依据。通过一系列的修缮与保护项目，如山海关长城、金山岭长城的维修工程，以及长城类的省级文物保护单位设立等，河北省不仅保护了长城的物质形态，还进一步挖掘和传承了深厚的长城文化。

在保护的同时，河北省也积极探索长城文化的合理利用，推进长城国家文化公园的建设，力求在保护与发展之间找到平衡点，让长城既成为历史的见证，也成为当代和未来文化交流与经济发展的重要载体。通过努力，河北省的长城保护模式不仅为地方乃至全国的文化遗产保护提供了有益借鉴，还为世界文化遗产的保护与利用提供了中国方案。

（二）河北省长城文化旅游聚合优势初步凸显

河北省在长城文化保护与旅游产业发展方面的聚合优势开始显现。对于国家推行的长城保护与利用统筹发展战略，河北省积极响应，通过文旅融合，激发了长城这一世界文化遗产的新活力。近年来，以长城国家文化公园、长城文化带等为代表的一系列国家政策为河北省带来了前所未有的发展机遇。这些政策不仅引导了新型的文旅融合发展模式，还为区域资源整合、文物保护与区域协调发展提供了新的思路。河北省政府在此背景下，制定了《河北省建设全国产业转型升级试验区"十四五"规划》，明确将文化和旅游作为河北省的主导产业，提出构建京津冀文化和旅游发展协同体的战略目标，力求打造以雄安新区、张北地区为两翼，围绕环京津、长城、大运河等六大文化旅游带的空间布局。

在具体实施方面，河北省不断推进长城国家文化公园的建设，通过总品牌建设、平台搭建等方式，推动长城文化与旅游的综合开发。张家口崇礼区将长城文化与冬季奥运精神结合在一起，通过景观亮化工程，实现了"长城脚下看冬奥",为文旅融合提供了新的范例。秦皇岛市则通过整合长城文化资源,强化山海关军事文化旅游产业区,努力打造"明代最完整军事体系"文化旅游品牌。此外,唐山市迁安的"长城天路"项目、承德金山岭长城的文旅融合尝试等,均体现了河北省在长城文旅融合发展上的创新与实践。通过这些项目,河北省不仅加强了长城的文化价值挖掘,还为乡村振兴与旅游业的深度融合提供了新的路径。

在非物质文化遗产方面,河北省积极探索"长城 + 非遗"等新业态,通过将非遗文化融入长城旅游,激发了长城文化的新活力,提升了长城文化旅游的品牌价值。《河北省文化产业发展规划(2021—2025年)》明确提出构建长城文化产业带的目标,进一步促进了文旅产业的高质量发展。

(三)河北省长城国家文化公园建设有序推进,产业带朝"大文旅"转向

河北省的长城国家文化公园建设正在积极推进,并以文化遗产保护为核心,向"大文旅"模式转型。此举基于党中央决策部署,旨在通过文旅融合推动文化繁荣发展,促进长城沿线的文化与旅游资源整合,生动展示中华文化的独特魅力。河北省作为长城资源较丰富的省份,已经在国家文化公园的建设上展现出积极的姿态,通过顶层设计和规划,强化了长城文化的传承与利用,促进了文旅产业的融合发展。河北省于2021年发布的《长城国家文化公园(河北段)建设保护规划》和《长城国家文化公园(河北段)建设实施方案》,标志着长城文化保护和旅游融合发展的具体实施步骤已经明确。这些规划文件聚焦于长城文化的保护、传承和旅游开发,提出了包括管控保护区划定、核心展示园建设、特色展示点打造、文旅融合区域开发等多项具体措施,旨在建立一个既保护文化遗产,又促进地区经济社会发展的长效机制。

为了实现长城文化与旅游深度融合,河北省采取了系列创新措施,

其中包括建设风景道、开发精品线路等，而基于这些措施，长城的文化价值和旅游潜力得到了充分挖掘和有效利用。长城风景道的建设，不仅优化了交通和旅游基础设施，还为游客提供了更为丰富多样的文化体验和旅游选择，促使长城文化旅游产业带向"点—轴"模式转变，以点带面，促成更加完整的文化旅游网络。此外，河北省通过整合长城沿线的非物质文化遗产资源，开展了一系列文化活动和旅游项目，如"长城脚下话非遗"等，这些活动不仅丰富了长城的文化内涵，还增强了长城旅游的吸引力和影响力。通过这些努力，河北省正将长城建设成为弘扬民族精神、传承中华文明的重要载体，以推动长城文旅产业高质量发展，为河北乃至全国的文化旅游发展提供了新的动力和方向。

（四）河北省注重科技创新在长城文旅产业开发中的应用

河北省正在积极推动科技创新与长城文化旅游产业的融合，积极利用新一代信息技术，如大数据、5G、VR、AR 等，推动文旅产业的升级和变革。河北省通过实施智慧旅游项目，如"河北旅游云"和省文旅分时预约平台，建立了全面的产业运行监测和应急指挥体系，构筑了覆盖全省的智慧旅游生态系统。

河北省文化和旅游厅推出的"云长城河北"数字云平台，作为全国首个长城数字化展示平台，通过先进的技术手段为游客提供了一种全新的长城体验方式。此外，河北省还创新推出了多样化的智慧旅游产品，如云展览、线上演播、数字艺术等，大力推动长城文化的数字化展示和智慧景区建设。

尽管河北省在文旅产业科技创新方面取得了初步成效，但仍面临诸多挑战，包括对文化和旅游科技创新认识不足、专业人才缺乏、创新意识不强等。此外，文化和旅游科技创新的基础较弱，旅游景区和公共文化场馆的数字化、智慧化水平有待提高，文化和旅游科技创新资金投入渠道也需要进一步多元化和完善。

随着元宇宙概念的兴起，河北省文旅产业发展面临新的机遇和挑战。元宇宙旅游和长城国家文化公园的元宇宙开发项目探索，将为河北文旅产业提供新的发展方向和模式。通过搭建智慧化云平台、丰富虚拟世界与现实世界的联结、加强数字基建、制定行业标准等措施，河北省文旅产业有望实现数字化转型，打造特色数字文旅 IP，为游客提供更加丰富的沉浸式文化旅游体验。[①]

（五）河北长城文旅产业带超级 IP 开发有待加强

河北省长城作为一项具有高识别度的文化遗产，其超级 IP 的开发与孵化对促进当地文化旅游产业的发展具有重要意义。在当下社会，IP 不仅代表知识产权，还泛指文创作品、动漫形象、游戏角色等能够对特定群体产生影响力的原创内容。要使长城成为超级 IP，就要使它成为具有广泛影响力的文化符号。[②]

为了充分挖掘和开发长城的 IP 价值，河北省需要从多个方面入手。实际先要深入探索和提炼长城的文化意象，将其与新时代的社会发展趋势融合在一起，满足人民日益增长的精神文化需求。关于长城文化的研究不仅涵盖和平文化、多民族文化、抗战精神等传统元素，还应与"一带一路"倡议、人类命运共同体理念、乡村振兴等新时代背景紧密结合，以全方位挖掘与提炼。此外，旅游产业的核心不仅在于有形的文化产品，还在于无形的文化体验。针对长城文旅产业的发展，可以从历史文化氛围营造、旅游活动策划、核心吸引物打造、配套设施建设和服务体验优化五个维度来加强长城国家文化公园的旅游形象感知研究与开发，以塑造多元化、立体化的长城旅游体验。

河北省长城文旅产业 IP 开发正处于加速阶段。为了将这一宝贵资源转化为产业优势，河北省正积极探索多元化的创意产品开发和跨界营销

[①] 苏坤：《"元宇宙"如何赋能文旅产业数字化转型值得关注》，《中国旅游报》2021 年 12 月 16 日第 3 版。

[②] 陈格雷：《超级 IP 孵化原理》，机械工业出版社 2020 年版。

策略，以期将长城文化的无形价值转化为有形的经济收益。首要任务是深挖长城文化的底蕴，通过创意思维将长城的文化元素与当代社会需求结合在一起，创造出具有时代感和文化深度的创意产品。这些产品不仅涵盖实物商品，如服饰、饰品、艺术作品等，还包括体验式服务，如节庆活动、体育赛事、文艺表演等。河北省已经推出了以长城为核心的文创产品系列，这些产品通过创意设计，使长城的文化符号与现代消费者的审美和需求相契合。同时，跨界营销和品牌建设成为推广长城IP的关键手段。通过与不同领域的合作，如养老服务、体育旅游、文创品牌等，河北省长城文旅产业不断拓宽其市场边界和受众群体。跨界合作不仅扩大了长城IP的影响力，还为消费者提供了多样化的体验方式，如在长城脚下举办的睡眠音乐会就是一次创新的跨界尝试，成功吸引了广泛的关注和参与。此外，可利用现代科技，如数字化、智慧旅游等新兴技术手段，为长城文旅产业的发展注入新的活力。数字化技术的应用使得长城文化的展示和传播更加便捷和生动，提升了游客的互动体验和满意度。

河北长城的超级IP开发面临着一系列的挑战与机遇。尽管山海关、金山岭、大境门、崇礼等关键段落已经开始显示出一定的品牌聚合效应，吸引了广泛的关注，但整个长城的价值体系尚未被完全挖掘和利用。对长城的深层价值研究还不够充分，对其历史、文化和社会意义的探索还需进一步加强。此外，长城展示和开发模式相对单一，缺乏针对其丰富历史和文化背景的综合展示策略。在推进长城国家文化公园建设的过程中可以发现，虽然已有的品牌，如山海关、金山岭等取得了一定的知名度，但是长城其他部分的文化价值和故事传播仍然有待加强。当前如何从文旅融合的角度出发，深入挖掘和阐释长城的历史文化价值，不仅是一项关键的研究议题，还是河北长城文化公园建设中亟待解决的问题。为了克服这些挑战，河北省需要加强对长城各段落历史文化价值的系统研究，建立一个全面、系统且深入的长城价值阐释体系。同时，需探索多样化的展示模式和技术，将长城相关故事和文化通过多种渠道和方式呈现给公众，以丰富游客的体验和感知。此外，要加大长城相关故事与文化的宣传力度，通过创新营销策略和内容创作，增强长城各景点的品牌影响力，促进河北长城超级 IP 的形成和发展。

河北省长城文化和旅游带呈现出开发"极点"众多而发展不均的局面。山海关、老龙头、喜峰口等著名景点已经成为地区经济增长的亮点，配备了较完善的旅游服务设施。然而，河北省内大多数长城区域的开发水平仍较低，缺乏完善的旅游配套服务，野长城保护不足的情况也较为普遍。河北省的非长城旅游资源丰富，包括白洋淀、避暑山庄等著名景点，与北京、天津等地丰富的文化旅游资源形成了激烈的竞争，使得长城旅游景点在当前阶段并未展现显著的竞争优势。河北省内长城文化和旅游产业带虽已逐步形成，但各地区之间合作不够密切，缺乏整体性和综合性的开发策略，导致资源利用不足和开发效率低下。为了进一步提升河北长城旅游产业带的整体发展水平，重点应放在优化中心点的开发上，通过聚焦核心旅游景点，推动产业带的全面活跃。在此背景下，河北省发布了长城国家文化公园（河北段）12 条精品旅游线路，旨在通过精心设计的旅游线路提升游客体验，将长城文化与自然景观、红色故事、生态旅游等元素结合在一起，提供多元化的旅游选择。这些线路不仅覆盖了长城的主要景观，还深入探索了长城周边的文化和自然资源，可助力河北长城文化和旅游产业带的全面发展。

第三节　总体规划：河北长城文化和旅游产业带发展的蓝图

河北省内的长城沿山脉布局，跨越从北至南的广阔地域，展现了空间的连续性与历史的深度，同时糅合了太行山独特的自然风光和丰富的文化遗产，是一个多元化的旅游资源库。这一地区不仅拥有壮观的山水景观，还蕴含着深厚的历史文化和民俗特色，为旅游发展提供了独特的

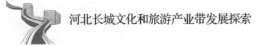

价值。

长城的文旅融合核心在于充分挖掘其历史文化价值，通过创新和整合，多角度发掘其旅游潜力。河北省应全面利用长城文化带的资源，促进文化、经济、生态等多方面发展，通过规划和实施一系列高品质的项目，活化非遗文化，推动产业的有效连接。河北省应把握长城国家文化公园建设的机遇，按照规划，以明长城为轴，打造具有代表性的文化遗产带，通过串联和整合区域内的文化和自然资源，展现长城的全貌。这种综合发展模式旨在通过风景道等形式，实现资源的整合和品牌的塑造，以促进生态、经济、文化、社会效益等综合发展。

河北省的红色文化资源、生态旅游资源和乡村旅游资源为长城文旅融合发展提供了丰富的内容。随着社会经济的发展和人民生活水平的提高，人们对高质量文化旅游的需求日益增长，而长城及其周边的旅游资源开发，特别是红色旅游、生态旅游和乡村旅游的深度融合，将进一步促进地区经济的发展，满足人们对美好生活的向往。

因此，河北长城及其周边地区的文旅产业带发展，应立足整体性的战略规划，深度挖掘和整合红色教育、生态保护及乡村振兴等方面的资源，通过打造多元化的旅游产品和服务，推动区域内的产业升级和经济增长，更好地保护与利用文化遗产，促进社会和谐与可持续发展。

一、河北长城红色教育文旅产业带

长城在中国抗日战争历史中扮演了重要的地理和战略角色。1933年，面对日本侵略者的进犯，中国军队依托长城的防御设施展开了激烈的抗战，其中秦皇岛榆关的战斗拉开了长城抗战的帷幕。随着热河的陷落，中国军队撤退至长城的要隘坚守。长城抗战的关键战场分布在东线的迁安冷口、中线的喜峰口和西线的古北口。这一时期，长城不仅是物理防线，还是中华民族在反抗外来侵略中所展现出的不屈抗战精神的象征。

《中国红色旅游发展报告（2022）》指出，红色旅游在我国持续蓬勃发展，2019年红色旅游接待人次相比2004年增长了十倍，达到14.1亿，显示出红色旅游的强大吸引力。尽管2020年新冠疫情对旅游业造成了影响，但红色旅游依旧展现出了很好的恢复力，2021年上半年红色旅游的接待人次较2019年增长268.8%。[①]

红色旅游作为爱国主义教育的重要平台，不仅促进了民族精神和时代精神的传承，还成了传递革命文化、培育民族认同感的有效途径。通过实地参观红色教育基地，参与者可亲身体验历史场景，加深对民族历史的理解，加深爱国情感，进而增强历史意识和文化自信。

（一）河北省长城及周边红色旅游资源丰富、文化底蕴深厚

红色旅游作为主题旅游的一种，以革命纪念地及其承载的精神为核心，可激发参观学习者的爱国情怀，实现精神振奋与文化教育的目标。河北省拥有丰富的红色旅游资源，尤其是长城沿线，分布了众多红色教育资源。据2016年发布的《全国红色旅游经典景区名录》可知，河北省的相关景区，如西柏坡、华北军区烈士陵园、晋冀鲁豫烈士陵园等，是爱国主义教育的重要场所。为了进一步挖掘和利用这些红色资源，河北省文化和旅游厅推出了红色长城旅游线路，如从秦皇岛的山海关到张家口的察哈尔烈士陵园等，串联起河北省内的重要红色旅游地。这些线路不仅促进了当地旅游产业的发展，还强化了公众对革命历史的了解和对红色精神的传承。

河北省沿长城线分布的红色旅游资源展现了红色文化与自然美景的融合，以及革命教育与旅游产业的结合。秦皇岛、唐山、承德、张家口和保定等地区围绕长城推出的红色旅游线路，不仅强化了爱国主义教育，还促进了当地旅游产业的发展。秦皇岛地区以山海关古城、长城博物馆等为核心，结合房庄村、界岭口村等乡村旅游资源，创设了良好的教育

① 王金伟：《红色旅游蓝皮书：中国红色旅游发展报告（2022）》，社会科学文献出版社2023年版。

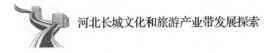

和旅游体验条件。在唐山地区，可基于喜峰口、罗文峪和冷口关等长城抗战遗址讲述抗战故事，传承红色精神。承德的蟠龙湖景区、金山岭长城国歌广场等地，可结合红色研学路线，提供深度的文化体验机会。张家口地区则通过涿鹿县丁玲纪念馆、赤城县平北抗日根据地纪念馆等，展现了抗日战争时期的英雄事迹。保定的野三坡平西抗日根据地和涞源县雁宿崖黄土岭战斗遗址，是探访抗战历史的重要站点。

（二）河北长城红色旅游资源开发秉持的原则

1. 长城红色旅游资源开发主体要有强烈社会责任感和历史使命感

河北长城红色旅游资源的开发整合了长城这一文化遗产与革命历史的红色精神，这不仅在政治层面强化了团结精神的提升，还在经济层面带动了新的发展机遇，在文化层面增加了地域文化的多样性和深度。在开发此类旅游资源时，面临的挑战包括如何在保护政治文明和精神文明的基础上规划和实施红色旅游资源开发活动，如何在实际开发过程中深化对红色旅游资源特殊价值的理解，以及如何应对红色旅游资源不可再生性带来的探索成本问题[1]。这些实际问题强调了开发主体需要具备强烈的社会责任感和历史使命感，才能有效进行长城红色旅游资源的探索和利用。

2. 坚持把社会效益放在首位的原则

在河北长城红色旅游资源的开发中，社会效益优先至关重要。这意味着在规划和实施红色旅游项目时，应先考虑其对于丰富公众精神文化生活和促进社会文化发展的贡献。尽管经济收益对于旅游产业的持续发展非常关键，但红色旅游作为一种特殊的文化资源，更重要的是其在传承历史、教育公众和弘扬精神价值方面的作用。因此，把社会效益置于首位并非忽视经济价值，而是寻求社会价值和经济价值的有机结合。通

---

① 马进甫、宋振美：《简析红色旅游资源的特征及其开发策略》，《北京第二外国语学院学报》2006 年第 1 期。

过红色旅游的开发与推广，可实现社会教育与文化传承的目标，同时促进旅游产业健康发展，最终实现社会效益和经济效益共赢。

3. 坚持可持续性原则

在河北长城红色旅游资源的开发中，遵循可持续性的原则至关重要，这涉及对当前需求与未来利益关系的平衡。促进长城旅游资源可持续发展，意味着必须避免短期内过度开发的行为，确保这一宝贵遗产能够为后代所享用。长城不仅是一项拥有丰富文化、审美和历史价值的瑰宝，还是一种脆弱且不可再生的资源。一旦遭到破坏，其损失是永久性的，无法恢复。因此，在开发长城红色旅游资源时，应将资源可持续性作为最基本的前提，尽力保护长城本身的同时，创新开发模式和旅游活动，确保资源得到合理利用和有效保护，从而促进长城旅游资源的长期、健康发展。

4. 坚持统筹规划、协调发展、绿色发展的原则

在开发河北长城红色旅游资源时，必须遵循统筹规划、协调发展以及绿色发展的原则。河北长城红色旅游不仅仅是一项简单的旅游活动，还是一个复杂的系统工程，需要在横向上与多个部门进行有效对接，同时需在纵向上与当地的历史、文化发展相融合，确保区域特色的连贯性和一致性。这一过程中，必须贯彻新发展理念，包括创新、协调、绿色、开放、共享五大原则，以创新为驱动，寻找新的发展方向和方式。要通过协调发展，将长城红色旅游纳入区域发展的整体框架，保证其作为系统一部分的独立性及与整体的和谐统一。要严格遵守绿色发展的要求，强调在开发过程中的自然尊重、历史传承以及绿色低碳理念，促进长城红色旅游的可持续与环境友好发展。

（三）河北长城红色教育文旅产业带开发的意义

1. 推动爱国主义教育

河北长城所蕴含的深厚历史文化与红色革命历史的结合，构成了丰

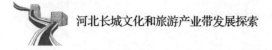

富的爱国主义教育资源，提供了宝贵的思想政治教育材料。而且，这种结合有助于拓展爱国主义教育的渠道和手段，使教育更加多元化和生动化。爱国主义教育的核心在于触动人心、唤起共鸣，这就要求通过生动的历史故事、坚定的抗战精神和智慧的战略谋划，构建一种独有的长城红色文化氛围。通过具体而生动的历史案例，引导人们深入体验和理解那段艰苦斗争的历史，从而在情感共鸣和情感共情中增强爱国情怀。

2.丰富长城的整体形象

赋予长城新的文化内涵，抗战精神成为其闪耀的一环。勇敢抵抗的精神和为国捐躯的英雄主义深深地镶嵌于长城的象征之中，赋予长城更深层次的内涵。这些精神的融入，不仅丰富了长城的文化形象，还强化了其作为民族坚韧不拔精神象征的地位，为长城这一古老符号注入了新的生命力和时代意义。

3.对河北省文化旅游业发展起着促进作用

在河北省文化旅游业蓬勃发展中，长城红色旅游资源的挖掘与利用成为关键驱动力。依托长城这一全球知名的文化遗产，结合丰富的红色历史资源，不仅能吸引国内外游客的广泛关注，还能深化旅游的文化内涵。特别是在长城国家文化公园建设的大背景下，河北省文化旅游业将迎来新的发展机遇。长城红色资源的深度开发，为河北省的文化旅游业注入了新的活力和创意，促进了旅游产品的多样化和特色化，进而为河北省的文化旅游发展提供了新的增长点和发展方向。

（四）河北长城红色教育文旅产业带开发策略

1.尊重史实，发展河北长城红色文旅资源

在开发河北长城红色文化旅游资源时，首要保证历史的准确性，确保开发内容的真实性和对历史的尊重。这需要依托历史研究和党史研究专业机构，对红色文旅资源的开发内容进行细致的审核和认证，避免历史误解和不实宣传。红色旅游资源的挖掘与开发，应立足深入的历史研究和真实的民众体验，以专业而严格的态度来指导开发方向，确保每一项内容都能真实反映历史，传达红色精神。

2.加大对旅游设施的投入，进行适度开发

为激发河北长城红色文旅资源的潜能，必须重视并加大对旅游基础设施的投资，同时有计划地适度开发。实际当中，河北省内许多长城景区处于经济发展较缓的乡村地区，这些地区的旅游配套设施不完善，直接限制了旅游业的发展空间。要破解这一难题，首要任务是改善和升级住宿、餐饮等旅游服务设施，而且要精心规划，增加资金投入。面对地方财政资源限制问题，必须要有国家级的政策支持和资金援助，为经济欠发达地区的旅游发展提供稳定的支撑。地方政府也应当发挥主动性，积极探索多种融资渠道，利用当地独有的自然景观和文化遗产，围绕地域特色创新旅游项目和服务，从而全方位丰富长城红色旅游的呈现形式和游客体验。

3.挖掘长城红色资源潜在内涵，开发多种形式的旅游产品

通过以长城为中心的轴线，连接周边丰富的红色历史故事，建立一个综合性的旅游网络，开发出多元化的旅游产品，是开发长城红色资源的核心战略。在此过程中，要深度挖掘和重新定义红色文化的价值，修复和重现红色历史及文化遗迹，并将社会主义的先进文化、优秀传统文化以及当代的时代精神融入其中，从而使红色文化资源的时代内涵更加丰富。

在价值重构的实践中，要关注红色历史和文化遗迹的修复与再现，扩展红色文化资源的维度，并引进先进的社会主义文化和时代精神。要利用科技创新手段，赋予红色文化资源更多生动的非物质形态。需根据社会需求调整和提升红色文化资源的功能，如将传统的文化宣传功能扩展至增强文化自信等更广泛的功能。同时，需在保留红色文化资源历史属性的基础上，拓展其在现代社会中的价值和意义，以适应不同群体的需求和期待。

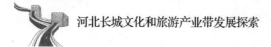

4. 加大研发力度，丰富河北长城红色旅游文创产品

为了提升河北长城红色旅游文化创意产品的多样性和吸引力，可采取创新融合的发展策略。实际可将传统文化元素融入现代旅游商品的创新设计，开发出富有地域特色且能满足市场需求的新型文创产品。例如，承德避暑山庄旅游集团便通过深入挖掘"皇家"文化元素，成功开发了一系列独具特色的旅游文创产品，如"避暑山庄乾隆游系列"等，是创新与传统文化结合的典范。

在此过程中，融合产品设计与市场需求、消费者生活习惯成为关键。河北省政府通过发布相关政策，鼓励加强文创与旅游商品的研发，这为河北长城红色旅游文创产品的开发提供了政策支持。为了有效推进文创产品的开发，建议成立专业的文创产品开发团队，以河北的地方文化资源为基础，细致挖掘文化元素，进而通过创新设计思维将这些元素转化为实际的产品设计，打造出既具有地方文化特色又能满足市场趋势的文创旅游商品。

5. 从多方面带动相关产业发展

为推动河北长城红色旅游资源及其相关产业的全面发展，采取一系列融合创新策略至关重要。以长城红色旅游资源为核心，通过产业联动，延伸和拓展产业链条，可以有效释放长城的品牌价值，实现与农业、工业、康养、体育和教育等多个行业的深度融合，促进一体化产业发展。此外，为新型文化产品的开发提供了一个绝佳的契机，将长城红色文旅资源与现代科技，如虚拟现实（VR）、增强现实（AR）、动漫游戏、网络音乐和数字艺术等结合起来，不仅能够推动文旅产业的创新与升级，还能为游客提供更加丰富多元的体验。进一步地，开发多样化的旅游产品和体验方式，如演艺娱乐和节庆展览等活动，将为游客带来更为生动和饱满的文化体验。张家口在冰雪运动产业链方面的成功经验，提供了一个将运动、装备制造、旅游度假和产业服务融为一体的发展模式，对于长城红色旅游资源的开发具有重要的借鉴意义。

6.发挥农村党支部力量，发挥旅游开发基层堡垒的作用

在河北长城红色旅游资源的发展过程中，尤其是在农村地区，充分利用当地党支部的力量至关重要。作为党在基层工作的战斗堡垒，农村党支部不仅能够有效地团结和带领党员及群众共同参与旅游开发，还能够在旅游开发活动中扮演"领路人"的角色，确保旅游开发工作的顺利进行。为了最大限度发挥农村党支部在旅游开发中的作用，需要通过加强党的教育和组织建设来解决存在的问题，提升党支部的凝聚力和战斗力。进一步提高党支部的管理能力和解决问题的能力也是发展旅游产业的关键，这不仅有助于党支部更有效地领导旅游开发项目，还能够确保旅游开发活动顺应当地社会经济的发展需求。此外，通过开展交流和培训，不仅可以开阔党员和群众的视野，还能帮助他们明确自身在旅游开发中的职责和发展方向。这种方式有助于激发党员和群众的积极性，促进旅游资源的有效开发，同时能够确保旅游开发活动更好地服务于当地社会经济的发展。

7.产权规划和法规建设是制度保证

为确保河北长城红色旅游资源的有序开发与良性发展，需加强制度建设和法规框架完善工作。这要求根据实际情况和国家的相关法律政策，建立一套既能保护合法权益又能打击违法行为的制度体系，有效预防和遏制不规范操作或混乱现象的出现。这不仅有助于平衡旅游开发与资源保护之间的关系，还能够协调政府与市场参与者之间的互动，为红色旅游资源的开发提供稳定的政策环境和法律支持。

此外，产权规划的制定对于明确红色旅游资源的所有权和使用权至关重要。通过建立权利与责任对等的产权制度，可以明确资源开发和产品营销的各方权益，完善激励与约束机制，既保护了市场主体的合法权益，也激发了行业的发展动力。这样的做法不仅有助于促进红色旅游资源的有效利用，还能够确保旅游开发活动的合法性、规范性和可持续性。

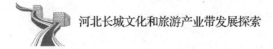

8.借助互联网优势，打造长城红色旅游的数字化平台

近年来，河北省积极探索利用互联网技术扩大文化旅游产品的有效供给，成功地通过直播等线上形式推广了长城红色旅游资源。例如，金山岭长城的"云赏花"活动在2020年取得了显著的宣传效果。同时，北京八达岭长城的数字化服务平台，通过整合长城及其周边资源，形成了一体化的网络服务体系，实现了高效管理、智能服务和精准营销。河北省继续强化长城旅游的数字化创新，已经推出可在线阅读和体验的长城数字云平台，覆盖了山海关、金山岭、大境门等重点景区，初步形成了一个集观赏、阅读、体验于一体的数字化线上空间。这些举措不仅为游客提供了便捷的旅游体验，还为长城红色旅游资源的宣传和推广开辟了新途径，展示了数字化在文化旅游领域的巨大潜力和价值。

（五）河北长城红色教育文旅产业带开发路径

1.确立资源开发模式

河北长城红色旅游资源，蕴含了丰富的历史文化价值和独特的地理景观，呈现出多元化发展的可能性。为了充分挖掘这一宝贵资源，保护式开发、文化"嫁接"式开发、博物馆展览式开发，以及文化演艺化开发等模式成为关键。

保护式开发模式强调在保护和传承中进行开发，确保长城及其周边红色旅游资源的不可再生性得到尊重，同时以观光旅游和文化科普教育为主要开发方向。这一模式对长城红色旅游资源同样适用，要在开发中保护长城的历史完整性和文化真实性。文化"嫁接"式开发则是将长城红色历史文化与当地环境和特色文化结合在一起，创造新的旅游体验和文化产品。例如，张家口的长城红色文旅开发可以与当地的草原和多民族特色相结合，而秦皇岛的长城红色文旅则可以与海洋文化相结合，展现不同地区长城红色旅游资源的独特魅力。

博物馆展览式开发即通过建立或利用博物馆等公共文化服务平台，

展示革命时期的文书、照片等，为游客提供丰富的历史文化学习资源。这不仅仅局限于传统的博物馆空间，还可以是开放式的红色博物馆，促使长城及其革命历史资源深度融合。文化演艺化开发即依托传统非物质文化遗产进行各种文化表演，为游客提供沉浸式的文化体验。可以借鉴实景演出等形式，如《印象·刘三姐》和《宋城千古情》等，将长城红色教育文旅景区与抗日题材的话剧等文化演出结合起来，还原历史情境，激发爱国情感。

2. 打造河北长城红色教育文旅产业增长极

为将河北长城红色教育文旅产业塑造成经济发展的新增长点，必须采取产业化的开发策略，这一策略的核心在于尊重市场规律和深入挖掘目标客群的需求。开发过程中，应构建完善的产业链条，促进文旅资源的多元化拓展和产业链各环节的深度整合，从而提升产业的整体辐射力和市场竞争力。

河北长城红色教育文旅产业化开发的关键在于提供丰富多彩的旅游内容和高品质的配套服务，如开发具有地方特色的民宿和小吃，创造独特的红色文化创意产品，以及在景区内举办红色文艺表演等。通过将旅游、文化、教育等多个领域的元素有机结合起来，可促进经济价值和社会文化价值的双重提升。此外，加强研发团队建设，及开发具有特色和创新性的文旅产品，是促进产业持续增长的关键。例如，潘家峪景区成功地将红色旅游与生态旅游结合在一起，发展了融合休闲度假、农产品采摘和娱乐等功能于一体的农家乐项目，每年吸引超过 30 万游客。[1] 这种模式不仅促进了当地经济的发展，还提升了河北长城红色教育文旅产业的品牌形象。

3. 从点到轴，协同推进河北长城红色教育文旅产业带发展

为了推动河北长城红色教育文旅产业带的协同发展，要通过有效的

---

① 魏艳伶、包得义：《文化强省战略下河北省红色文化开发利用研究》，《淮南职业技术学院学报》2017 年第 5 期。

规划和创新策略将分散的红色文旅资源串联成线，促成覆盖广泛区域的产业发展轴线。这一过程要求从宏观到微观层面进行精心设计和统筹，确保旅游资源和服务的高质量融合。

首先，基于国家和地方层面对文旅产业的支持政策，进行全面的系统规划是基础。这涉及对河北长城及其周边红色资源的全面梳理，而且要对旅游线路的设计、时间安排、经费预算、特色亮点、食宿服务等各方面进行细致考量，以打造既符合历史文化特质又满足市场需求的旅游产品。

其次，为了增强产业带的竞争力和吸引力，必须注重同质化管理和特色差异化开发。要通过挖掘各地红色历史故事的独特性，创新历史讲述方式，丰富文化饮食体验，提升住宿环境品质，为游客提供多元化的旅游体验。这种差异化策略能够确保游客在沿线旅游过程中持续感受到新奇和乐趣。

最后，实现红色资源与长城文旅产业的深度融合，是推动产业带发展的关键。利用数字化技术，如虚拟现实（VR）、增强现实（AR）等创新旅游体验形式，不仅能够增强旅游的互动性和沉浸感，还能够在优化游客体验的同时，实现寓教于乐，使游客在轻松愉悦的旅游活动中深入了解长城和红色文化的深厚内涵。

二、河北长城绿色生态发展产业带

为了确保旅游业在生态文明建设中发挥积极作用，必须实施一场以绿色、低碳、协调发展为导向的"绿色革命"。这种转型不仅促进了绿色文化的形成，还强调了可持续发展的重要性。生态旅游，作为这一理念的体现，旨在在保护生态环境的基础上，通过体验、认知和教育，促进人与自然的和谐共生。无论在国际还是国内，生态旅游的核心都是环境保护、责任承担和道德实践。

河北长城所在地区拥有丰富的自然风光和文化遗产，且与其周边的成熟自然风景区接近，为生态旅游的发展提供了天然优势。这为长城文旅产业带的发展提供了绿色生态发展的良好机遇。因此，通过整合长城周边的自然资源和非物质文化遗产，推动自然环境和文化资源的协调发展，从而促进长城绿色生态文旅产业带的形成。相较于传统旅游，生态旅游更注重环境保护和可持续性，标志着旅游业发展模式的重要转变（表3-1）。

表3-1 传统旅游与生态旅游的区别

	传统旅游	生态旅游
目标	利润最大化 价格导向 休闲为基础 文化与景观资源的展览	适宜的利润与持续维护环境资源的价值导向 以自然为基础的享受 环境资源和文化完整性展示与保育 开发商、旅客、当地社区和居民分享利益
受益者	开发商和游客为净受益者 当地社区和居民的受益与环境代价相抵所剩无几或入不敷出	开发商、游客、当地社区和居民分享利益
管理方式	游客第一，有求必应 渲染性的广告 无计划的空间拓展 分片分散的项目 交通方式不加限制	自然景观第一，有选择地满足游客要求 温和适中的宣传 有计划的空间安排 功能导向的景观生态调控 有选择的交通方式
正面影响	创造就业机会 刺激区域经济增长，但注重短期利益 促进交通、娱乐和基础设施的改善	创造持续就业的机会 促进经济发展 获取长期外汇收入 交通、娱乐和基础设施的改善与环境资源保护相协调 经济、社会和生态效益的融合

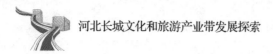

续表

	传统旅游	生态旅游
负面影响	高密度的基础设施和土地利用问题 停车场占用空间和机动车产生大气污染问题 水边开发导致水污染问题 乱扔垃圾导致脏乱 旅游活动打扰居民和生物的生活规律	短期内游客数量较少，但趋于增加 交通受到管制（多数情况下，不允许使用机动车） 水边景观廊道建设阻碍了水边的进一步开发 要求旅客分类收集垃圾，游客行为受到约束 游客的活动必须以不打扰当地居民和生物的生活为前提

资料来源：吕永龙《生态旅游的发展与规划》一文。

（一）河北省长城绿色生态产业资源分布

1.长城周边的自然资源分布情况

河北省长城绿色生态产业资源丰富，旅游发展潜力很大。围绕长城的自然风光和文化遗产，河北省内的多个地区，如承德、张家口、保定、唐山和秦皇岛等都拥有独特的自然景观和丰富的非物质文化遗产，为长城绿色生态文旅产业带的发展提供了坚实的基础。

承德市以其广袤的森林和丰富的水资源而闻名，拥有御道口风景区、京北第一草原等优质自然资源，近年来通过打造行宫酒店、特色小镇等新业态，展示了独具特色的生态旅游目的地形象。张家口市凭借高森林覆盖率和优良的空气质量，构建了绿色生态、绿色城镇、绿色产业等五大绿色体系，积极发展冰雪旅游与文化旅游，塑造了"大好河山"文旅品牌。

野三坡作为国家 5A 级旅游景区，以其奇特的地质遗迹和丰富的生物著称，提供了丰富的生态体验和教育活动。兴隆县则依托其丰富的绿色生态资源，如兴隆溶洞和雾灵山自然保护区，走出了一条生态观光和休闲康养结合的特色发展道路。

2. 长城沿线的非物质文化遗产统计

河北长城沿线的非物质文化遗产是绿色生态发展的重要组成部分，它们展现了自然与人类、人与人之间的和谐共生，是构建长城国家文化公园的核心要素之一。根据统计（截至 2020 年 8 月），河北段长城沿线共有省级以上非遗项目 277 项，涵盖了从民间文化到传统技艺的广泛领域，其中包括 40 项国家级非遗代表性项目，以及 237 项省级非遗项目。这些非遗项目展现了河北长城周边地区丰富多样的文化景观和深厚的文化底蕴。

（二）河北长城绿色生态产业带开发的原则

1. 坚持保护优先，协调发展

在河北长城绿色生态产业带的开发过程中，必须贯彻保护优先、协调发展的核心原则。生态环境是人类生存的基础，人们应将其视为珍贵的资源，努力维护其完整性和稳定性。在这一过程中，生态保护是前提也是长期目标，要确保开发活动不会对自然环境造成不可逆转的损害。

河北长城周边的丰富的生态资源是开发绿色生态产业带的宝贵资产。在开发这些资源时，必须采取科学合理的方式，确保人与自然能够和谐共生。这意味着要加强环保意识，推广绿色生态发展理念，在保护自然环境的同时促进地区经济的可持续发展，实现环境保护和社会经济发展双赢。

2. 使用绿色能源，发展节能创新旅游业

在河北长城绿色生态产业带的发展中，采用绿色能源和推动节能创新是实现旅游业可持续发展的关键。要构建资源循环型经济，通过在生产、流通和消费各环节实现资源的高效和循环利用，遵循"减量化、再利用、资源化"原则，致力达到低能耗、低排放、高效率的发展模式。在这一过程中，重点应放在减少能源消耗、实施集约化开发上，强调绿色环保和可持续性。这要求旅游业创新服务模式，如发展绿色餐饮、设计绿色交通解决方案等，以确保旅游活动与自然环境和谐共存。此外，

通过建立绿色生态示范产业园和推广循环型产业体系的典范，可以为旅游业的绿色转型提供实践示范，促进整个行业的绿色化发展。

3. 坚持因地制宜的原则

遵循因地制宜的原则是河北省长城绿色生态旅游资源开发中的关键。鉴于地理位置、历史背景和经济条件的多样性，各地区应根据自身的具体情况制定合适的开发计划。这意味着，各地需要深入了解并利用自己的特色资源，挖掘长城各段落或节点的独特价值，实现与周边绿色资源的互动发展。通过这种方式，不仅能够充分展示各地的独特魅力，还能推动旅游产品和服务的多样化和特色化，进而实现区域内旅游发展的个性化和差异化。

（三）河北长城绿色生态旅游资源开发的意义

河北长城绿色生态旅游资源的开发，不仅是旅游业实现良性、可持续发展的内在需求，还是提升人们幸福感、促进资源联动发展和丰富长城文化内涵的重要途径。

首先，旅游业与生态资源的密切关系决定了优质的生态资源是旅游业发展的基石。河北长城的绿色生态旅游资源开发，遵循了绿色低碳的发展理念，强调了环保和可持续性，旨在促进旅游业的健康发展。通过以长城为轴线，将绿色生态理念融入旅游业，不仅可以保护和利用自然资源，还可以确保旅游业的长远发展，避免了以牺牲环境为代价的短期经济利益追求。

其次，开发长城绿色生态旅游资源对提升人们的幸福感有着双重影响。一方面，通过促进当地经济发展，增加就业机会，直接提升当地居民的幸福感。另一方面，为游客提供了亲近自然、享受清新空气和美丽景色的机会，使游客通过自然景观的欣赏和体验，在精神层面获得极大的满足和愉悦，体验人与自然和谐相处的幸福感。

最后，长城绿色生态旅游资源的开发有助于实现资源联动发展。长城本身作为一个重要的文化和历史象征，不仅可以与周边的绿色资源相互促进，提高彼此的知名度和吸引力，还可以带动整个区域旅游资源的共同发展，促进旅游产业链良性循环。例如，山海关、金山岭等长城区段与周边的自然景观相结合，既保护了自然环境，又丰富了旅游体验，推动了全域旅游的发展。

（四）河北长城绿色生态旅游产业带开发策略

1. 以积极保护为第一要义

在河北长城绿色生态旅游资源的开发中，将生态保护置于首位是至关重要的。这意味着在旅游规划与管理的过程中，首先必须强调对自然环境的保护，确立和执行科学的管理与监测体系。旅游生态规划的核心是在生态学的原则指导下，对旅游活动与其相关的社会经济要素进行整合管理，旨在促进旅游目的地生态系统的健康运行和可持续发展。

其次，提升公众对环保和生态危机的认识也是不可或缺的一环。通过教育和宣传，构建起社会对生态旅游和绿色旅游理念的广泛认同，培养每个人作为自然环境主人翁的责任感，对于保护不可再生的长城资源至关重要。最后，加大对生态保护措施的宣传力度，尤其是提供实际操作层面的保护建议，如发布针对长城旅游的注意事项，不仅能够引导游客行为，还能够在整个社会中形成保护自然环境的良好风尚。通过这些综合措施，可以很好地开发河北长城绿色生态旅游资源，为后代留下宝贵的自然和文化遗产。

2. 突出区域特色，发挥资源优势

在河北长城绿色生态旅游产业开发过程中，挖掘和利用地域的独特资源，增强区域旅游的核心竞争力至关重要。开发工作应从识别和提炼各区域自然地貌、气候特点、生态环境和文化遗产等方面的独特性出发，从而打造具有区域特色的长城旅游品牌。例如，秦皇岛可以将其海洋景观与长城的历史底蕴结合起来，而承德则可将金山岭长城的雄伟景观与

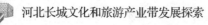

坝上的自然美景及丰富的皇家文化紧密联系起来，从而创设各具特色的绿色生态旅游品牌。

此外，开发设计富有地域特色的旅游活动，以延伸游客的体验链条，同样至关重要。例如，可以在长城附近组织非物质文化遗产体验活动，让游客通过亲身体验深入了解当地文化，增加旅游的吸引力和留存度。同样，利用现代科技手段重现长城的历史场景或设计沉浸式的互动体验活动，不仅能够吸引游客参与，还能增强他们对长城历史的感悟和理解，从而提升整体的旅游体验和满意度。

3. 优化旅游线路，提供一体化服务

在河北长城绿色生态旅游开发中，设计合理的旅游线路和提供全面的一体化服务对于吸引游客和提升游客满意度至关重要。这要求将长城的历史文化与周边的绿色资源有机结合在一起，通过巧妙的线路规划，将可能的竞争关系转化为相互促进的协同发展模式。为此，开发者需要全面考量交通便利性、旅行时间和游客的不同需求，推出针对性的旅游线路。例如，可以设计针对寻求短途休闲体验游客的半日或一日游线路，以及满足深度探索爱好者需求的多日游线路。引入骑行、徒步、摄影等多种体验活动，不仅可以使长城的壮丽风光与周边的自然景观紧密结合，还能在多维度上丰富游客的旅游体验。同时，构建配套完善、服务智能化的旅游服务体系是提升游客体验的关键。从线上预订、智能导览到线下的住宿、餐饮、交通等服务，应构建一站式服务平台，满足游客的各种需求。

4. 建立科学的生态管理机制

河北长城绿色生态产业带的建设与发展，需要借鉴国内外在自然保护区分区管理方面的成功经验，如加拿大自然保护区的层次化管理模式，以及《中华人民共和国自然保护区条例》所规定的核心区、缓冲区和实验区的划分。这样的分区策略旨在通过对不同区域施加不同级别的保护和开发措施，促进旅游活动与生态保护保持平衡。

首先，应明确长城及其周边绿色资源区域的功能分区，依据其生态价值和保护需求，从严格的保护区到可供游客参观的服务区，逐级划分，确保各区域的自然和文化资源得到妥善保护与合理利用。对于最为脆弱和珍贵的区域，应实行严格保护，限制甚至禁止游客进入；而在适宜开发的区域内，开展生态旅游活动，同时保障生态系统的健康和完整。其次，建立健全的环境监测系统和专业的管理团队也是保证长城绿色生态旅游资源可持续开发的关键。这不仅包括采用现代化的监测设备和技术进行长期连续的生态环境监测，还包括培养和引进生态保护和旅游管理方面的专业人才，制定科学合理的管理规划，明确各方的责任和义务，以及建立定期评估和监督机制，确保旅游开发活动不会对长城及其周边的自然环境和文化遗产造成破坏。

（五）河北长城绿色生态旅游产业带开发路径

1. 对河北长城绿色生态旅游产业带资源进行提炼

在开发河北长城绿色生态旅游产业带时，首要系统地对区域内的自然与文化资源进行深入分析与分类，旨在识别出具有旅游开发潜力的资源。这涉及对动植物种类、地理地貌，以及与长城相关绿色文化、生态文化和非物质文化遗产等多元资源的详细梳理和评估。

资源提炼过程中，既要依据现有的资源认定标准和旅游价值，对已经得到官方认定和保护的资源进行系统开发规划，也要对那些尚未被正式认定但具备开发潜力的资源进行预判和挖掘，以拓展旅游产业带的资源库。这一过程要求充分调研与分析，确保既能带动地区经济发展，又能保障生态与文化的可持续性。

确定了可开发资源后，接下来的关键是将这些资源有效整合入长城绿色生态旅游产业带的总体规划中，明确每类资源在产业带中的定位和作用，从而形成一条既丰富多彩又具有内在逻辑的旅游产业链。这不仅增强了旅游产品的吸引力，还促进了地区间的资源互补和协同发展，为

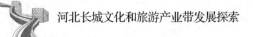

旅游者提供了更为丰富和深入的旅游体验。

2.确立开发模式

在河北长城绿色生态产业带的开发中，可采用三种模式：文化遗产保护式开发、创新旅游商品开发与游客深度体验模式。首先，对于核心区及缓冲区内的自然资源和景观，应实施文化遗产保护式开发策略，以维护其原始自然状态。其次，创新旅游商品开发模式，着重于挖掘商品的潜在附加值，这不仅包括商品的基本价值，还应涵盖情感、艺术、观赏和纪念等多维度价值。旅游商品的开发应遵循五种转化路径：直接利用、初级加工、功能扩散、元素重构与混合嵌套，从而创造出既满足游客期望，又能被旅游地居民所接受的物象体系。长城绿色生态旅游产业带的商品开发旨在构建以长城为核心，融合海洋、森林等元素的独特商品体系，增强商品的象征意义和深层次影响力。最后，游客深度体验模式强调在试验区内结合时代特征，开发满足游客新体验需求的产品。旅游体验为游客在与旅游情境深度融合时所获得的身心一体的感受，而其具体在旅游审美、认知、交往、模仿以及游戏和娱乐等各项活动中产生。深度体验作为旅游发展的高级阶段，要求开发者深入融合当地文化、美食、节庆等元素，促进游客与当地社区和文化的全面互动，以实现河北长城绿色生态产业带的多元化深度开发。

3.采取综合性策略

在构建河北长城绿色生态旅游产业带的过程中，需采取综合性策略以确保可持续发展和生态环境保护。具体而言，要获得政策支持，确保政府、企业和社会各界共同参与，同时超越行政区划的限制，将长城及其周边绿色资源的开发纳入更广泛的区域经济发展战略。进一步地，科学的旅游路线规划至关重要，需以长城的多样化主题为核心，以游客需求为导向，发展具有区别性和独特性的旅游产品，以促进产业带内部的协同和联动发展。此外，品牌构建是提升产业带知名度和吸引力的关键，不仅要突出地域特色，还可探索跨越区域界限的创新主题路线品牌，整合长城与其周边地区的经济、文化，塑造一个综合性的长城文旅大品牌。

三、河北长城乡村振兴示范带

河北省作为长城国家文化公园的核心建设区域，拥有将长城文化旅游资源与农村振兴结合起来的独特优势。结合习近平总书记关于乡村振兴的重要讲话精神和中央一号文件的要求，河北省应发挥其地理、文化优势，通过创新发展思路，加快推进长城沿线乡村的全面振兴。

河北省已经明确提出以环京津、环冬奥赛区、环雄安新区等为重点的"15个环"和京张高铁、大运河文化带、长城文化带等"10个带"作为乡村振兴和美丽乡村建设的战略布局。特别是，将长城文化带纳入河北省农村发展的核心内容，意味着长城文化旅游开发与乡村振兴的结合已成为政策导向。①

为实现长城文旅资源与乡村振兴的有效结合，可提出建设"长城之乡文化带"这一新的助力乡村振兴的战略路径。这样不仅能够丰富长城文化的内涵，还可为崇礼冬奥会后经济发展提供新的动力。通过构建乡村多元化产业体系，以长城文化为核心，发展休闲农业、乡村旅游等，做大做强"长城之乡"品牌，促进区域经济全面发展。

此外，河北省长城风景道建设指南提出构建以长城文化遗产步道为核心的慢行系统，将"边墙""边乡"和"边城"紧密串联起来，推动长城文化旅游开发与乡村振兴有机融合。通过实施"一县一业""一村一品"的策略，以长城文化为纽带，推动农村经济发展和旅游品牌建设，实现乡村振兴的多维度目标。

---

① 白翠玲、雷欣、苑潇卜：《长城国家文化公园（河北段）文化遗产展示体系研究》，《河北地质大学学报》2022年3期。

（一）河北长城周边乡村振兴示范带开发秉持的原则

1. 秉持因地制宜的原则

河北省长城沿线的乡村振兴示范带开发，需紧密依托各乡村的实际条件，实行精确的发展策略，立足当地的独特性及潜力，以触发内生增长动力，开辟符合当地特色的发展路径。河北长城周边的传统村落按功能可划分为三大类：首先，长城关隘类村落，这类村落与长城历史紧密相连，历史上曾是军事城镇，如镇城、路城等；其次，长城戍边类村落，由守边军人及其后代居住，具有浓厚的军事文化背景；最后，特色资源类村落，这些村镇拥有独特的文化、产业或自然环境。① 在乡村振兴示范带的开发过程中，关键在于明确发展方向，整合长城文化遗产、产业资源及自然景观等元素，塑造独特的发展亮点，促进乡村经济社会全面振兴。

2. 坚持尊重乡村发展规律的原则

在推进河北长城沿线乡村振兴与文化旅游产业的融合时，必须深入理解并尊重乡村的内在发展机制。乡村社会不仅是地理与经济的集合体，还是深厚社会关系和政治结构的体现。这些社会单元中，人际关系密切，形成了以亲缘、地缘为基础的复杂网络，内含非正式的治理模式。有效激活这种基于熟人社会的网络，对于诱发农民主体性和自发性至关重要。

随着社会经济的进步和产权明晰，农民社会关系正从传统的情感依赖向利益共享转变，乡村治理结构也在向更现代化的模式演进。然而，这种转型并不意味着可以忽视乡村特有的地缘社会结构。乡村振兴的核心在于激发农民的积极性，实现他们的实际利益，这要求开发过程中既要尊重乡村的传统社会结构，又要适应现代发展需求，平衡集体与个人

---

① 于英丽、陈强、谢芳、姚辉：《乡村振兴视角下冀东长城文化带村落景观的开发策略》，《现代园艺》2023 年 12 期。

的利益，确保长城乡村文旅发展的健康与有序。

（二）河北长城乡村振兴示范带建设的意义

1.便于其他乡村地区借鉴成功的发展模式

河北长城乡村振兴示范带具有重要的示范作用，能为其他乡村地区提供一种成功的发展典范。通过实施综合性的乡村振兴项目，示范带集中展示了如何在产业发展、人才引进、文化传承、生态保护以及社区组织建设等方面取得平衡和突破。以秦皇岛海港市沿长城旅游公路串联的乡村振兴示范带为例，该模式通过连接周边的镇和村庄，展现了区域性发展策略的有效性。同样，位于长城脚下的界岭口村通过挖掘和利用长城及其历史文化资源，并结合本地特色产业，如板栗种植，展现了通过特色化发展促进乡村振兴的实际路径。这些成功案例不仅为其他乡村地区提供了具体的发展模式，还为乡村振兴的多元化路径提供了有益的借鉴。

2.提高乡村就业率，助力乡村振兴

河北长城乡村振兴示范带的建设有助于增加乡村的就业机会，为乡村振兴提供了有力支撑。在界岭口村，随着旅游业的发展，越来越多的年轻人选择返乡就业，改变了以往外出务工的传统路径。张北县利用互联网技术，建立了"数字木兰"就业基地，为当地居民尤其是脱贫户提供了新的就业机会。此外，迁安段的长城风景道不仅增强了当地的旅游吸引力，还通过连接多个景点和乡村旅游重点村落，创造了大量就业岗位，有效促进了当地经济发展和乡村振兴。这些措施不仅为乡村居民提供了就业机会，还带动了当地经济的全面发展，成为乡村振兴的典范。

3.有助于更好地打造河北长城文旅产业带

乡村振兴示范带的建立为河北长城文化旅游产业带的发展提供了强有力的支持，促进了经济和生态的和谐发展。通过示范带的建设，

长城周边的乡村得以展现其独特的文化魅力，为游客提供更加多样化的旅游体验，同时加深游客对长城文化的理解。示范带的建设不仅使长城的文化内涵更加丰富，还将长城旅游与当地居民的生活紧密联系起来，加强了长城文化与公众情感的连接，从而推动了长城文旅产业的全面发展。

（三）河北长城乡村振兴示范带的建设策略

1.结合当地特色，发挥农业产品多样化优势

通过挖掘和利用长城周边乡村的地理和气候特点，开发多样化的农产品，是推动该地区乡村振兴的有效途径。举例来说，赤城县利用其临近北京的地理优势，积极构建"北京后花园"，发展集中养殖和现代农业示范区，促进当地经济增长。河北省内的兴隆板栗、围场中药材、承德国光苹果等特色农产品区，通过示范带建设，不仅能提升当地农民的经济收入，还能为文化旅游项目增添新的内容，从而推动整个地区的产业发展。这种以特色农产品为核心的乡村振兴战略，不仅有利于保护和利用自然资源，还能促进地方文化与经济的双向发展。

2.积极结合电商消费新模式，助力乡村振兴

在长城乡村振兴示范带建设中，积极融入电商新模式，构建网络营销和电子商务平台，是加速乡村振兴的有效途径。以青龙满族自治县为例，通过完善农村电子商务的基础设施，建立乡镇电商服务站点及村级物流网点，可实现从市到村的物流全覆盖，有效推动农特产品的销售和乡村旅游的发展。此外，利用网络直播等新媒体手段的同时结合本地文化旅游资源，如非物质文化遗产演出和自然景观等，开展创新"互联网＋乡村旅游＋农家乐"项目，既促进了特色农产品的销售，也增加了乡村旅游的吸引力，为当地农户带来了实际的经济收益。这种结合电商和文化旅游资源的新模式，为其他乡村振兴示范带提供了可行的发展方向，有效促进了乡村经济和文化的双重振兴。

3.结合乡村特色开发新型旅游模式，打造独特旅游品牌

在长城乡村振兴示范带的构建过程中，注重挖掘和利用乡村的独特历史文化及自然资源，发展新型旅游模式，塑造独特的旅游品牌，成为促进地区经济发展和文化传承的重要手段。以秦皇岛市的抚宁驻操营镇板厂峪村为例，该村依托丰富的长城遗产及壮丽的自然景观，发展集历史文化探索、自然风光欣赏与冒险体验于一体的综合性旅游项目。人们不仅可以近距离接触历史悠久的长城，还能体验到独特的自然景观，如倒挂长城、古代砖窑遗址及壮观的九道缸瀑布，为游客提供了丰富多元的旅游体验。另外，山海关区的北营子村通过建立村史馆、推广满族民俗文化及发展特色农业活动（如大樱桃采摘），成功打造了"闯关东第一村"的品牌，实现了文化旅游与农业旅游的有机结合，提升了乡村旅游的吸引力和经济效益。① 同时，承德市滦平县花楼沟村借助其地理位置及文化资源优势，以长城文化为核心，发展特色民宿，打造了"长城花乡"的旅游品牌，成为国内乡村旅游的模范村，为区域旅游发展树立了典范。

（四）河北长城乡村振兴示范带的开发路径

1.河北长城乡村旅游文化资源提炼

在河北长城乡村振兴示范带的开发中，充分挖掘和利用当地丰富的自然及人文资源是关键。这些资源不仅包括自然景观，如山川、林木、田野、湖泊、草原、沙漠等，还涵盖了乡村生活的方方面面，如传统的衣食住行、农耕文化、教育习俗，以及传统手工艺等。开发过程中，需要深入进行资源调研，依托长城这一独特元素，对这些资源进行整合和优化，因地制宜地进行文化提炼和符号化处理，使其能够更好地服务于文旅开发，打造出具有地域特色和文化特色的乡村旅游产品。

① 张文香:《山海关区北营子村美丽乡村建设规划实践》,《中国环境管理干部学院学报》2017 年 1 期。

2.确立开发模式

在河北长城乡村振兴示范带的开发中，应根据区域资源和特色，确立适合的开发模式。对于以农业产业为主的区域，应采用以产业发展驱动的模式，利用当地资源优势进行产业链的扩展和提升；而对于自然环境优美、原生态资源丰富的地区，则应重点发展以旅游为主的业态，如建设观光农场、休闲度假村、体验式采摘园等。对于拥有独特历史文化背景或特殊气候条件的区域，可以考虑开发特色小镇项目，如建设以温泉为主题的度假村、滑雪运动基地等，同时利用当地的历史文化资源创新开发，丰富乡村旅游的内涵和吸引力。

3.资源符号化，打造长城乡村文旅品牌

在河北长城乡村振兴示范带的开发过程中，通过对当地旅游资源的符号化处理，构建具有地区特色的文化旅游品牌至关重要。具体当中，可对当地标志性的人物、传说、历史事件、文化遗产等元素进行深入挖掘和艺术化表达，以形成独特的旅游吸引力和品牌形象。例如，张家口堡不仅是长城防御体系的一个重要组成部分，还拥有丰富的历史文化遗产，将其打造成"明清建筑博物馆"品牌形象，不仅能提升其文化价值，还能增强旅游目的地的吸引力，为旅游者提供丰富的文化体验和学习机会。

4.长城乡村振兴产业化

河北长城乡村振兴产业带的开发需集中政府和市场的共同努力，有效利用市场机制在资源分配中的关键角色。在全面规划的基础上，应采取融合、改造与创新的策略，提高产业水平，促进产业聚类逐步成熟。政府的角色在此过程中尤为关键，它通过政策引导和行政支持，促进区域间的协同合作，消除制度上的壁垒，激发创新驱动发展的活力。

综上所述，加强长城附近地区的振兴不仅能够增加长城大景区的文化和旅游价值，还能显著提高长城文旅产业带的发展质量和级别。此外，乡村振兴产业带的构建也将为长城沿线村镇开辟新的发展道路。在国家政策支持下，长城乡村振兴示范带正迎来发展的春天。

部分河北段长城周边村镇分布如表 3-2 所示。

表3-2　部分河北段长城周边村镇分布情况

所属地市	所属县区	部分长城段	周边村镇
秦皇岛	抚宁区	界岭口长城、梁家湾长城	界岭口、箭杆岭、猩猩峪、梁家湾、石碑沟等
	卢龙县	刘家口长城、桃林口长城	梧桐峪、重峪口、桃林口、水峪、刘家口等
	山海关区海港区	山海关长城、角山长城、董家口长城、板厂峪长城	第一关镇、北营子、九门口、夕阳口、刘城子、城子峪、平顶峪、板厂峪、义院口等
	青龙满族自治县	花厂峪长城	城山沟、界岭、大森店、花果山、樊家店、罗汉洞、头道窝铺、花厂峪、山神庙、东二道河、温泉等
唐山	迁安市	白羊峪长城、冷口长城	徐流口、白羊峪、大龙庙、新开岭、万宝沟、红峪口等
	迁西县	喜峰口长城、潘家口水下长城	擦崖子、大岭寨、董家口、铁门关、喜峰口、太阳峪、西城峪、龙井关等
	遵化市	罗文峪长城	洪山口、寨主沟、秋科峪、罗文峪、冷嘴头、双义大安口等
承德	兴隆县	V形长城	三道河、蓝旗镇、孤山子、挂兰峪、八卦岭、青松岭、陡子峪、六道河、上石洞、北水泉等
	承德县	黑谷关敌楼	杨家庄、三道边、乱石窑等
	滦平县	金山岭长城	巴克什营镇、两间房镇等
	宽城满族自治县	喜峰口横城子段长城	铧尖乡、梓罗台镇等

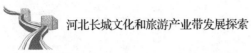

续表

所属地市	所属县区	部分长城段	周边村镇
张家口	赤城县	独石口长城	后城、姚家湾、龙门所、镇安堡、清泉堡、独石口、东栅子、镇宁堡、龙关、龙门所、金家庄等
	沽源县	明长城遗址、燕秦长城遗址、北魏长城遗址	三道林、南厂、莲花潭乡、李家营、梁头、小厂镇、东房子乡、平头梁、糜地沟等
	崇礼区	战国、秦、汉、北魏、北齐、唐、明7代长城	清三营乡、石窑子乡、红旗营乡、高家营镇等
	怀来县	样边长城	镇边城、水头、坊安峪、坊口、陆家坡、陈家堡、鸡鸣驿、庙港、南辛堡、黄台子等
张家口	尚义县	关山长城、鱼儿山段长城	小蒜沟镇、下马圈乡等
	张北县	战国、秦、汉、北魏、北齐、明、清等多代古长城	黄花坪、周坝、老虎沟、小河子、小狼窝沟、大水泉、台路沟乡、正边台、西圪塔、杨家营等
	怀安县	赵家窑长城、香炉山段长城	赵家窑、马市口、总镇台、桃沟、南堰截、石坡底、东沙城等
	万全区	万全右卫城、万全长城卫所博物馆	羊窖沟、牛家窑、洗马林、宣平堡、新河口堡、辛窑子、柳沟、膳房堡、万全镇等
	蔚县	蔚县古堡	南留庄、北方城、北官堡、西古堡、上苏庄、黑石岭、大固城、闫家寨等
保定	涞源县	乌龙沟长城、浮图峪长城	乌龙沟、寨子青、土安、西窑、浮图峪、亚家庄、白石山口、插箭岭、石窝、石城安等
	易县	紫荆关长城	紫荆关镇等

第四章 秦皇岛：构建山海关长城文旅产业新高地

第一节 秦皇岛长城旅游产业带发展的基石

一、政策条件

长城不仅是中华民族的宝贵财富，还是中华民族坚韧不拔精神的象征。自 1984 年邓小平同志提出"爱我中华，修我长城"的号召以来，长城的保护和修复就成为国家和民族的一项重要任务。1987 年长城被列入《世界遗产名录》，这不仅是对长城文化价值的国际认可，还是对其保护和开发的一个新起点，使长城保护工作引起了更广泛的关注。

河北省作为承载着长城重要段落的省份，其在长城保护和修复方面的行动尤为关键。中华人民共和国成立后，河北省便成为最早启动长城保护修复工作的省份之一。通过陆续颁布实施《长城保护条例》《关于进一步加强长城保护管理工作的通知》《河北省长城保护办法》等一系列政策文件，河北省为长城的保护修复工作提供了坚实的法律基础和制度支持。这些政策的实施，标志着长城保护工作已经进入了一个新的、更为

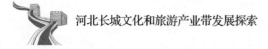

科学和规范的阶段。

秦皇岛段长城，作为河北段长城的重要组成部分，对于整个长城保护工作具有举足轻重的作用。秦皇岛市在国家和河北省政策的指导下，根据自身实际情况，推出了《秦皇岛市长城保护条例》《山海关历史文化名城保护规划》等一系列保护性文件，并建立了《长城执法巡查制度》《长城保护员管理制度》《文物保护项目审批流程》等实施细则。这些措施的出台，为秦皇岛段长城的保护提供了更为详尽和科学的指导。2022年，秦皇岛市编制完成的《长城国家文化公园（秦皇岛段）建设保护实施规划》，是对长城保护和利用的又一次重大探索。该规划不仅聚焦于长城遗址的保护，还致力推进长城文化的传承与发展，以及长城国家文化公园的开发建设。这一规划的实施，将有助于形成一个科学、系统的长城保护和开发体系，从而更好地保护长城遗址，同时使之成为促进地方经济社会发展的重要力量。

长城的保护与修复是一项长期而复杂的工作，需要社会各界的共同努力。秦皇岛市在长城保护方面的举措，为人们提供了一个成功的案例。未来，在保护长城这一国宝的过程中，还需继续加大政策支持，加强监管力度，利用现代科技手段，同时积极探索长城文化的深层内涵，以实现长城资源的可持续发展。通过这些努力，人们不仅能够保护好这一世界文化遗产，还能让长城文化焕发新的生命力，为推动社会经济发展贡献力量。

二、现实基础

（一）丰富的自然及历史文化资源

秦皇岛所涵盖的长城段落，以其地貌多样性和丰富的历史遗迹而著称，包括入海长城、山地长城、平原长城及河道长城等类型。这些长城不仅因其独特的地理位置和建筑风格获得广泛认知，还因关隘众多、遗存丰富而备受瞩目。在万里长城的众多段落中，秦皇岛长城以"山海关的雄伟""石城的奇特""三道关和板厂峪的险峻"以及董家口和祖山长城雕刻的精美而著称。同时，长城周边的自然资源非常丰富，包括角山、长寿山、祖山、花果山、老君顶、背牛顶、天马山等名山，还有石河、洋河、滦河、青龙河、燕塞湖、天马湖、桃林口水库等多条河流、湖泊及水库点缀其间。此外，柳江盆地的国家级自然保护区也位于此区域，进一步彰显了该地区自然资源之丰富。

秦皇岛长城沿线历史文化资源同样丰富，包括贞女祠、悬阳洞、板厂峪窑址群、傍水崖古战场、白云山庆福寺遗址、宝峰禅寺、天马山石刻、香山纪寿石、红山长城采石场、铁瓦乌龙殿遗址等大量文物遗存。这些遗迹不仅反映了长城的历史价值，还展示了周边地区丰富的文化传统。与此同时，围绕长城的神话故事和民间传说进一步丰富了该地区的文化资源，为旅游发展提供了独特的文化背景。秦皇岛通过充分利用长城及其周边的优质文化旅游资源，推动了以长城为核心的旅游经济带的发展，有效促进了周边产业的联动发展。在新时代背景下，文旅融合发展成为实现旅游业可持续发展的新思路。《国务院办公厅关于进一步激发文化和旅游消费潜力的意见》强调了提高旅游和文化消费质量水平的重要性，指出通过高质量的文化旅游资源提升居民幸福感，并推进景区高质量服务以及丰富文化产品供给，实现文化与旅游的高效结合。特别是山海关区域，作为万里长城的精华地段之一，拥有丰富的人文历史资源。这些资源不仅包括抗战精神主题的红色旅游资源，还有依托神话故事、民间传说的民俗文化资源，以及以古城古建筑为代表的长城军事遗址资源等。通过有效利用这些特色历史文化资源，山海关文旅产业开发不仅能提升产业服务质量，还能增强文化内涵，促进地方经济的高质量发展。

1.军事关隘资源

自古以来，长城一直是中国著名的军事防御体系，其历史意义和价值远远超越了其物质形态价值。长城原本是用以抵御北方游牧民族侵袭

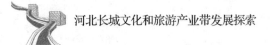

的军事设施，如今转化为具有深厚文化内涵的旅游和研究资源。特别是山海关，这一位于长城东端的军事关隘，不仅因其地理位置的重要性闻名遐迩，还因其在中国军事和文化历史中的独特地位而被赋予了新的生命。

山海关，作为明代长城防御体系的重要组成部分，利用自然山海地形与人工建筑的完美结合，形成了一道坚不可破的军事防线。但随着时间的推移，长城的军事功能逐渐淡化，精神象征意义却愈发显著，成为连接过去与现在的文化桥梁。在明朝末年，山海关防区不断扩展，最终形成了一个以山海关为核心，跨越多个镇区，海陆并用的广泛军事防御网络。这一扩展不仅体现了明代军事战略的发展，还反映了当时对于国防安全的高度重视。随着防区的扩大，军事聚落逐渐增多，而且这些聚落的布局和结构都体现了明确的防御目的，是对长城军事防御体系的有力补充。

长城遗存的烽火台、边墙敌楼等军事设施，至今仍展示着古代中国军事工程的卓越智慧和工艺水平。这些历史遗迹不仅为现代人提供了直观的历史文化学习资源，还成为研究古代军事防御体系的珍贵资料。在山海关区域内，长城石炮等特殊武器遗留展现了古代军事技术的发展情况。这些石炮不仅是秦皇岛的珍贵文物，还是山海关长城博物馆的镇馆之宝，向世人展示了长城不仅仅是一道防线，还是一个充满故事和历史的活生生的博物馆。通过对这些军事遗迹的保护和合理开发，山海关地区成功地将军事历史与文化旅游结合在一起，为游客提供了一个独特的历史文化体验空间。游客不仅可以亲身感受到长城的雄伟壮观，还能通过对这些军事设施的参观学习，深入了解中国古代的军事战略和历史文化。这种以军事遗迹为基础的旅游开发模式，不仅为当地带来了经济效益，还促进了人们对中华传统文化和历史的认知与尊重。

2. 两个长城博物馆

山海关长城博物馆，自1991年建立以来，一直是中国长城研究和展示的重要基地。这座博物馆位于河北省秦皇岛市山海关区，"天下第一关"的南侧，以独特的地理位置和丰富的展览内容，成为深入了解万里长城特别是山海关部分的窗口。博物馆占地 1.2 公顷，建筑面积 2600 平方米，通过其 6 个展厅——序厅、历史厅、建筑厅、军事厅、文化厅和山海关长城厅——为公众提供了一个全面深入了解长城的平台。这些展厅不仅展示了长城的历史渊源、建筑特色和军事作用，还通过大量珍贵的实物、模型、雕塑和图片等，以及先进的声光电技术，生动地再现了山海关的古代风貌和宏伟景象。作为国内外知名的长城主题博物馆之一，山海关长城博物馆不仅是文化研究的宝库，还是普及长城历史文化、促进旅游文化内涵提升的重要场所。博物馆通过与政府部门、民间企业合作，举办了众多图书发布、主题讲座、红色主题教育等活动，极大地丰富了公众对长城文化的认识和理解，增强了人们对这一世界文化遗产的保护意识。

随着长城国家文化公园建设推进，角山长城脚下的新山海关中国长城博物馆项目启动，标志着长城文化遗产保护传承利用进入一个新的阶段。该博物馆的建设不仅是长城国家文化公园河北段的"一号"工程，还是全国最具影响力的长城文化遗产现代化综合性博物馆之一。总规划用地面积约 106 亩（约 70667 平方米），总建筑面积约 3 万平方米，该项目的规模和设计理念都体现了对长城文化遗产保护和展示的高度重视。新博物馆的展览内容覆盖了中国长城的生成与发展历史、建筑结构与布局、历史文化传说以及重大战役等多个方面，旨在全方位、多角度展示长城的历史与文化。此外，按照绿色建筑最高标准设计和建造的博物馆，将成为全国首座绿建三星级博物馆，代表了未来文化遗产保护与利用的可持续性方向。建成后的山海关中国长城博物馆，将成为长城文化旅游的新地标，不仅为长城的文化保护、传承和利用提供了新的动力，还预示着山海关长城文化产业的全面提升。通过实施该博物馆与正在建设的长城文化产业园、山海关长城风景道等项目，将构建起一个长城文化产

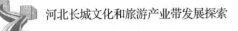

业聚集区，加速文化与旅游的深度融合，为长城的新时代发展注入新的活力。这一系列的发展与建设，将为游客提供更加丰富多彩的文化体验，也将为当地乃至全国的文化旅游产业带来新的增长点，同时为长城这一世界文化遗产的保护与传承做出新的贡献。

3. 山海关长城文化产业园

山海关长城文化产业园的构想与实施，体现了对区域经济振兴与文化繁荣的深远考量，它不仅代表着对传统产业模式的创新探索，还展现了产业聚集经济效益与品牌影响力的增强。该项目利用长城国家文化公园的重大发展机遇，以山海关长城文化博物馆为核心，致力打造一个文化与旅游融合的产业生态圈。项目规划在秦皇岛市山海关区的北部浅山地带，涵盖了从角山到石河，从 102 国道到长寿山旅游公路的广阔区域，总建筑面积预计达到 123.53 万平方米，包括长城文化体验核心区、文旅配套区、特色旅游小镇、文化村落、高速服务综合体、演艺文创园区、商居综合区、乐活田园综合体及浅山郊野公园等多个功能区块。

自项目启动以来，山海关长城文化产业园建设工作有序推进。其基础设施建设第一阶段便入选 2020 年文化旅游提升工程的中央预算内投资项目，并于 2021 年与中国长城文化博物馆项目共同被纳入河北省重点建设项目名录。通过多轮招标公告发布与招商模式创新，以及线上推介会，其成功吸引了中铁十局、浙江商会等超过 500 家企业的关注与参与。2022 年 11 月，山海关区政府就文化产业园项目召开专题会议，明确提出建设策略，以充分挖掘并利用山海关深厚的历史文化资源。项目建设策略包括但不限于以下几个方面：首先，通过打造"古城牌"，开发东罗城综合项目，借鉴成熟的不夜城模式，将大明不夜城项目打造成特色明显、魅力独特的文化旅游目的地。其次，利用"海洋牌"，改善和完善山海关音乐动感海岸项目的配套设施和服务，吸引更多的游客。再次，通过"资源牌"的运用，整合长寿山的资源，将长寿文化与康养旅游结合在一起，创建长城长寿康养水镇项目。此外，结合当地文化与数字科技，创新旅游业态，增强游客体验，打造科技品牌；通过整合长城文化资源，打造文化品牌，优化长城风情文旅小镇和国际会展中心项目。最后，针对游客需求进行深入分析，发展婚恋产业基地和民俗文化村落，吸引特定旅游人群。

山海关长城文化产业园不仅仅是一个文旅项目，还是文化传承与创新、经济发展与生态保护相结合的复合型发展典范。通过深度挖掘长城文化的多元价值，该项目不仅将为传播中华民族历史文化作出贡献，还将促进地区乃至全国文化产业的蓬勃发展。这一全方位、多角度的开发利用策略，不仅将山海关长城的文化遗产保护工作推向新的高度，还将为当地乃至全国的文化旅游产业注入新的活力，开辟出一条文化与旅游、历史与现代、保护与开发相结合的发展新路。

4.论坛、长城节等文化活动

为了进一步提升山海关长城的国内外知名度及影响力，相关管理部门采取了一系列有力措施，如通过组织多样化的以长城为主题的文化活动，有效地推动了山海关地区的文化旅游发展。自 2000 年以来，山海关便成了丰富文化活动的发源地，其中最为人所瞩目的便是山海关国际长城节的成功举办。该节庆自 2000 年 8 月首次由秦皇岛市人民政府与河北省旅游局、河北省文物局联合举办以来，逐渐成为一个集文化交流、艺术展示与旅游促进于一体的重要平台。活动内容丰富多彩，包括摄影与书画作品的评选、与长城历史文化相关的学术论文交流，以及杂技、民俗表演和灯会等各式各样的文化展演活动，极大地丰富了游客的文化体验。

继国际长城节之后，山海关区还举办了首届中华龙抬头文化旅游节，通过一系列民俗表演与特色纪念品展览，探索了长城文化与中国传统民俗文化的深度融合。这种创新尝试不仅可以让游客深入了解长城的历史文化，还可让他们体验到中国丰富多彩的传统文化。

近年来，山海关区在长城文旅融合开发方面更是勇于创新，成功创作了《观·山海》长城情境光影秀，推出了大型室内沉浸式光影剧《长

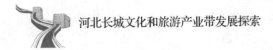

城》，并举办了"长城脚下话非遗"活动、山海关浑锅节、山海传奇——秦皇岛长城传说故事展以及"我眼中的文化遗产"摄影及短视频大赛等一系列具有特色的文化活动。这些活动不仅吸引了大量游客，还加快了当地非遗文化与古城文化向经济资源的转变，有效地推动了文旅产业的发展，使其成为特色富民产业。2017年，以长城保护条例发布11周年为契机，国家文物局、河北省文物局等单位在山海关举办了长城保护维修理念与实践论坛。此次论坛不仅是一个交流长城保护经验的平台，还是制定未来长城保护规划的重要平台，对于指导后续长城保护与维护工作具有重要意义。2020年8月，由文化和旅游部非物质文化遗产司指导的"长城文化传承与非遗保护交流对话"活动在山海关成功举行。此次活动旨在探索"非遗＋长城"的文旅融合新路径，为长城的保护与传承提供了新的思路与方案。通过这些丰富多样的以长城为主题的文化活动，不仅极大地提升了山海关长城的知名度和影响力，还为山海关旅游品牌的塑造提供了坚实的基础。这些活动的成功举办，不仅促进了文化旅游的发展，还加深了人们对长城文化的认识和理解，为山海关长城文旅融合产业带的开发奠定了坚实的基础，展现了长城作为历史遗产的价值。

（二）区位优越，交通便捷

秦皇岛市，位于河北省东北部，占据着地理与经济的双重战略位置，是京津冀都市圈向东北地区延伸的重要节点，也是连接内蒙古及东三省与华北地区的关键枢纽。这座城市不仅因其丰富的自然和历史文化资源而闻名，还因其独特的地理位置——东接辽宁省葫芦岛市，西靠唐山市，南临渤海，与北京、天津、沈阳三大城市相邻，成了一个重要的经济地理枢纽。秦皇岛的长城，贯穿全境，周边旅游资源丰富，特别是被誉为"万里长城第一关"的山海关，是明代长城东起点，历史上一直是连接东北与华北的战略要道，这一地理与历史双重优势，为秦皇岛的长城文旅产业发展奠定了坚实的基础。

秦皇岛的交通网络发达，铁路线路四通八达，京山、京秦、大秦、秦沈、沈山等多条国家级铁路干线在此交会，形成了一个便捷高效的铁路交通网络。公路交通同样便利，境内拥有 6 条高速公路、5 条国道和 32 条省道，形成了一个密集的公路网络，确保了人员与物流的高效流动。航空方面，秦皇岛拥有连接国内外 32 个城市的航线，成为河北省首个开通"一带一路"旅游航线的节点城市，进一步增强了其作为国际旅游城市的地位。城市道路建设方面，西部快速路、机场快速路、宁海大道、祖山连接线等主要道路的建成通车，以及海滨路东西延伸的加快实施，使得城市交通网络更加完善，这为大型旅游集散中心的功能发挥提供了有力支持。

　　在"十三五"期间，秦皇岛市大力推进长城旅游公路的建设，累计建成长城旅游公路 175.6 千米，开发了多条串联景区的精品旅游观光线路，有效地将各大景区连接了起来，形成了独特的旅游观光路线。2017 年通车的秦皇岛环长城旅游公路，以及正在建设的长城山海关风景道，是长城国家文化公园国家层面的重点项目。长城山海关风景道以山海关古城北门为起点，通过角山路、浅山区旅游公路、长寿山旅游路、长寿山盘山公路至长寿山景区停车场，全程约 10 千米，这条风景道不仅串联了边墙、边城、边乡，还与山海关古城形成了互动，为游客提供了一条集历史文化、自然风光于一体的观光路线，进一步增强了秦皇岛旅游的吸引力。

　　通过这些努力，秦皇岛不仅在保护和利用长城这一世界文化遗产方面取得了显著成就，还成功地将其丰富的历史文化资源转化为推动地方经济发展的重要力量。秦皇岛长城文旅产业的蓬勃发展，不仅为当地居民提供了更多的就业机会，还为游客提供了丰富多彩的文化旅游体验，成为连接过去与未来、传统与现代的重要桥梁。秦皇岛的发展实践证明，有效地保护和利用历史文化遗产，不仅可以保护文化传统，还可以为地方经济的可持续发展注入新的活力。

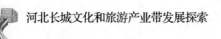

（三）特殊的地理标志

山海关，作为万里长城的标志性起点，历史上一直是重要的军事关卡。其在明代长城众多关隘中的地位尤为显赫，享有"天下第一关"的盛誉。1381 年着手建造的山海关关城，是该地区防御体系的核心，其建筑布局呈现独特的不规则梯形结构，西北与西南的转角处采用圆弧形设计，增加了其坚固性。关城的周长达到 4727 米，墙体高 14 米、厚 7 米，显示了古代中国军事防御建筑的雄伟与精妙。关城四面均设有城门，东门被誉为"天下第一关"，象征着其不可撼动的地位；西门名为迎恩门，南门望洋门，北门威远门，每个城门上均建有壮观的城门楼。城墙之外，每个方向的城门外还各自筑有瓮城，以增强防御力。关城的东南和东北角特设角台，并在其上建造角楼，用以增强关城转角处的防御能力。此外，关城的三个角落各设有水门，外围则有护城河环绕，构成了一个严密的防御体系。

山海关长城不只局限于中心的关城，其防御体系还扩展到了城墙以外的东西两翼城与南北两罗城，以及角山长城、九门口长城、老龙头长城等关键地段，形成了一道雄伟的防线。其中，老龙头是长城唯一伸入海洋的段落，自明代以来，这里就是京城北方的海防重地。历史上的名臣戚继光、孙承宗、杨嗣昌等都曾参与了这一段长城的修缮和加固工作，只为确保其防御功能。清代以后，随着内外统一，老龙头的军事作用逐渐淡化，转而成为文人墨客和帝王将相游览赏玩的地方。特别是乾隆皇帝，他四次登楼观海，留下了众多珍贵的诗文，使得老龙头不仅是军事历史的见证，还成了文化遗产的宝地。今天的山海关，凭借其深厚的历史文化底蕴和独特的地理位置，已经成为中国北方重要的旅游目的地之一。其不仅吸引国内外的游客前来观光旅游，还成了爱国主义教育的重要基地。山海关的文化价值与历史意义，不仅在于它是军事防御的重要关卡，还在于它是中华民族精神的象征，持续吸引着人们前来探寻和纪念。而且，山海关慢慢成为连接过去与现在、传统与现代的文化纽带。

秦皇岛市借助其丰富的历史遗产和优越的地理位置，成功打造了以"忆烽火雄关抗战，寻山海长城人家"为主题的红色旅游精品线路。该线路以榆关战役的历史事件为背景，不仅重点弘扬了爱国主义和革命传统教育，还通过将红色旅游资源与当地民俗文化、山海雄关的自然风光、生态乡村风貌以及新媒体技术的创新应用结合在一起，展现了秦皇岛红色旅游的独特魅力和深厚内涵。秦皇岛的红色旅游线路紧密依托山海关地区丰富的历史遗址，如八国联军营盘旧址、四野临时指挥部、烈士陵园、五峰山李大钊革命活动旧址及冀东抗战纪念馆等。这些遗址不仅见证了中国近现代史上的重大事件，还承载着无数革命先烈的英雄事迹和崇高精神。通过对这些红色文化资源的深入挖掘和有效整合，秦皇岛不仅丰富了红色旅游的内容和形式，还为讲述中国抗战历史提供了生动的场景和素材。这条红色旅游精品线路的开发，是秦皇岛在红色文化资源整合、营销策划方面的积极尝试。通过巧妙地将红色旅游与当地特色文化融合在一起，秦皇岛不仅成功弘扬了长城抗战精神，还促进了红色旅游经济的发展，为游客提供了一种深度的文化旅游体验。这让游客在欣赏秦皇岛美丽风景的同时，也能深刻了解和感受那段波澜壮阔的历史，以及革命先烈的英勇奋斗和牺牲精神。

第二节　山海共韵发展蓝图：秦皇岛长城文旅产业带的综合规划

一、"天下第一关"文化产业聚集规划

（一）民俗文化产业

长城不仅是一种重要的精神和文化标志，还在山海关地区居民日常

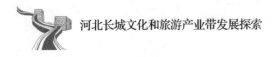

生活中占有特殊地位。以长城文化为中心，能有效促进当地民俗产业的发展。这一目标可以通过以下两种途径实现。

1. 基于庙会的民俗旅游

在秦皇岛，基于庙会的民俗旅游深受欢迎，其通过展示丰富多彩的庙会活动来吸引游客和促进当地文化的传承。孟姜女庙会和元宵灯会等活动，特别是每年农历"二月二"在山海关长城举办的民俗活动，不仅展示了深厚的文化底蕴，还将"长城"和"龙"的象征意义巧妙结合在一起，展现了中国传统文化的独特魅力。这些庙会活动不仅是庆祝和祈福的社会活动，还是展现当地民俗文化、传统技艺和美食的重要平台。

通过举办这些庙会，可以将长城文化与地方特色民俗产业紧密联系起来。表演艺术，如秧歌、皮影戏、武术等不仅为游客提供了丰富的视觉和文化享受，还为当地艺术家和表演者提供了展示才华的舞台。同时，各种特色小吃和当地土特产、手工艺品的展销，不仅丰富了游客的体验，还促进了当地经济的发展。通过这样的活动，长城不单作为一处历史遗迹被游客所欣赏，其深厚的文化内涵也得以广泛传播，使得长城文化成为推动当地民俗产业发展的重要力量。这种基于庙会的民俗旅游模式，有效地融合了文化传承与经济发展，为地方旅游业的繁荣提供了新的动力。

2. 体验式民俗旅游

体验式民俗旅游致力于为游客提供深度的文化体验，特别是以长城文化为中心，开发和推广具有地方特色的古镇和街区，再现古代秦风的历史韵味，向游客展示秦地的独特风情。通过建设具有地方特色的民宿和农家乐，可使游客亲身体验在长城脚下生活的韵味，感受与众不同的住宿体验。模仿生态采摘园的经营模式，让游客参与到农产品的采摘和加工过程中，不仅丰富了旅游的内容，还让游客的旅行更加有趣和富有教育意义。① 此外，通过开展剪纸、秧歌、皮影等传统艺术表演，可为游客带来丰富多彩的观赏体验，也可对中国的非物质文化遗产进行有效

---

① 王秋雅:《"体验式旅游"视角下乡村民俗旅游的开发研究》,《农业经济》2022年11期。

的传承和保护。这种体验式的民俗旅游模式不仅与国家的乡村振兴战略紧密相连，还能显著促进当地经济的发展。

秦皇岛作为一个历史悠久、文化底蕴深厚的地区，拥有丰富的民俗资源，包括各种节日庆典、地方美食、传统手工艺和艺术表演等。这些独特而珍贵的文化财富，经过长时间的沉淀，已成为当地不可多得的文化资产，具有很大的发展潜力。通过体验式民俗旅游，不仅能够让游客深入了解和体验当地的传统文化，还为当地文化的传承和发展提供了新的机遇。

（二）康养产业

随着社会生活条件显著提升和生活节奏加快，康养旅游已经成为一个充满潜力的新兴产业。在这一背景下，秦皇岛市凭借其得天独厚的自然资源和宜人的气候条件，正逐渐成为中国北方领先的康养旅游目的地之一。这座城市不但以其优美的环境和舒适的居住条件而闻名，而且拥有丰富的自然景观资源，如茂密的森林、幽深的峡谷和热气腾腾的温泉，全年平均气温约为10℃，是北方知名的避暑胜地。此外，秦皇求仙入海的传说为这座城市的康养产业增添了一份神秘色彩，使其成为打造疗养产业的一张亮眼名片。

在北戴河沿岸，众多疗养度假村如雨后春笋般涌现，这些度假村提供了优质的疗养服务，而且随着全区疗养基础设施的不断完善和升级，大大提升了游客的疗养体验。秦皇岛滨海森林公园作为一个经过多年精心打造和不断完善的项目，已成为提高疗养服务质量和水平的典范，同时有效延长了疗养旅游的接待周期，为游客提供了一个更加健康、宜人的疗养环境。昌黎阿那亚休闲社区则是康养产业的又一杰出代表。阿那亚位于秦皇岛昌黎黄金海滩的腹地，不仅拥有了3千米长的私属海滩，远离城市的喧嚣、拥挤和污染，还坐拥环渤海地区资源最丰富、最多样的优质海滩。这里有广阔的刺槐林和天然湿地，沙丘连绵，为游客提供了一个既私密又接近自然的疗养环境。阿那亚不仅打造了海滨礼堂、孤独图书馆等文化 IP，还致力将自然资源、历史传说和红色旅游资源结合起来，吸引不同年龄层次的游客，进一步扩大滨海康养旅游的市场。①

为了进一步发展康养产业，秦皇岛市还可以探索更多创新模式和服务。例如，开发更多针对特定健康需求的定制化疗养服务，如针对老年人的健康管理服务、针对都市白领的压力缓解项目等。同时，可引入先进的康养技术和设备，结合传统中医理疗、瑜伽冥想等健康养生方法，为游客提供一个全方位的健康恢复和养生体验。

此外，秦皇岛市还应加强与国内外知名康养机构和专家的合作，定期举办健康讲座、疗养体验营等活动，不仅可以提升当地康养产业的知名度和影响力，还有助于提高服务质量和专业水平。通过这些举措，秦皇岛市能够吸引更多寻求健康、休闲和疗养的游客，为当地居民提供更多的就业机会和经济收入，从而推动当地经济的持续发展和繁荣。

（三）海滨休闲产业

秦皇岛作为京津地区的后花园，因其丰富的旅游资源和优越的地理位置，已成为周边地区游客休闲度假的首选目的地。这座城市不仅自然资源丰富，涵盖大海、沙滩、湖泊、温泉、青山、森林、湿地和特殊地质地貌，还拥有丰富的人文旅游资源，如古长城、著名关城，以及历史传说和名人风物。这些资源的集中，为秦皇岛提供了打造休闲度假基地的天然条件。在京津冀协同发展的大背景下，秦皇岛的发展策略应着重于利用这些自然景观优势，进一步发展成为一个以休闲度假为主导的城市。② 特别值得一提的是，山海关长城作为唯一的海洋长城，不仅是中

---

① 毕凯旋、王孟尚、罗世贤、陆朋：《秦皇岛乡村康养旅游发展策略研究》，《旅游纵览》2023 年 15 期。

② 郑金芳、金惠新、陆义丽：《秦皇岛市文化旅游发展的对策》，《时代经贸》2017 年 25 期。

国长城文化的重要组成部分，还是海洋文化与长城文化交融的独特见证。这一优势为秦皇岛的海滨休闲产业带来了无与伦比的发展机遇。近年来，秦皇岛通过建设绿色滨海长廊、新澳海底世界、黄金海岸海水浴场、乐岛海洋公园、碧螺塔公园等景区，进一步丰富了海洋旅游资源，也通过优化精品旅游线路的规划与设计，加强了沿线景区的串联，为游客提供了独特的海洋风情体验活动。

秦皇岛昌黎区作为"中国干红葡萄酒城"，近年来葡萄酒产业发展迅速，已经形成了以华夏长城、地王、越千年等为代表的30家葡萄酒酿造企业群体，占全国葡萄酒产量的四分之一。昌黎不仅因其优质的干红葡萄酒而闻名，还因葡萄酒产业与长城文化的紧密结合，成为秦皇岛休闲旅游和文化产业发展的重要一环。葡萄酒庄园不仅提供餐饮和住宿服务，还定期举行葡萄酒节和其他展览活动，吸引了大量的游客和葡萄酒爱好者，进一步促进了当地旅游业和文化产业的发展。

为了全面提升秦皇岛的休闲度假和文化旅游体验，可以进一步探索将自然景观、历史文化与现代休闲活动结合在一起的多元化旅游产品。例如，开展海上运动、滨海疗养、生态探索、文化体验等项目，满足不同游客的需求。同时，加强与京津等周边大城市的交通连接和旅游合作，利用数字化手段推广秦皇岛的旅游资源和产品，提升游客的到访率和满意度。秦皇岛还可以利用其丰富的历史文化资源，如山海关的古城墙、历史传说中的秦皇求仙地等，打造特色的文化旅游项目，深入挖掘和传承地方历史文化，增强旅游的文化内涵。通过举办文化节庆、展览和演出等活动，不仅可以吸引更多的文化旅游爱好者，还能够为游客提供更加丰富多样的旅游体验。

秦皇岛的旅游发展还需要注重生态保护和可持续发展，确保旅游活动不破坏自然环境和生态平衡。通过实施绿色旅游项目，提高环保意识，秦皇岛可以在保护自然资源的同时，为游客提供健康、绿色、可持续的旅游体验，进一步巩固其作为京津后花园和休闲度假目的地的地位。

二、基于 SWOT 战略的旅游服务质量提升

当前，中国的社会发展正积极向可持续发展方向转型，国内普遍认识到了转变过去粗放发展模式、构建资源节约和环境友好型社会的重要性。特别是习近平总书记强调的"绿水青山就是金山银山"的理念，更是将生态文明建设提升到了国家战略的新高度。在这样的背景下，生态文明建设成为评价城市建设成就的关键指标。另外，优良生态环境已经成为保障居民生活品质的基础，也是提高城市品牌形象、促进文化和旅游产业发展的关键要素。

（一）生态文明城市建设

生态文明城市建设是实现可持续发展的关键途径，它不仅涵盖了生态产业要素的聚集、城乡基础设施的改善、区域文化资源的增加以及居民生活质量的提升，还包括公民素质的整体提高。这一系列的进步和发展为旅游产业的繁荣创造了有利条件，如提供了优质的生态环境、和谐的社会氛围、丰富的文化背景和完善的基础设施等。[1] 因此，生态文明建设的成功实践和深入研究对于支持和促进旅游业的发展具有重要意义。

秦皇岛市，作为河北省生态文明建设的佼佼者，通过不断增加生态公园、提升城市绿化覆盖率，以及建设海滨木栈道和长廊等，不仅美化了城市环境，还为居民和游客提供了丰富的休闲娱乐设施。这些努力有效提升了城市的生态品质和居住环境，同时吸引了越来越多的游客前来观光休闲，促进了旅游业的发展。为了进一步推动生态文明与旅游产业的协同发展，秦皇岛市在未来的规划中应加强旅游部门与生态文明建设部门之间的合作，共同制定和实施一系列旨在促进生态保护和旅游发展

---

[1] 杨承玥、刘安乐、明庆忠、秦趣、王艳梅：《资源型城市生态文明建设与旅游发展协调关系：以六盘水市为实证案例》，《世界地理研究》2020 年 2 期。

的政策和计划。这包括在旅游开发项目中融入生态文明理念，如推广绿色旅游、生态旅游和农村旅游等，以及采取措施保护和修复自然环境，确保旅游活动的可持续性。同时，通过加强对旅游人才的培养和提升旅游服务标准，可以进一步提高旅游业的整体水平，吸引更多高质量的国内外游客。此外，秦皇岛市还可以利用丰富的文化和自然资源，开发一系列以生态文明为主题的旅游产品和活动，如生态文化节、自然探索营和环境教育项目等，这不仅能够增加旅游的吸引力，还能提高公众对生态文明重要性的认识。

（二）基础设施提升

基础设施建设是城市发展的重要支柱，对于提高城市的承载力与接待质量具有决定性作用。餐饮与住宿设施作为最基本的服务设施，直接影响着游客的旅游体验和满意度。以北戴河的民宿业务为例，2020年对全区2000多家乡村住宿单位进行了全面审核和升级改造，有效解决了无序发展、低价竞争、品质不高的问题，推动了民宿行业的质量提升和服务升级。北戴河村的"艺术村落"民宿以其独特的艺术氛围和优质的服务，年接待游客8万多人次，成为推动地方文旅产业发展的亮点。北戴河的精品民宿获得的荣誉，如"中国特色民宿Top10"和"全国民宿产业发展示范区"，以及北戴河归墟花堂民宿被评为全国首批甲级旅游民宿，不仅提升了北戴河乃至秦皇岛的旅游品牌形象，还为其他地区提供了成功的发展模式。此外，秦皇岛的文旅建设还注重对各大景区的硬件设施进行升级，如不断提升景区标识、停车场、游客中心、旅游厕所、步行游道，以及周边餐厅与酒店等基础设施的水平，进一步优化了游客的旅游体验。

在城市基础设施建设中，无障碍设施的完善同样至关重要。无障碍设施能够保障残疾人、老年人、儿童及其他行动不便者自主、安全、方便地通行和使用，是城市文明进步的重要标志。无障碍设施不仅是城市基础设施的一部分，还是完善城市功能、提升城市综合形象的重要元素。

新时代的城市建设应当从提升便捷性、完善基础设施着手，注重细节，全面提升城市服务水平。这包括但不限于加强餐饮与住宿设施建设，优化公共服务设施，改善交通设施，以及全面推进无障碍设施的建设与完善。通过这些措施，可以有效提升城市的接待质量和游客满意度，从而吸引更多的游客，促进旅游业和相关产业的发展。此外，城市建设还应强调绿色发展理念，推动生态文明建设与城市基础设施建设的有机融合。通过实施绿色建筑标准，采用节能环保材料，加强城市绿化和水体保护，不仅能够提升城市的生态环境，还能够提高城市的可持续发展能力。同时，城市规划和建设中还应充分考虑历史文化保护和传承，融合当地特色文化元素，打造具有地方特色的旅游景点和服务设施，增强城市的文化吸引力和旅游竞争力。

（三）宣传推介工作

在新媒体时代背景下，文旅产业的发展越来越依赖有效的宣传策略。随着互联网技术的飞速发展，多样化的新媒体平台已成为大众获取信息的主要渠道。因此，针对文旅产业，采取创新的宣传方法，利用新媒体平台进行有效推广，已成为提升行业竞争力的关键。秦皇岛市在利用新媒体进行宣传方面，已经有了一系列成功的实例，值得其他地区学习与借鉴。以阿那亚公益图书馆和碧螺塔酒吧公园为例，通过独特的定位和精准的新媒体营销策略，成功吸引大量的年轻游客，并在年轻消费群体中树立良好的口碑。阿那亚以"中国最孤独的图书馆"为宣传点，在社交媒体平台上发布大量宣传内容，有效提升了其作为网红打卡点的知名度。碧螺塔酒吧公园则通过针对年轻客户群体的"网红"营销，成功打造了品牌形象。[①]

---

① 刘忠辉：《基于顾客感知的碧螺塔酒吧公园新媒体营销效果评价研究》，硕士学位论文，燕山大学工商管理专业，2021。

当前，旅游消费者的需求日益多元化，越来越多的人追求在旅行中深度体验自然与文化，寻求精神上的满足和康养式的体验。在这种趋势下，旅游宣传不仅要传递目的地的自然美景和文化特色，还要能够引起受众的情感共鸣，满足他们对美好生活的向往。因此，在推广长城文化产业时，应汲取故宫等地的成功经验，通过构建以海上长城为核心的文旅IP，利用微博、微信公众号、抖音、快手等新媒体平台，打造全方位的宣传矩阵。这样不仅能够有效提升山海关长城IP的知名度，还能够增强品牌效应，吸引更多游客的关注和兴趣。此外，新媒体宣传策略还应包括内容的创新，如制作高质量的短视频等，以吸引不同需求的游客。

第三节　秦皇岛长城国家文化公园：融合历史与旅游的文化发展典范

　　秦皇岛市在推进长城国家文化公园建设的过程中，采取了一系列有效措施确保项目的顺利进行。秦皇岛市委、市政府领导高度重视长城国家文化公园的建设，特别成立了领导小组。由市委、市政府的主要领导担任组长，相关领导担任副组长，沿途县区的领导为成员，确保了项目建设的领导和协调机制。在保护工作上，秦皇岛市坚定不移地遵循《中华人民共和国文物保护法》等相关法律法规，开展了长城全面保护工作，建立了完善的长城记录档案和科学规范的长城资源基础数据库，设立了130处长城保护标识，聘请了93名长城保护员，并建立了责权明确的长城管理体系，机制运行成熟。

　　秦皇岛市还在全国率先出台了《秦皇岛市长城保护条例》，与市公安局、检察院建立联动机制，使长城保护管理走上了法治化、规范化的轨道。秦皇岛市将长城抢险修缮作为基础工作，着手急需抢救的长城段落，每年分批分期有序地推进长城抢险加固工程。其中26个项目被纳入省"十四五"文物保护利用项目库，目前已经完成了海港区板厂峪明

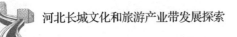

长城维修（二期）、卢龙桃林口关城修缮、山海关长城保护修缮及展示等 11 项重点工程。同时，秦皇岛市不断深化长城保护与研究，启动实施了长城保护与研究发掘项目，完成了 71 个敌台的清理工作，为全国长城保护修缮提供了宝贵的经验。这一系列措施不仅展现了秦皇岛市在长城保护和管理方面的创新精神和实干精神，还为长城文化遗产的保护和传承作出了积极贡献，同时为长城国家文化公园的建设奠定了坚实的基础。通过这些努力，秦皇岛市正将长城文化遗产转化为促进地方经济社会发展的重要资源，为未来的文旅产业发展开辟了新的路径。

秦皇岛市在推进重点项目建设方面取得了显著成绩，坚持以项目为核心，全面加速国家级和省级重点项目的推进。市内 4 个国家级项目均已顺利运营，标志着秦皇岛市在文化旅游基础设施建设方面迈出了重要步伐。山海关中国长城文化博物馆的建设已全面启动，项目的主体施工、配套设施建设、布展大纲制定、展陈设计、文物征集，以及机构冠名等工作正在同步进行。同时，海港区板厂峪长城遗址公园的基础设施维护与展示方案正处于编制阶段，山海关长城风景道及相关旅游道路已建成并开放使用，10 千米长城风景道示范样板项目的可研报告也已完成编制。此外，山海关古城遗址保护项目通过实施一系列修缮和提升改造工程，以及增设仿古特色休闲设施和特色亮化设施，进一步丰富了游客的体验。

在国家级项目的基础上，秦皇岛市还积极推进 11 个省级项目的建设，涵盖了山海关八国联军营盘旧址保护利用、山海关角山长城文化产业园基础设施建设、海港区车厂长城休闲小镇等多个方面，总投资达 3.48 亿元。这些项目的实施，不仅提升了当地的文化旅游基础设施，还推动了地方经济发展。秦皇岛市还成功承办了"一带一路"·长城国际民间文化艺术节的分会场活动，通过组织长城交响音乐会、摄影展以及非遗文化展示等丰富多彩的活动，吸引了大量游客参与，7 天内接待游客超过 10 万人次，旅游收入超过 1 亿元。

秦皇岛市在推动长城国家文化公园建设方面形成了较为强大的合力，

得益于全市各县区及成员单位的积极参与和协作。特别是山海关区作为先试先行的区域，在面对紧迫的建设时间、繁重的任务以及疫情带来的挑战时，展现出了显著的领导和示范作用，有效推动了项目的实施。同时，其他县区也在积极规划和实施相关项目，通过各自的努力确保了长城国家文化公园建设任务的顺利完成。在项目推进过程中，各相关部门利用自身职能优势，在项目立项、资金争取、开工实施、机构冠名、沿线环境整治和文化传播等多个方面进行了积极协作，共同推动了五大工程项目的稳步进行。社会资本的积极参与，特别是社会力量对长城国家文化公园建设的大力支持，进一步加快了项目的进程。文旅融合项目的实施吸引了22.7亿元的社会资本投入，其中抚宁区的一家企业捐资235万元专门用于长城本体的修缮，体现了社会各界对长城国家文化公园建设的热情支持。另外，人大代表、政协委员和各领域的专家学者就长城国家文化公园建设提出建议和提案，为项目的决策提供了宝贵的参考和支持，确保了项目建设的科学性和可行性。

然而，秦皇岛市旅游文化局指出，尽管取得了一定进展，但与国家和省的建设要求相比，仍存在一些差距和不足。首先，部分县区对项目建设的重视程度还需进一步提升，需要在顶层设计和统筹协调上加大力度，以确保项目的高效落实。其次，长城国家文化公园建设工作专班面临人员不稳定和力量不足的问题，这在一定程度上影响了项目推进的效率。最后，一些具有重大影响和示范意义的标志性项目进展较慢，如海港区板厂峪长城遗址公园、山海关长城风景道以及长城社区参与工程等，这些项目的缓慢进展需要引起足够的重视和加强管理。

一、加强长城遗产保护

秦皇岛市将继续坚定不移地执行《中华人民共和国文物保护法》《秦皇岛市长城保护条例》等相关法律法规，确保长城及其沿线文物和文化资源得到全面保护。为此，秦皇岛市将持续进行长城及其周边文化资源的全面调查，优化长城"四有"（有机构、有制度、有人员、有经费）保护工作体系，加强法律执法和巡查监督，确保长城的安全与完整。根据《河北省长城遗址抢救性保护实施意见》，秦皇岛市将稳步推进长城的保护修缮工作。计划尽快完成山海关长城（北翼城1号至4号马面段）、海港区董家口城堡、卢龙桃林口关城的部分敌楼，以及永平府城墙等关键段落的维修加固工程。同时，将加速推进山海关长城北水关、抚宁界岭口关城、卢龙刘家口关城等关键工程，打造一系列保护修缮精品和示范项目。

秦皇岛市将完成"秦皇岛长城维护保养实践与研究"课题，进行抚宁界岭口长城砖窑遗址的考古勘探，促进长城及其文化资源的展示和利用。同时，推动非物质文化遗产的活态传承，开展长城沿线的非遗资源调查，通过将非遗资源融入乡村振兴战略，促进非遗传统手工艺品进入景区，举办非遗展示、展演、展销活动，拍摄非遗旅游线路宣传片，创建长城非遗传播基地。为了加强对长城及其周边环境的综合性保护，将实施《长城河北段周边风貌控制导则》，完善生态环境保护措施，包括制定环境影响防治预案和生态环境准入清单。同时，将加大对沿线山体、森林、水体的保护力度，实施退耕还林、湿地保护、矿山生态恢复等生态工程，建立完善的生态保护监测预警系统，为长城及其周边地区的生态环境提供坚实保障。通过这些措施，秦皇岛市致力在保护和修缮长城的同时，保护其生态环境，促进文化遗产与自然环境的和谐共生。

二、高质量推进项目建设

秦皇岛市致力以高标准推进项目建设，确保长城国家文化公园及相关文旅项目的高质量完成。为此，市政府采取了一系列具体措施，旨在提高项目规划、申报和资金使用的有效性，同时确保项目按时按质完成。具体当中，市政府加强了项目的前期谋划和申报工作，及时与中央和省级有关部门沟通，争取将更多项目纳入中央预算投资项目库。通过密切监督，确保项目主体能够合理利用中央预算内投资、省级旅游发展专项资金、文物保护资金、文化产业引导资金以及文艺创作等相关资金，最大限度地发挥这些资金的效益。在具体项目建设方面，秦皇岛市特别强调山海关中国长城文化博物馆的建设采取高标准，同时加快推进博物馆主体建筑和配套设施的建设，精心策划展陈设计，积极进行藏品征集和布展，确保机构的顺利设立和冠名审批等关键环节的完成。

秦皇岛市还计划打造一系列标杆示范工程，如加快推进板厂峪长城遗址公园的展示和基础设施维护建设，完成板厂峪长城砖窑遗址的数字化项目，以及山海关八国联军营盘旧址的修缮和六国饭店、英军营盘消防工程。同时，确保山海关长城风景道、山海关遗址保护提升以及山海关长城文化产业园基础设施（一期）等项目如期建成。为了有效拓宽项目资金渠道，秦皇岛市还计划搭建投融资平台，举办重点项目的招商推介活动，吸引更多社会资本参与到长城国家文化公园和相关文旅项目的建设中来。通过这些综合措施，秦皇岛市旨在确保长城国家文化公园建设和相关文旅项目能够顺利实施，为促进地方文化旅游发展和经济增长作出贡献。

三、优化提升公共服务

秦皇岛市致力优化提升公共服务，特别是在长城旅游公共服务方面，采取了多项措施以改善旅游体验，满足游客需求。秦皇岛市政府努力完善长城交通体系，促进长城沿线各主体功能区紧密联系，从而便利游客的访问和旅行。秦皇岛市重点实施了张庄—孟庄、河口长城—东胜寨、龙泉庄—黄土营等旅游公路项目，提高了长城旅游区的可达性，为游客提供了更为便利的旅行体验。[①] 同时，市政府着手建设"秦皇岛长城"风景道体系，且其中山海关长城风景道等项目的建成，为游客提供

---

① 李欢：《秦皇岛旅游公共服务提升路径研究》，硕士学位论文，燕山大学公共管理专业，2020。

了特色的慢行游览体验。秦皇岛市还加快了游步道、自行车道、观景平台、房车营地、生态停车场等旅游基础设施的建设，并完善了长城沿线的旅游集散、咨询、导览、导游、休憩健身、旅游厕所、应急救援、商业、环卫、公益等公共服务设施的建设和管理，构建了一个集观光游览、文化体验于一体的长城文化和旅游景观通道，丰富了游客的旅游体验和文化感受。

为进一步提升长城国家文化公园的品牌形象，秦皇岛市在文化和旅游部的指导下，修订并完成了《国家文化公园标志应用规范》，并计划在规范出台后，率先在全国构建长城标志体系。此外，市政府完成了长城秦皇岛段文物、文化及旅游资源数据采集及数字化转化工作，搭建了秦皇岛长城资源特色库平台。依托长城数字平台，市政府在长城的重要段落设置了扫码入口，推进了数字资源的共建共享，从而提高了长城文化遗产传播效率和游客互动体验。

四、深化文旅融合

秦皇岛市深化文旅融合的战略旨在全面提升长城文化旅游的品质与吸引力，通过一系列具体项目和措施，促进文化和旅游的深度融合发展。在这一过程中，山海关核心展示园的综合提升工程发挥了关键作用，通过对天下第一关、老龙头、角山、孟姜女庙等核心景区的全面提升，不仅优化了游客的体验，还为创建世界级景区奠定了基础。同时，秦皇岛市推进了海港区董家口长城戍边文化小镇项目，通过实施游客服务中心建设、停车场硬化及绿化、河道治理等工程，进一步提升了文化小镇的旅游服务水平和环境质量。此外，海港区董家口长城戍边文化小镇、中国冷口青龙湾康养旅游度假区温泉小镇的续建提升，以及海港区车厂长城休闲小镇和青龙花厂峪红色旅游康养小镇的建设推进，都有助于打造文旅深度融合的发展示范项目，从而激发文旅市场的活力和创新能力。

秦皇岛市还注重文旅市场主体的培育，通过建设产学研合作基地、众创空间等，促进文旅产业的创新和发展。社区参与工程的实施，特别是依托长城特色村落的建设，如北营子村、板厂峪村、河口村、桃林口村、花厂峪村等10个最美长城村落的打造，不仅丰富了长城沿线的文化旅游资源，还有效带动了乡村文化旅游业的发展，为乡村振兴工程注入了新的活力。

五、扩大宣传推广

秦皇岛市在扩大宣传推广方面采取了全方位、多层次的策略，旨在增强长城文化的国内外影响力，提升秦皇岛作为文化旅游目的地的知名度和美誉度。通过持续开展长城秦皇岛段的主题宣传，编辑出版一系列长城文化研究成果，不仅丰富了长城的文化内涵，还为广大读者提供了深入了解长城文化的宝贵资料。秦皇岛市成功办理了"一带一路"·长城国际民间文化艺术节和"长城脚下话'非遗'"等品牌活动，有效促进了国际交流与长城文化的广泛传播。特别是山海关大型室内沉浸光影剧《长城》的演出，为观众呈现了一场视听盛宴，深化了公众对长城文化的理解和感知。此外，秦皇岛市还完成了"长城影像"工程，举办了"长城之韵"交响音乐会、"长城之美"摄影展等系列活动，这些丰富多彩的文化活动不仅展示了长城的独特魅力，还有效扩大了秦皇岛长城的影响力。

为了让长城文化"活"起来，秦皇岛市还举办了长城系列展览，开展了外国留学生行走大美长城等实践体验活动，同时将长城国家文化公园主题纳入重点题材，组织开展了文创与旅游商品大赛，推进了文创产品的开发。① 另外，通过举办"我眼中的文化遗产"摄影及短视频大赛、"秦皇岛文化遗产宣传季"等展示宣传活动，进一步展现了长城文化的独特价值和魅力。秦皇岛市还充分利用微信、微博、微电影、微视频和微图"五微"宣传平台，积极讲述秦皇岛长城的历史和当代故事，提高了

①王杰彦、王丽玲：《长城文化视域下的秦皇岛地域文化发展》，《大舞台》2013年9期。

秦皇岛的知名度和美誉度。通过这些综合性的宣传推广活动，秦皇岛市不仅成功地将长城文化呈现给了国内外游客，还为文化旅游产业的发展作出了积极贡献。

第四节　铸就"天下第一关"的文化旅游产业集群的实践策略

在打造长城文化产业集群的过程中，秦皇岛市重点将长城作为核心，实现产业的广泛辐射。战略上，目标是扩大和加强"长城"这一文化象征的影响力，最大化利用其深厚的历史和文化资源，构建以"长城+"为标志的产业链，有效促进周围行业的共同发展，打造多元化的产业集聚效应；中心思想是以"天下第一关"为核心，建立起一个长城主题的产业带。

一、影视资源的聚集

长城，作为中国重要且无可替代的历史文化遗产，其独特的文化象征性和历史价值已广泛渗透至影视制作领域。从商业大片到纪录片，再至综艺节目，长城的形象及其背后的文化内涵被不同角度解读与呈现，既展现了其作为历史遗迹的宏伟，也反映了其在中华民族文化心理中的特殊地位。在影视剧领域，长城不仅是背景的一部分，还是情节发展和主题表达的核心元素。张艺谋导演的影片《长城》将长城设定为故事的中心，融合了饕餮、火药、孔明灯、秦腔等富有中国文化特色的元素，不仅展示了中国的视觉文化符号，还体现了中华民族在抵抗外侮中展现出的坚韧精神。此外，围绕长城展开的多部抗战题材作品，如《南海长城》《烽火长城》和《长城红》等，均深刻描绘了长城沿线人民在抗日战争中展现的英勇抵抗与不屈不挠的民族精神。

在纪录片领域，《长城：中国的故事》《望长城》和《话说长城》等作品通过纪实拍摄手法，结合具有深厚人文关怀的解说，向观众展示了长城的沧桑变迁及其背后的深厚文化与历史。这些纪录片不仅呈现了长城的视觉之美，还传达了其所承载的中华民族的兴衰荣辱，为观众讲述了长城脚下的真实故事，有效提升了公众对这一伟大历史遗产的认识。综艺节目作为长城文化传播的另一种形式，提供了新的视角和体验方式。《了不起的长城》作为北京电视台出品的文化体验类节目，是以长城为主题的综艺节目的创新尝试。该节目通过将科普知识与娱乐游戏结合在一起，实现了寓教于乐，可让观众在轻松愉悦的氛围中增进对长城以及中国文化的理解。而节目选择在长城起点的山海关老龙头进行首期录制，不仅是对长城文化的深度探索，还是对山海关长城的有效宣传。

二、文化活动启动仪式的聚集

文化活动的启动仪式不仅只是一种庆典，更是一种深具影响力的活动方式，用于宣传地方文化，同时促进产业融合和发展。秦皇岛借助山海关长城博物馆这一独特的文化地标，成功举办了多场与长城文化密切相关的活动，这些活动不仅彰显了长城的丰富文化内涵，还有效推广了山海关的旅游文化品牌。其中，值得注意的活动包括由中国长城学会联合《人民日报》及其他多家媒体共同发起的"2006 中国长城新闻采访万里行"活动，这一活动通过深入探访长城各个段落，向公众展示了长城的历史和现状，提高了公众对长城保护和文化价值的认识。此外，《长城》特种邮票的首发仪式和著名纪录片《长城：中国的故事》的开机仪式等，都向公众传达了长城的独特魅力和文化重要性，也促进了文化旅游产品的开发和市场推广。①

山海关长城的旅游文化品牌建设是一个系统的工程，涵盖了品牌形象的塑造和品牌营销两个重要方面。品牌塑造不仅要求对山海关长城的

---

① 吕佳欣：《影视基地体验型旅游产品开发模式与应用研究：以横店影视城为例》，硕士学位论文，浙江师范大学人文地理学专业，2019。

文化内涵进行深度挖掘，还需要创造和传播一系列有竞争力的文化活动品牌形象，使之成为独一无二的文化符号。与此同时，品牌营销则侧重于通过多渠道、多手段的宣传推广活动，让更多的人了解和认同山海关长城，从而提高旅游目的地的市场份额和游客的忠诚度。为了进一步提升山海关长城旅游文化品牌的影响力，未来的发展策略应当包括以下几个方面：首先，加强与国内外媒体的合作，通过新闻报道、特别节目和社交媒体等多种形式，广泛传播山海关长城的文化和旅游信息；其次，举办更多具有创意和影响力的文化活动和庆典，如艺术展览、文化论坛、历史研讨会等，以此吸引更多游客和文化爱好者的关注；再次，加强与旅游业界的合作，开发一系列以长城文化为主题的旅游产品和服务，提供给游客更加丰富和深入的文化体验；最后，注重对长城文化遗产的保护和可持续发展，确保旅游活动不会对长城及其周边环境造成负面影响。通过这些策略的实施，山海关长城不仅能够以其独特的文化魅力吸引更多国内外游客，还将进一步巩固其作为"天下第一关"的品牌形象，为地方经济和文化旅游产业的融合发展做出更大贡献。在全球化的今天，山海关长城的旅游文化品牌建设不仅是对中国传统文化的传承和推广，还是对中国文化软实力的一种展示，对于提升国家形象和文化影响力具有重要意义。

三、体验式活动的聚集

随着社会经济的快速发展和人民生活水平的显著提升，消费者的需求日益多元化和个性化，他们不再满足于传统的商品和服务，而越来越多地寻求具有附加值的产品和定制化服务。这一趋势在旅游业中表现得尤为明显，传统的观光游览模式已不能完全满足现代游客的需求，他们更倾向于寻求独特的、能够提供深度体验的旅游产品。体验式旅游，作为一种新兴的旅游模式，正逐渐受到广泛的关注和青睐。

体验式旅游是体验经济时代的产物，它强调的是提供给游客独一无二的体验机会，而非简单的服务或商品。这种旅游模式主张个性化和参与性，要求游客深入了解旅游目的地的自然风光和人文背景，并积极参与到各种体验活动中去。体验式旅游的核心在于通过丰富的互动体验，让游客获得比传统观光更加深刻和难忘的旅行体验。然而，在秦皇岛，体验式旅游的开发还处于初级阶段。目前，虽然有几处农业体验观光园试图提供不同于传统观光的体验服务，但这些项目在内容定位和开发上存在较大的相似性，缺乏独到的主题和特色，难以满足日益增长的个性化旅游需求。同时，专题体验游览活动的数量也相对较少，这影响了旅游产品的吸引力。

为了提升体验式旅游的发展水平，秦皇岛需要从以下几个方面进行改进和创新。首先，加强对本地文化和自然资源的挖掘，开发出具有地方特色的体验式旅游项目。例如，可以结合秦皇岛丰富的海洋资源开展海上体验活动或依托历史文化背景举办历史文化体验活动，以此吸引不同兴趣和需求的游客。其次，创新体验式旅游的内容和形式，提供更多元化的体验活动。除了常规的农业体验、手工艺制作等，还可以引入科技元素，如虚拟现实（VR）体验、增强现实（AR）探索等，使旅游体验更加丰富和现代化。再次，强化市场营销和品牌建设，通过有效的宣传手段，如社交媒体、旅游推广视频等，提升秦皇岛体验式旅游的知名度和影响力。同时，积极参与国内外旅游展会，与旅游机构和媒体建立良好的合作关系，共同推广秦皇岛的体验式旅游项目。最后，注重提升服务质量和游客满意度，通过专业培训提高从业人员的服务意识和专业技能，确保游客在参与体验式旅游活动时能获得高质量的服务体验。通过这些措施的实施，秦皇岛有望将其独特的自然景观和文化遗产转化为体验式旅游的重要资源，进而提升旅游业的整体竞争力和可持续发展能力，为游客提供更加丰富多彩、个性化的旅游体验。

山海关长城，作为中国伟大的历史文化遗产之一，拥有丰富的文化资源和独特的地理位置，为开发体验式旅游项目提供了得天独厚的条件。

基于山海关长城现有的文化资源，人们可以精心设计并实施一系列主题鲜明、内容丰富的体验式旅游项目，以满足现代游客对文化深度体验的需求。第一，滨海长城主题游览项目，旨在展现长城作为海洋文明与陆地文明交融的象征。通过精心设计的项目，如使长城攀爬活动与海上休闲、海上运动及海底世界探索等海洋项目相结合，不仅可以让游客体验到长城的雄伟壮丽，还能让游客享受到与海洋相关的各种乐趣，深化游客对海洋文明的理解和体验。第二，红色抗战主题游览项目，将以长城沿线的抗战精神为核心，通过整合长城沿线的抗战纪念资源，设计专门针对中老年游客的红色抗战主题游览线路。这不仅是对中国人民抗日战争胜利精神的一次深刻回顾，还是对革命先烈的最好纪念。第三，关隘军事主题游览项目，通过对长城上现存的关隘、城楼等军事遗迹进行修复与改造，以及设置可操作的军事器械模型，增强游客的参与感和体验感。通过这种互动体验，游客可以更加直观地了解古代军事防御体系的复杂性和精妙性，体验古代士兵的生活和战斗方式。第四，秦皇求仙入海主题游览项目，通过打造仿古建筑群和特色古街区，以秦时风格的建筑布局和设计为游客提供一个如同穿越到秦朝的体验。项目还将融入丰富的文化元素，对周边的纪念品、住宿、餐饮等进行统一规划，以最大限度提升游客的代入感和体验感。除了上述主题项目的开发，景区配套服务设施的完善和服务质量的提升也是非常关键的。为了更好地满足游客的需求，应加强基于互联网的智慧旅游建设，采用现代信息技术，如移动支付、智能导览、在线预订等，为游客提供便捷、高效、优质的一站式新型旅游服务。智慧旅游的发展不仅能够提升旅游体验，降低管理和运营成本，还能带动地区内其他产业共同发展，对经济社会产生积极的推动作用。

四、文艺演出的聚集

在当代社会，随着生活节奏的加速，人们面临着越来越多的精神压力，旅游已经成为释放压力、寻求精神慰藉的重要方式。旅游中的精神享受对于现代人而言尤为重要。旅游演艺，作为文化产业与旅游业融合的新兴产业形态，近年来展现出了强大的生命力。通过提供独特的旅游演艺产品，不仅丰富了旅游体验，提升了旅游项目的文化价值，还有效提高了游客的参与度，并对地方旅游品牌的塑造以及地方经济和社会效益的提升产生了积极影响。

在国内旅游演艺市场上，《宋城千古情》和《印象·刘三姐》等优秀作品，凭借其精良的制作和丰富的内容，成为行业的典范。特别是由张艺谋导演的《印象·刘三姐》，这一大型山水文化演出成功的案例，为人们提供了宝贵的经验。它的成功可以归结于几个关键因素：首先，演出紧密围绕地域特色，有着根据市场需求设计出的独特主题；其次，通过创新元素和个性化产品设计，使演出脱颖而出；再次，演出在强调自然和文化资源保护的同时，坚持可持续发展的理念；最后，高水平的创作团队和顶级的设施装备相结合，创造出了高质量的艺术作品。①

山海关，这个拥有独特海上长城文化的地区，无疑具备了开展类似《印象·刘三姐》这样的大型实景演出活动的丰富资源。在推进山海关旅游产业发展过程中，应当利用其丰富的长城文化资源，借鉴成功的运营模式，开发以"天下第一关"为主题的大型实景演艺项目。通过这样的项目，不仅可以进一步挖掘和传承长城文化，还能为游客提供独特的文化体验，同时为地方旅游业的发展注入新的活力，促进经济和社会的全面发展。借此，山海关的长城文化将以全新的形式展现给世人，成为连接过去与未来的文化桥梁，同时将成为国内外游客心中不可或缺的旅游目的地之一。

在当代社会，文化与旅游的深度融合已成为推动地方经济发展的重要途径。特别是对于拥有丰富历史文化资源的地区，如秦皇岛，其独特

① 余琪：《国内大型主题性旅游演艺产品开发初探》，硕士学位论文，华东师范大学旅游管理专业，2009。

的海上长城文化便是发展旅游演艺产业的宝贵资产。为了充分挖掘这一资源，地方政府应在政策支持、人才培养和资金投入等方面提供充分保障，并制定科学合理的经营策略，推动文化与旅游产业的有效融合。首先，开发具有地方特色的旅游演艺项目是吸引游客、扩大影响力的关键。秦皇岛可以依托其独特的长城文化，将皮影、秧歌等地方民间艺术及红色文化融入旅游演艺中，既丰富了旅游产品的内涵，又扩大了旅游产品的受众范围。这种文化的融合不仅能够吸引更多的游客来访，还能带动当地民俗产业的发展，增加就业机会，促进经济增长。其次，积极的营销宣传是提高知名度、吸引游客的重要手段。在互联网和社交媒体时代，通过线上平台的宣传营销，可以有效提升旅游演艺项目的影响力。此外，与旅行社合作，将旅游演艺纳入旅行路线，通过优惠政策吸引游客，是增加游客的有效途径。

第五章 承德"金山岭"：以产业带促进文旅新发展

第一节 承德"金山岭"长城印象揭秘

承德地区的长城遗址总长度约为 540 千米，其分布主要包括以下几个部分。

（1）燕秦长城：这部分长城位于丰宁和围场境内，全长大约 182 千米。多数区段现呈土堰状，丧失了原有的建筑形态。其西端起始于沽源县二道渠乡与丰宁满族自治县鱼儿山乡的交界处，穿越万胜永、外沟门进入围场满族蒙古族自治县，自西向东贯穿丰宁、围场两县北部，直至二龙库水库。乾隆皇帝于 1752 年在木兰围场行围期间，发现了此区域的长城遗迹，随后撰写了《古长城说》一文并竖立纪念碑，为研究古代长城提供了宝贵的资料。

（2）汉长城：位于滦平和丰宁的交界处，以及隆化郭家屯、承德县北部等地，关口附近常设有防御城堡。承德地区的汉长城大多采用列隧形式建设，设有 360 余座烽火台，这些烽火台沿着古今交通路线分布，多位于视野开阔的地点，与其他防御设施形成了密集的防御线。

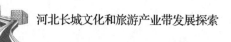

（3）金代界壕：位于丰宁草原乡草原村北部，方向为东南至西北。东起骆驼场风水山，向西延伸至内蒙古多伦县，全长约 8 千米。建于金承安三年（1198 年），因地理位置和建造朝代得名，当地人亦常称之为"边墙"或"头道边"。

（4）明长城：承德境内的明长城属于蓟镇范围，从宽城铧尖乡三道岭附近向西经过兴隆县、承德县，直至滦平营盘乡进入北京密云，全长接近 300 千米，横跨宽城满族自治县、兴隆县、承德县、滦平县等地。沿线设有烽燧、挡马墙、界壕、水门等 420 余座防御设施。金山岭长城作为承德明长城中最具标志性且保存最为完好的段落之一，位于滦平县与北京市密云区的交界处，原由徐达于明代洪武年间主持建造，隆庆年间，蓟镇总兵戚继光和蓟辽总督谭纶负责了其大规模的续建与改建工作。

第二节　承德长城文化与旅游产业带发展综述

一、承德长城文化和旅游产业带发展现状

承德市在长城的保护及相关文化旅游产业发展方面采取了一系列综合性措施，展现了对这一世界文化遗产的深度关怀与高度责任感。承德通过建立保护档案，进行全面的调查统计，并对长城本体及相关文物进行了详细登记。尤其值得一提的是，其对散落在民间的城砖进行了广泛的调查统计，同时对倒塌和松动的长城部分进行了加固修复，确保了此历史遗迹的完整性和安全性。

在提升长城景区管理和服务水平方面，承德市以国家 5A 级旅游景区标准为目标，进行了大规模的基础设施改造和提升工作，包括污水处理、停车场建设及公共卫生设施优化等，同时加强了旅游宣传和员工培训，显著提升了游客的参观体验。金山岭长城景区成功评为 5A 级景区，是对其自然景观价值和历史文化价值的充分肯定。此外，承德市还注重加强

长城保护员的专业培训，提高了保护员对长城保护的认识，并为他们配备了专业的巡查装备，保证了长城保护工作的效率和安全。同时，通过深入进行历史文化研究及发表大量学术文章，承德市不仅丰富了长城的历史文化内涵，还提升了公众的文化认同感和保护意识。

在创新旅游形式方面，承德市将长城与体育、摄影和文化活动结合在一起，通过举办杏花节、国际摄影节和马拉松比赛等活动，大大提升了金山岭长城的品牌效应和国际影响力。同时，借助长城国家文化公园的建设，承德市全面提升了长城的保护和开发水平，投资174亿元规划建设了"一带三区"的长城文化公园，不仅加强了长城保护，还为承德全域旅游发展注入了新的活力。

二、承德长城周边丰富的资源

承德，昔日的"热河"，以其丰富的自然资源和良好的生态环境被誉为"塞外明珠"和"华北绿肺"。这里是长城文化旅游产业带发展的有力基石，以55处国家A级景区和超过1300处地上地下文化遗产而著称，包括世界上现存最大的古典皇家园林——避暑山庄，以及世界上最大的皇家寺庙群——外八庙。其中，普宁寺内珍藏着世界上最大的木质千手千眼观世音像，展示了承德深厚的文化底蕴。承德还拥有塞罕坝国家森林公园、雾灵山自然保护区等独具特色的自然景观，通过180千米的国家一号风景大道串联起丰富多彩的自然与文化景观，构成了一道亮丽的风景线。

（一）承德避暑山庄及周围寺庙

避暑山庄及其附近的皇家寺庙群，1994年被列入世界遗产名录，作为国家5A级旅游景区和全国重点文物保护单位，它们以清代皇家文化、宗教文化和园林文化的独特融合而闻名，同时将中原文化、满蒙文化及草原文化巧妙结合，塑造了深邃而独特的"大避暑山庄文化"。避暑山

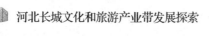

庄始建于清康熙四十二年（1703年），历时89年完工，是清代皇帝避暑消夏和处理政务的地方。山庄占地约564万平方米，分为宫殿区和苑景区，宫殿区展现了清代皇家的奢华与尊严，而苑景区则是自然景观的完美展示，其中以康熙、乾隆两位皇帝命名的72景尤为出名。山庄周围的宫墙，因其造型类似长城，被称为"小长城"。

周围的皇家寺庙群环绕避暑山庄东北部，占地47.2公顷，其中包括模仿拉萨布达拉宫建造的普陀宗乘之庙和须弥福寿之庙，以及与北京孔庙、曲阜孔庙齐名的热河文庙，共同构成了承德独特的文化景观。这些文化遗产不仅体现了承德深厚的历史文化底蕴，还是中国文化多样性与融合性的生动证明，为承德赢得了"中国优秀旅游城市"等众多荣誉，成为研究和体验中国皇家文化、宗教文化和园林艺术的重要窗口。

（二）承德木兰围场风景区

承德木兰围场风景区是一个包含塞罕坝国家森林公园、御道口草原森林风景区、红松洼自然保护区等多个自然保护区域的综合性旅游目的地。塞罕坝国家森林公园，坐落于围场满族蒙古族自治县北部，拥有我国规模最大的人工林。园内景观多样，从七星湖湿地公园到泰丰湖，从康熙点将台到塞北佛石庙，再到白桦林和塞罕塔，以及亮兵台和十里画廊等，构成了一个生物非常丰富的生态系统，拥有600多种维管植物和100多种野生动物，人文历史遗迹与自然景观在此和谐共存。

御道口草原森林风景区，作为滦河的发源地之一，拥有原始草原70万亩（约4800公顷）和湿地20万亩（约13333公顷），以及21个天然淡水湖，展现了一片未被破坏的自然风光。历史上，塞罕坝是皇家猎苑木兰围场的一部分，因水草丰美而著称。但由于历史上的过度开发和自然灾害，中华人民共和国成立前的塞罕坝已变成了一片风沙漫天的荒原。自1962年起，通过半个多世纪的持续造林活动，经过三代人的努力，这里由荒原变成了葱郁的林海，成为中国生态建设的典范。2017年和2021

年，塞罕坝林场分别荣获"地球卫士奖"和"土地生命奖"，这两项联合国环保最高荣誉证明塞罕坝精神得到了国际认可。习近平总书记强调，全党全国人民应发扬塞罕坝精神，致力发展绿色经济和生态文明，塞罕坝的转变不仅是中国环保事业的一大胜利，还是对全人类生态文明建设的贡献。

（三）新型文旅产业加快发展

承德在推动传统旅游与现代文化产业深度融合方面取得了显著成果，创新探索了一系列新型文旅产业发展模式。这些模式包括"旅游＋文化""旅游＋温泉""旅游＋体验"及"旅游＋夜经济"等，致力打造多元化的旅游体验和文化享受。在此过程中，承德不断建设主题小镇和文化产业园区，以丰富旅游产品和提升旅游品质。例如，坝上地区的中国马镇旅游度假区，依托马文化主题，根据"草原丝绸之路"的概念规划不同功能区域，采用独特的异域建筑风格和文化演艺集群，配备酒店、主题乐园、酒吧和美食街等设施，构建了一个四季皆宜的旅游综合体。鼎盛元宝街则是一个将皇家文化与民间生活完美结合的实例，大型实景演出《鼎盛王朝·康熙大典》在一个360度旋转舞台上重现了辉煌的历史画面，让观众深刻体验到了历史文化的魅力。阿那亚金山岭小镇作为长城国家文化公园（承德段）的重点项目之一，成功将文化体验、休闲度假与旅居康养结合在一起，展现了文旅融合发展的新趋势。特别值得一提的是，小镇内的山谷音乐厅因独特设计在2019年荣获第66届美国P/A建筑奖，这一成就标志着承德在文旅产业创新方面得到了国际认可。

（四）民俗美食

承德，作为一个多民族聚居的地区，拥有25个少数民族，因此孕育了丰富多彩的民族文化和美食。这里不仅是多元文化的交汇点，还是非物质文化遗产的宝地，共有249项非遗项目，涵盖10大类，其中包括1

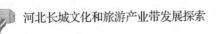

项人类非物质文化遗产、10项国家级和73项省级非遗项目，以及165位非遗传承人。承德的非遗文化展现了深厚的民族技艺和传统文化，如抡花、滕氏布糊画、契丹始祖的传说、山庄老酒和板城烧锅酒的酿造技艺、平泉羊汤的制作技艺、隆化二贵摔跤、宽城背杆、丰宁满族剪纸和吵子会、萨满舞、热河清音、满族刺绣等，这些都是承德传统民族技艺和文化的生动体现。

承德被誉为剪纸之乡和摄影之乡，也是普通话标准音的采集地，体现了其在语言文化方面的独特地位。在美食方面，承德以满族八大碗、平泉羊汤、八沟改刀肉、御土荷叶鸡、承德凉粉、煎碗坨、拨御面、平泉御膳糖饼等特色美食而闻名，这些美食不仅味道独特，还承载着深厚的文化意义。除此之外，承德还有杏仁、兴隆柿子、隆化大米、都山水豆腐、丰宁莜麦等地方特产，这些特产不仅丰富了当地人的饮食文化，还为游客提供了独特的味觉体验。

第三节　承德金山岭长城：打造国家文化公园旅游发展典范

在《长城国家文化公园（河北段）建设保护规划》的指导下，河北境内长城秦皇岛山海关段、承德金山岭段、张家口大境门段和崇礼段被确定为四个重点建设区段。金山岭长城段，作为河北段的文旅融合示范区，其相关项目已被文化和旅游部认定为长城国家文化公园的国家级重点项目。滦平县作为承德市长城国家文化公园建设的主要执行者，其县委和县政府对此项目给予了高度重视，并成立了专门的工作领导小组来推进金山岭段的建设工作。为此，滦平县积极制定了《长城国家文化公园（金山岭段）建设保护规划》和工作推进方案，全力以赴促进长城国家文化公园在该县的建设进程。滦平县紧密结合京津地区水源涵养和生态支撑的总体定位，以及京北大花园的发展愿景，以长城国家文化公园建设为主线，以金山岭国际旅游度假区为依托，全面规划和推进"十四五"期间的文化旅游产业发展。通过这一系列措施，滦平县明确了建设长城国家文化公园金山岭文旅融合示范区的总体目标，致力将金山岭打造成为文化和旅游深度融合的发展示范区，展示长城文化遗产保护和旅游发展的新模式。

一、坚持规划引领，六步展开工作

（一）坚持一个规划引领

秉承以规划为先导的原则，承德市将金山岭长城国家文化公园的建设与保护规划作为核心，致力全面保护金山岭长城及其周边的文化遗产和自然生态环境。通过深入挖掘金山岭长城的文化价值和精神内涵，承德市旨在打造一个集合文化与旅游的示范区，展现金山岭长城独特的历史魅力和自然美景。

（二）围绕两个目标

承德市以长城国家文化公园建设为核心，致力实现两大目标：一是将金山岭等关键区域打造成为文化与旅游深度融合的示范区，二是通过精心的长城文物修缮和文化挖掘活动，建立起一套可复制、可推广的保护和修缮模式，成为长城保护修缮领域的"教科书"。为此，承德市将整合周边具有良好发展基础或巨大资源开发潜力的区域，创建一系列文旅融合的示范标杆项目。

（三）强化三个保障

承德市在推进长城国家文化公园建设过程中，实施了三项关键保障措施，确保项目的顺利进行和高质量完成。首先，加强组织架构建设是基础保障。为此，承德市特别成立了由市级领导牵头的领导小组和专门

的工作专班，以确保项目管理工作高效有序开展。通过明确分工，建立一个强有力的组织保障机制，各方面力量有效合作，有助于更好地进行长城国家文化公园建设。其次，实现项目资金多元化是关键保障。承德市通过双轨策略来解决资金问题：一方面，积极争取国家和省级的专项资金支持，以保证项目的顺利实施；另一方面，通过成立文化旅游集团等机构，引入社会资本和私人投资，破解资金瓶颈，确保项目建设所需资金的充足和持续。最后，落实政策支持是项目持续推进的保障。承德市针对项目实施过程中的关键环节，如民宿发展、交通建设等，制定了一系列招商引资政策，旨在通过政策激励和支持，吸引更多的投资者参与到长城国家文化公园的建设中来，推进相关产业的落地和发展。

（四）划分四个功能区

在承德市长城国家文化公园的规划中，明确划分出四个主要功能区，旨在有效保护和合理利用长城及其周边的文化和自然资源，同时促进区域的文化旅游发展。

管控保护区占地约 8.688 平方千米，主要以长城墙基外缘为基线向两侧各扩展 600 米，其中包括 300 米的保护范围和 300 米的建设控制地带，确保长城及其周边环境得到严格的保护。

主题展示区的规划面积约 20.19 平方千米，围绕金山岭长城景区打造核心展示园。该区域利用长城文化廊道，建立集中展示带，并在带内布局特色展示点，全面展示金山岭长城及其周边遗产的文化价值，加强文化传承和教育传播，提升游客的游览体验。

文旅融合区，面积大约 42 平方千米，范围从东至三道沟村，西到营盘村，南从滦平县界起，北至孙家沟村。这一区域旨在展示皇家御路文化、古驿道文化和山戎文化等地域文化特色，并培育燕山植物园、阿那亚小镇等文旅融合示范项目，构建金山岭山乡文旅融合区等。

传统利用区占地约 169.55 平方千米，主要涵盖长城国家文化公园内的城乡居民和企事业单位、社团组织的传统生活生产区域。该区域包括营盘村、山神庙村、花楼沟村等9个行政村落，旨在保持区域内传统生活方式和生产活动的持续性，同时融入长城文化公园的整体发展规划之中。

（五）实施五大工程

承德市在推进长城国家文化公园建设中，明确了五大关键工程的实施策略，旨在通过这些标志性项目的集中执行，全面提升长城保护、研究、环境配套、文旅融合以及数字化展示的水平。

第一，保护传承工程为基石，且坚守保护优先、强化传承的原则。自1983年以来，在金山岭长城开展了持续的文物保护和修缮工作。投入近2亿元资金对濒危文物进行抢救性保护时，实施了预防性和主动性保护措施，同时利用GNSS位移监测系统和建立的文物保护监测平台，为长城的科学管理和保护提供了有效的技术支持。此外，通过建立长城保护员制度，进一步强化了长城的日常保护和管理。

第二，研究发掘工程致力深挖长城文化的精髓。秉承"让文物说话"的理念，通过组织金山岭长城杏花节、摄影展等文化活动，以及策划长城文化数字演出，讲述长城的故事，将中华优秀传统文化推向世界。

第三，环境配套工程旨在优化游客的服务体验和长城周边的生态环境。通过建设完善的景区标识系统、道路交通网络，以及金山岭长城复合廊道等，形成便捷高效的交通网络，同时坚持生态优先原则，进行污水处理、生态修复和国土绿化等环境提升工程，构建美丽的国家级风景廊道。

第四，文旅融合工程通过文化引领和特色彰显，深度开发金山岭长城等文化资源，实施乡村旅游项目，如长城人家主题民宿和长城兵营度假小镇等，同时推进高质量文化旅游资源的一体化开发，培育有竞争力的文旅企业，打造文旅融合的示范区。

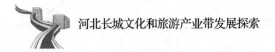

第五，数字再现工程通过加强数字基础设施建设，努力实现主题展示区的无线网络和 5G 全覆盖，同时建设长城国家文化公园官方网站和数字云平台，实现长城文化资源的数字化展示，打造便捷的智慧旅游项目。

（六）形成六个典范

承德市在推进长城国家文化公园建设的过程中，明确提出形成六个典范的目标，旨在通过这些标杆性实践，展现长城保护、文化传承、旅游发展以及科技应用的先进模式。

第一，风景廊道典范的创建。通过文化景观长廊的建设，串联起长城国家文化公园的各个重要节点，营造连续的视觉和文化体验。滦平示范区的长城国家风景廊道项目不仅美化了环境，还增强了文化的连贯性和辨识度，为游客提供了沉浸式的文化旅行体验。

第二，国际交流典范的建设。通过设立中国华侨国际文化交流基地和签约国际旅游项目，可打造一个展示民族文化、弘扬传统文明、传播承德精神的国际平台。这不仅成为滦平向全球传播国家形象的重要窗口，还促进了文化的国际交流和理解。

第三，保护传承典范的确立。坚持保护优先的原则，通过严格的文物保护和管理措施，滦平积累了丰富的长城线性世界遗产保护经验。这一典范强调了保护与利用的平衡，确保了长城文化遗产的有效传承。

第四，研学旅行典范的创建。通过建设红色旅游基地和国歌国语研学科普基地等，传承和弘扬长城文化和爱国主义精神。这一典范成为中华文化永续传承的重要实践，为青少年和公众提供了丰富的教育资源和体验机会。

第五，乡村民宿典范的实施。通过打造宜居的文化旅游特色村落，调整产业结构，改善村落及周边环境，推动乡村经济的发展。这一典范体现了乡村旅游与乡村振兴的结合，推动了社区的共建、共治、共享。

第六，智慧互动典范的推进。通过 5G 景区建设和长城国家文化公园官方网站、数字展馆、线上直播平台的连接，创造了线上线下互动交融的新型旅游体验。这一典范展示了科技在文化旅游领域应用的先进性，为游客提供了便捷、互动的新时代体验。

二、厘清重点项目，稳步推进建设

在金山岭长城国家文化公园的建设中，承德市采取了一系列创新和务实的措施，全面实施保护传承、研究发掘、文旅融合、环境配套、数字再现五大工程，共涉及 24 个项目。这些项目包括 13 项上报省级项目、8 项县级重点实施项目、3 项重点前期项目，而且计划总投资约 46 亿元，至目前已顺利完成 29 亿元的投资。

长城保护修缮工程作为保护传承工程的核心，由金山岭长城文物管理处负责，得到了国家级专项资金 833 万元的支持。该工程体现了保护优先、强化传承原则。涝洼长城抢险加固工程和长城（潮河）湿地公园项目等，分别由金山岭长城文物管理处和国家林业和草原局负责，旨在通过湿地恢复和河道治理等措施，改善长城周边的自然生态环境。金山岭长城复合廊道示范项目和金山岭长城国家文化公园风景道项目，由交通运输局和滦平县交通局负责，着重打造便捷的交通网络和美丽的风景廊道，优化游客的旅游体验。在数字再现工程方面，成功建设了景区在线直播平台、央视 5G 高清直播平台等，为游客提供了新颖的数字体验。在文旅融合方面，金山岭长城文旅融合示范区、金山岭国际滑雪场项目、燕山植物园项目等，分别由金山岭文旅集团、滦平旅游投资有限公司、河北省亿盛锦房地产开发有限公司负责，展示了通过优质文化旅游资源的一体化开发，培育有竞争力的文旅企业，打造文旅融合的示范区的决心和实力。

在 2021 年，承德市针对金山岭长城国家文化公园建设实施了一系列关键项目，展现了对长城保护与发展的全面规划和扎实推进。首先，县级建设保护规划编制项目由金山岭经济区管理处负责，而完成初稿后要

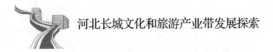

公开征集意见。此步骤完成后，则根据收集到的反馈进行修改和完善，并最终提交省市级部门征求意见，履行规划报批程序，确保规划的科学性和实施的有效性。其次，金山岭长城杏花节、国际马拉松和摄影展等一系列宣传活动由金山岭长城文物管理处和金山岭文旅集团共同负责。这些活动不仅提高了金山岭长城的知名度，还丰富了游客的文化体验。同时，网络直播、冬奥合作及建党百年等活动，则进一步扩大了金山岭长城的文化影响力。偏桥高速出口改造提升工程和金山岭高速互通项目，由交通运输局负责，旨在优化区域交通网络，提升游客访问便捷性。长城国家文化公园的道路指示和形象标识体系项目，由金山岭文旅集团负责，旨在提升景区识别度和品牌形象。国土绿化工程和水系示范项目分别由林业和草原局、水务局负责，通过绿化方案设计和生态水系环境修复等措施，改善了金山岭长城国家文化公园的生态环境和景观，为游客提供了更加优美的自然景观。金山岭国际旅游度假区的其他文旅项目，以长城国家文化公园为核心，统筹区域内文旅项目的推进，包括阿那亚、滑雪场等项目，优化文旅产业布局，形成了资源互补、融合发展的空间格局。至于重点前期项目，以长城文化小镇为核心，包括长城文化主题酒店、商业街项目及金山岭长城景区西门建设项目等，旨在进一步丰富金山岭长城国家文化公园的文化和旅游资源，提升游客体验。

三、未来重点工作

（一）转变思想，结合实际推进

滦平县在承德市长城国家文化公园建设过程中，积极响应省市指导，采取了创新和务实的措施，实现了建设理念、思路、方法的全面转变。首先，滦平县由过去依赖外部资源和争取项目资金的被动态势，转变为主动推进和自主实施项目的积极姿态。这一转变意味着滦平县在长城国家文化公园的建设中，更加重视自身的主观能动性和项目实施的自主性。

其次，滦平县将项目建设的重点，从仅仅关注长城周边的各类项目，转变为深度融入四大功能区和五大工程的整体规划之中。通过参照上级对金山岭文旅融合示范区的定位，滦平县确保了各个项目能够清晰地体现在整体规划中，实现了项目建设与长城国家文化公园整体发展的有机结合。再次，滦平县从之前的平摆浮搁，转变为系统性地联系各个项目。通过建设交通和旅游导视系统、智慧旅游平台等，滦平县将区域内的食、住、行、游、购、娱等旅游要素有效地连接起来，构建了一个互联互通、功能完善的综合体系。最后，滦平县从抽象的规划和想法，转变为具体的实施和成果。通过全力推进项目建设，滦平县确保了能够实现形象展示效果，有效地提升了长城国家文化公园的品质和游客体验。

（二）加强组织领导，凝聚部门合力

在长城国家文化公园（滦平段）的建设过程中，工作领导小组致力深入研究和吸收上级规划的精神，同时对工作方式和方法进行有效调整，强化了各部门之间的协作和沟通。通过这种方式，工作领导小组成功地整合了不同部门的资源和力量，形成了强大的推进动力。工作领导小组的成员密切配合，共同攻克了长城国家文化公园建设过程中的各种难题，确保了项目的整体协调性和连贯性。此外，领导小组还注重对项目实施的持续督导，通过定期召开会议、现场检查等方式，确保各项工作措施得到有效执行，项目建设进展顺利。

（三）加紧政策研究，拓宽融资渠道

在长城国家文化公园建设的资金筹集方面，滦平县采取了创新和多元化的融资策略。通过将长城国家文化公园项目与乡村振兴、特色小镇等国家和地方政策有效对接，滦平县加强了与省市相关部门的沟通，积极争取政府专项资金补贴和支持。这种策略不仅为长城国家文化公园的建设提供了稳定的资金来源，还确保了项目与地方发展战略的紧密结合。

为进一步拓宽融资渠道，滦平县深入研究市场运营机制，探索采用了多样化的融资方式。成立长城保护基金会，旨在集聚社会各界对长城保护与发展的关注和支持，为项目提供持续的资金保障。同时，申请专项债券和进行招商引资等措施，有效地吸引了私人和企业投资，为长城国家文化公园的建设提供了更为广阔的资金平台。

（四）提升交通系统，打破出游瓶颈

在金山岭长城国家文化公园的建设过程中，提升交通系统成为突破旅游发展瓶颈的关键一环。通过积极推进金山岭高速出口的建设，滦平县有效解决了旅游出行不便问题，为游客提供了便捷的进出通道，提升了景区的可达性和吸引力。为进一步完善区域公共交通网络，滦平县投入资源构建了旅游专线，特别是开通了滦平至金山岭景区至古北口站的旅游公交专线，为游客提供了直达景区的便捷服务。这一措施不仅方便了游客的出行，还促进了区域旅游资源的整合和利用。此外，滦平县还着眼于长远发展，谋划与北京 S5 铁路旅游线的对接，旨在通过高效的铁路交通网络，将更多的游客从北京等周边大城市引入金山岭长城，从而打破长期存在的交通瓶颈问题。

（五）创新工作机制，广泛宣传发动

在金山岭长城国家文化公园建设过程中，滦平县采取了创新的工作机制和广泛的宣传策略，以提升公众对项目的认知。通过建立"长城保护员"制度，滦平县不仅加强了对金山岭长城这一国家 5A 级景区的保护工作，还为景区的宣传营销注入了新的活力。滦平县积极研究并组织了一系列与长城主题相关的活动，如长城杏花节、长城国际马拉松等，利用这些活动的吸引力，进一步提升了金山岭长城的知名度和影响力。同时，县里还通过报纸、广播电视、电台、网络等多种媒体形式，加大了对长城国家文化公园建设的宣传力度。宣传内容深入解读了中国特色长

城国家文化公园的理念，广泛传播了建设的重要意义、丰富内涵以及取得的进展成效，有效地提高了公众对项目的认知度和参与热情。这种全方位、多渠道的宣传策略，为金山岭长城国家文化公园建设营造了浓厚的舆论氛围，为项目的顺利推进提供了强有力的社会支持。

第四节　承德"金山岭"长城文化和旅游产业带发展策略

一、遵循政府有关长城文化旅游发展规划

承德市的总体规划和旅游业高质量发展规划，展现了承德未来城市发展和旅游产业升级的宏大蓝图。这些规划体现了承德将如何利用其丰富的历史文化资源和自然景观，尤其是长城文化，来塑造城市新形象和推动旅游产业的转型升级。承德市通过建设"一心、三副、两带、两区"空间结构，优化城市空间布局，提升城市功能和服务能力。其中，将滦平县的金山岭区域升级为中心城区这一策略不仅强化了城市的中心功能，还为金山岭长城及周边区域的文化旅游发展提供了新的动力和平台。《承德市旅游业高质量发展规划》中提出的"一核、三带、八组团、多级"空间格局，进一步明确了承德市旅游产业发展的战略方向和具体路径。[①]其中，"一核"即旅游产业聚集核的建设，将帮助承德市从一个传统的旅游集散地向综合性的城市休闲旅游目的地转变，实现旅游业的质量和效益双提升。"三带"和"八组团"的设定，涵盖了从长城文化旅居康养到坝上草原森林生态康养的多样化旅游产品和服务，体现了承德市依托自然资源和文化遗产，打造特色旅游带和旅游组团的决心和智慧。这些旅游带和组团的建设，将进一步丰富承德市的旅游资源和产品，吸引更多

---

①《承德市城市总体规划（2016—2030年）》，承德市人民政府，https://www.chengde.gov.cn/art/2017/1/6/art_364_82639.html，访问日期：2024年2月6日。

国内外游客。长城文化旅游发展作为承德旅游业发展的重要方向之一，不仅强化了承德市文化旅游的品牌形象，还为推动地方经济和社会发展开辟了新途径。在长城文旅开发中充分考虑承德市的地理位置，积极拓展北京、天津等周边大城市的旅游市场，承德市不仅能够提升自身的旅游吸引力和竞争力，还能促进长城文化的传承和旅游产业的可持续发展。

二、以金山岭长城为中心的开发

位于地理交汇点的金山岭区域，因向西通向怀柔，南接密云，北连承德市的便捷交通，成为北京、天津、辽宁、内蒙古等地区的重要联络纽带。承德市以这座历史悠久、名声显赫的金山岭长城为核心，致力构建最美长城带，旨在将这一宝贵的文化遗产转化为推动地区旅游和经济发展的强劲动力。

（一）金山岭长城的特色

金山岭长城以其独特的美景和完善的军事防御体系闻名遐迩。这一段长城建筑精巧，每一处都是绝佳的观赏点，而其最引人注目的是障墙、刻有文字的砖块、挡马石以及麒麟影壁"四绝"，这使其成为长城中最精彩的部分之一。金山岭长城西起龙峪口，一直延伸至东边的望京楼，全长约 10.5 千米，沿线布置有 5 处重要关隘、67 座敌楼和 3 座烽燧，展现了古代中国边防建筑的卓越智慧和工艺。

1. 金山岭长城"四绝"

（1）障墙。障墙作为金山岭长城防御系统的核心组成部分，展现了古代中国军事工程的精巧设计和策略运用。这些墙体不是简单的屏障，而是根据地形的多样性，巧妙构建成的一道道起伏不定、错落有致的防御线，使得守军能够有效利用地势，增加防御深度和弹性。障墙的设计充分体现了"以逸待劳、以静制动"的军事智慧，其高低错落的形态，不仅能够最大限度地减少士兵受到的直接攻击，还能够提供多层次的防御和反击平台。障墙之上，瞭望孔和射击孔的巧妙设置，使守城士兵能够隐蔽地观察和有效地射击进犯的敌人，既保障了守军的安全，又增强了长城的防御能力。更为重要的是，障墙在敌军强攻时的"战墙"功能，为守军提供了连续的防御阵地，使其在敌军攻入墙内后，依旧能够据守有利地形，进行有效的抵抗和反击。

（2）文字砖。金山岭长城文字砖上的每一行字，都是对那个时代工匠精湛技艺和组织管理水平的见证。刻有的年份和建造单位不仅揭示了长城建设的时间节点，还反映了明代对长城防御系统重要性的认识及其在国防中的核心地位。这些文字详细记载了参与建造的各军事单位，展现了当时国家动员系统的广泛性和高效性，同时映射出了社会组织和军事管理的复杂程度。更为重要的是，文字砖中的信息为今天的学者提供了一个研究古代中国军事、社会和技术发展的窗口。[①] 通过对这些文字的解读，研究者可以深入了解明代长城建设的组织方式、技术特点及其在当时社会政治生活中的作用，从而对中国古代社会的科技进步和社会组织有更加全面的认识。此外，文字砖墙的存在，也是金山岭长城区别于其他长城段落的显著标志。这些历史见证不仅吸引了历史学家、考古学家进行深入研究，还成为普通游客了解中国历史和文化的重要窗口。游客在观赏金山岭长城壮丽景观的同时，通过这些刻有文字的砖块，能够触摸到历史的脉络，感受到古代中国人民智慧和创造力的结晶。

（3）挡马石。挡马石是一种位于边墙外侧的高石墙，用于减慢敌方骑兵的进攻速度。这种防御结构与敌楼的战斗平台和从长城伸出的支墙协同，有助于控制战场局势并提高防御能力。支墙向前延伸，形成接近垂直于长城的角度，在此部署的守军能够与主墙的守军形成夹击之势，从侧面攻击敌军，同时有助于保护指挥中心。

（4）麒麟影壁。金山岭长城的麒麟影壁是一件杰出的建筑作品，坐落于小壶顶楼的二层，尽管经历了400余年的自然侵蚀，仍然完好地保

---

① 佚名：《万里长城首次发现"文字墙"》，《长江建设》1997年5期。

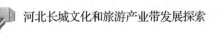

留了原始面貌。这面影壁高2米，宽2.5米，周围镶嵌着砖框，中央由15块砖（横5块、竖3块）组合而成的方砖拼接出一幅栩栩如生的麒麟浮雕画。麒麟图像生动，展现出动感的姿态，脚踩云彩，胸前挺起，尾巴翘起，鬃毛飘逸，头部转向，张嘴伸舌，双眼回望身后的望亭，给金山岭长城增添了一份生气。细节之中，还点缀有小鹿、小鸟和灵芝等图案。麒麟作为中国古代神话中的吉祥物，其在金山岭长城上的呈现，象征了驻守长城的士兵对和平与幸福生活的热切期盼。

2. 关口与敌楼

在金山岭长城上，关口的设计精巧，位于深谷和重要军事地点的隐秘处，每个关口两旁设有石质或砖质的阶梯直通城墙之上，使得守卫能够实现"一人守关，万人难破"的战略目标。金山岭长城的主要关口包括桃春口、砖垛口、沙岭口和后川口等，它们不仅起到防御敌人的作用，还促进了长城内外的人员和物资交流。金山岭长城区别于其他长城段落的显著特征之一是其密集分布的敌楼，这种密集程度在其他长城段落是非常罕见的。在其延绵10余千米的范围内，共建有91座敌楼，它们之间的距离最短不到60米，最远的也不超过200米。敌楼大都采用双层结构，底层内部有六条纵横交错的砖砌拱道和十个弧形门洞，便于兵力的调动；而上层则设有一个供守军使用的小型砖砌房间。两层之间通过隐蔽的石梯或砖梯连接。每座敌楼的四周墙面均设有射击孔和观察孔，内部可容纳六七十名士兵，以加强防御能力。

3. 建筑艺术长廊

金山岭长城不仅是一道雄伟的古代防御工程，还是一座展示古代建筑艺术之美的长廊。这里汇聚了无数精巧的射击孔、瞭望孔和吐水嘴，以及丰富多样的装饰图案，呈现出古代工匠高超的技艺和无限创意。长城沿线的敌楼设计更是形式多样，每一座敌楼都有其独特之处，包括方形、扁形、圆形、拐角等多种形态；屋顶也呈现出平顶、穹顶、船篷顶、四角钻天顶、八角藻井顶等不同风格，甚至还有一些敌楼展现出独特而奇异的造型。此外，一些敌楼的飞檐之上装饰着精美的花卉和动物雕刻，赋予这些军事建筑以精致的艺术之美。这些建筑不仅以其实用性著称，还因其独有的名称和背后的传说故事而闻名，如将军楼、仙女楼、望京楼、桃春楼、狐顶楼、棒槌楼等，每一个名称背后都蕴含着一段段历史与文化佳话，使金山岭长城成为一道独特的历史文化风景线。

4. 珍贵文物

在金山岭长城的考古挖掘工作中，文物工作者发现了 1000 多件具有重要科学研究价值的珍贵文物。这些文物涵盖了广泛的用途，既包括了作战使用的物品，如火炮、石镭、手雷、刺马针、箭头、铁弹丸等，也包括了日常生活用品，如石磨、石杵、菜刀、油灯、陶罐、瓷碗、酒器、铜币、香炉等。令人惊讶的是，有些被埋藏了 300 多年的石镭内的火药至今仍能被点燃。此外，还出土了记录了隆庆三年（1569 年）、隆庆四年（1570 年）的石碑，这些石碑是为了纪念主持修筑长城的戚继光等部队将领以及支持修筑工作的地方官员而立。还有一块石碑记载了万历三十七年（1609 年）修建一座敌楼的具体时间、规格（周长八丈约 27 米、高二丈七尺约 9 米），以及负责施工的宁山营，这些发现为研究金山岭长城的历史提供了宝贵的实物证据。

5. 景色优美

站在金山岭长城之上，不仅可以近距离感受到这座古老城墙的雄伟与壮观，还能四望远景。向东方望去，雾灵山耸立，作为燕山山脉的最高峰，它的雄伟景象令人赞叹；向西则可见卧虎岭，它如同守护在北京北大门的古北口；南侧是波光粼粼的密云水库，水天一色，宁静致远；而北面，则是山峦起伏，云海茫茫，如同仙境。蓝天白云也为这壮丽的北方风景画增添了几分诗意与远方的呼唤。

金山岭长城及其周边地区，四季更替，景色各异，为游客提供了一年四季不同的自然风光。春天，山花烂漫，桃花、杏花盛开，众多不知名的野花竞相绽放，为山野披上了一层新衣；夏季，树木郁郁葱葱，山

间溪流清澈，潺潺流水添了几分凉意与生机；秋天到来时，满山的枫叶如火如荼，野果累累，将山野装扮得分外妖娆；冬季雪后，长城被雪覆盖，呈现出一片银白世界，更显得蜿蜒起伏、壮观无比。

金山岭长城的建筑结构精妙绝伦，城墙底宽顶窄，显得沉稳而坚固。城墙底部采用三至四层的条石作基础，上部则用长方形的青砖砌成，白灰填缝，墙内填充土砂石块，增强稳定性。敌楼、拱门、马道、排水道、基石孔等建筑细节无一不展现出古代工匠的智慧和对建筑艺术的深刻理解。即使经过了400多年历史风雨的侵蚀，这座长城依然保持着它的原始风貌，无论是文物古迹、军事设施还是古建筑艺术，都具有很高的观赏价值和科学研究价值，是我国宝贵的文化遗产。

（二）以金山岭长城为中心的长城文旅开发潜能

作为万里长城中的一段精华，金山岭长城在1987年荣获世界文化遗产的殊荣，并于1988年被纳入全国重点文物保护单位的行列，2020年12月更是被评定为国家5A级旅游景区。金山岭长城因壮丽的景色和完好的保存状态深受摄影爱好者的喜爱。金山岭长城在不同季节和时间段的美丽风貌频频出现在各大媒体平台上，成为摄影的绝佳题材。为了让游客更好地体验这一壮观的历史遗迹，景区内建有一条长1000米的索道，方便游客上下长城。同时，其还特别开发了3千米长的夜游长城项目，使游客能够在夜幕下欣赏到长城的另一番景致，这些措施旨在展示长城日与夜不同的美景，让游客能够全方位、多角度地体验金山岭长城的魅力。

1.金山岭长城资源基础良好

金山岭长城景区以优越的自然地理景观著称，峰峦连绵，长城沿山脉蜿蜒延伸，展现出丹霞地貌和山地垂直自然带的独特魅力，吸引着众多游客的目光。此外，该地区生态资源丰富，拥有油松、桦树等多种乔木和灌木，以及蒿类、白羊草等草本植物，构成了一个多样化的生态系统。这里不仅栖息着灰鹤、杜鹃、金雕等多种珍稀鸟类，还有赤狐、松鼠等各类野生动物，包括河北省重点保护动物和国家级保护动物，如被誉为"鸟中大熊猫"的黑鹳以及成群的野猪，这些都为自然爱好者和摄影师提供了非常好的观察和拍摄素材。金山岭长城所在区域享有中温带至暖温带过渡的燕山山地气候，春夏秋三季气候宜人，特别是6～8月，成为休闲旅游和开展各类户外活动的理想时节，提供了一个自然而养生的旅游环境。

2.金山岭长城开发可实现与周边资源的协同发展

金山岭长城的发展不仅意味着对一处古迹的保护和利用，还意味着对一个区域发展战略的实施。金山岭长城所处的区域拥有丰富多样的旅游资源，这些资源与长城的结合不仅能够增强游客的体验，还能推动地区旅游经济的发展。华北地区著名的白草洼国家森林公园，以广阔的原始次生白桦林而闻名，提供了独特的自然风光；碧霞山地质风景区则展示了典型的侏罗纪丹霞地貌，吸引了大量地质和自然爱好者；国家级非物质文化遗产"抢花"等文化资源的存在，更丰富了这一地区的文化景观。这些与金山岭长城的联合开发，不仅能够为游客提供更为丰富多彩的旅游体验，还有助于提升整个地区的旅游吸引力。

此外，金山岭长城周边的行宫御道资源是清代历史文化的重要体现。从古北口起始的御道贯穿多个行宫遗址，如巴克什营、两间房、长山峪、安子岭、王家营和化育沟等，这些遗址的发掘和保护不仅对研究清代历史文化有着重要意义，还为游客提供了深入了解中国古代皇家文化的机会。金山岭长城作为京承皇家御道的第一站，其与行宫御道资源的联动开发，能够进一步加深游客对中国古代文化的认识和体验。

金山岭长城与清代木兰围场、避暑山庄的联系，更是长城文化与清代皇家文化融合的完美示例。避暑山庄作为联合国教科文组织世界遗产，以其独特的清代皇家园林文化闻名于世。通过高速路连接，金山岭长城与避暑山庄之间的交流变得更加便捷，为游客提供了从古代军事防御工

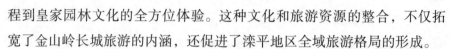

程到皇家园林文化的全方位体验。这种文化和旅游资源的整合,不仅拓宽了金山岭长城旅游的内涵,还促进了滦平地区全域旅游格局的形成。

金山岭长城还与司马台长城和古北口相连,这一地理优势为打破区域限制,实现交通、项目开发等方面的联合提供了条件。通过这种跨区域的协同,可以有效地整合资源,提升旅游产品的多样性和竞争力,从而吸引更多国内外游客,推动地区旅游经济的发展,实现文化遗产保护与利用的双赢。

3.金山岭长城所在地区多元文化特征明显

滦平县位于金山岭长城的脚下,历史文献《承德府志》(道光)对其地理历史有详细记载。自古以来,这里便是多民族交汇融合的地区,秦代初年属于东胡地,后期历经匈奴、乌桓、鲜卑等多个民族的统治,形成了独特的多民族文化融合现象。滦平县不仅是中原文化与北方草原文化交汇的节点,还是肃慎、山戎、东胡、乌桓、鲜卑、奚、契丹、女真、蒙古、满、汉等多民族历史进程中的重要一环。2002年,滦平县被河北省政府正式认定为民族县,这一地位的确立,不仅彰显了其民族文化的多样性,还反映了满族文化在此地的原真性和深厚基础。滦平县的满族文化表现在多个方面,如饮食习惯中对黏食、白肉、火锅的偏爱。传统的满族农村建筑"海青房"、院内的"索伦杆",以及特有的礼仪习俗,如打千礼、磕头礼等,都深刻体现了满族文化的独特性。除满族外,滦平县还居住着汉族、蒙古族、回族等多个民族,这种多民族共居的现象催生了丰富多彩的民间文化和民俗活动。国家级非物质文化遗产"抡花",源于火斗山乡大店子村,是一项展示金花四射壮观景象的传统民俗文化活动,每年吸引众多观众前来观赏。另一项河北省级非物质文化遗产"棉花鬼",以其独特的装扮和幽默诙谐的表演风格,成为当地文化的一个亮点,甚至在北京奥林匹克公园的鸟巢有过展示。

三、以金山岭长城为中心，打造"最美长城"品牌的具体策略

依据《长城国家文化公园（承德段）建设规划》的指导方针，承德市将致力实施包括金山岭长城自然博物馆、长城风景道、阿那亚·金山岭、华熙 ENJOY 健康文旅产业园区、长城十里春风小镇等在内的关键项目。这些项目的落地与推进，旨在促进金山岭长城国家文化公园的全面建设。此外，规划不仅聚焦于金山岭长城景区的发展，还强调了需要将滦平县内延伸 47.5 千米的长城段落及其周边乡村纳入长城国家文化公园的建设范围，旨在系统性地提升整个区域的文化和旅游价值。这一策略指出，只有将滦平县内所有长城相关区域整合进金山岭长城国家文化公园的发展计划，才能够有效地促进滦平县的整体经济和社会发展，实现区域发展的战略目标。该规划体现了一种全面而深入的发展理念，不仅注重文化遗产的保护和利用，还着眼于历史文化资源的开发，可推动地方经济增长和社会进步，并为未来地区的可持续发展奠定坚实的基础。

（一）打造"最美长城"风景品牌

1. 最美漫道游

金山岭长城最美漫道游概念的提出，旨在为游客提供一种与众不同的游览体验。与传统的快速游览相比，漫道游注重的是一种慢节奏、深度体验的旅行方式。这种方式强调沉浸在自然与历史的交织之中，让游客能够在缓慢的步伐里，深刻体会到长城的壮丽与历史的沉重。金山岭长城的漫道游线路，从西至东穿越了多个主要关口，包括龙峪口、六眼楼、桃春口、西五眼楼、砖垛口、将军楼、沙岭口、黑姑楼、小金山楼、大金山楼、后川口、拐角楼、东五眼楼及三眼楼，最终抵达望京楼。这条线路被划分为西线和东线，西线从龙峪口延伸至西五眼楼，而东线则包含了其余部分。每个部分都设计有出入口，以便游客可以根据自己的

体力和兴趣选择不同的徒步路径。为了满足不同游客的需求，金山岭长城推出了多样化的徒步线路。例如，3千米的环线路线，从检票口出发，经过砖垛口、沙岭口再返回检票口，这条线路让游客能够在相同的视角下欣赏到人民大会堂河北厅《金山岭晨光》中所描绘的长城景象。4千米的环线路线，则通过检票口、砖垛口、沙岭口、小金山楼和索道站，让游客在小金山楼体验到迷宫般的迷魂阵。而5千米的线路则是从检票口出发，通过砖垛口、沙岭口、后川口再回到检票口，提供了观赏长城日出日落的绝佳机会。对于那些喜爱运动的游客，10千米的环线则提供了一个既能享受运动乐趣，又能饱览长城美景的机会。在漫道建设中，设计者充分考虑到了游客的需求，不仅在基础设施建设上下足了功夫，确保安全舒适，还在产品供应上加以丰富，以满足游客在漫游过程中的各种需要。此外，漫道建设还考虑了与快行道的有机结合，通过优化金山岭长城与其他著名景点间的交通线路，使得游客能够更便捷地到达这里。同时，该区域被纳入京承张环线、京承唐津环线、京承辽线等重要交通线路，进一步提高了金山岭长城的可达性和知名度。

2. 最美风情游

金山岭长城旅游区的最美风情游是一个多元化的旅游开发计划，旨在深挖长城及其周边地区的丰富历史文化和自然资源，为游客提供独特的文化和休闲体验。首先，长城—山水村镇风情游侧重于探索长城周边的村落和巴克什营旅游镇，这不仅能让游客领略到长城的壮丽景色，还能使其深入体验当地村落的传统生活方式和文化，促进地方旅游与文化的有机融合。其次，依托御道行宫形成的长城—行宫文化风情游，突出了承德自身的历史文化特色。御道行宫作为清朝皇帝行宫的代表，其历史价值和文化内涵为这一旅游项目增添了独特的吸引力，使游客在欣赏长城风光的同时，也能深入了解中国古代皇家文化和历史。最后，加强森林草原生态休闲旅游的开发，与雾灵山、塞罕坝国家森林公园联合，打造长城—自然康养风情游。这一项目着眼于自然资源的保护与合理利用，并通过提供森林浴、生态徒步、野生动植物观察等活动，让游客在享受自然美景的同时，身心得到放松与康复。

3. 最美组合游

金山岭长城的旅游产业发展中，"最美组合游"战略的实施旨在丰富游客的旅游体验，发掘长城旅游的综合效益。这一战略不仅包括传统的观光旅游，还涉及将旅游与各类活动，如围猎、体育赛事、军事体验、乡村采摘、亲子游等结合起来，拓宽金山岭长城旅游的内涵和外延。在军事体验游方面，除了提供打靶训练、火线穿越等活动，还可以深入挖掘长城的戍边文化，通过恢复和再现古代长城的军事防御功能，如设置模拟古代戍边场景的活动，让游客在参与中体验到长城的历史意义。同时，结合长城的建筑风格和餐饮特色，开发与长城文化相关的"剧本杀"娱乐活动，增加游客的互动性和参与感。此外，金山岭长城国际摄影大赛的成功举办表明，金山岭长城作为摄影爱好者的"天堂"深入人心。通过持续推广"旅游+摄影"的组合游，利用摄影平台和社交媒体，对金山岭长城的壮丽风光进行更广泛的宣传，可吸引更多摄影爱好者和旅游爱好者前来。举办摄影工作坊、摄影展览和摄影比赛等活动，不仅可以展示金山岭长城的自然美景和历史底蕴，还能激发游客的创造力和探索欲。将金山岭长城与乡村采摘、亲子游等活动结合在一起，可以推出更多贴近自然、亲近家庭的旅游产品，如开发长城沿线的农家乐体验、设置亲子探险活动等，使游客在享受美丽风景的同时，也能体验到与家人共度的美好时光。

4. 最美智慧游

金山岭长城的"最美智慧游"项目是对现代科技与传统文化旅游的一次创新融合，它通过将互联网、大数据、云计算等现代信息技术深度应用于旅游管理与服务中，为游客提供一种更加便捷、智能和沉浸式的旅游体验。通过建设一个多媒体、多形式、多服务、多终端的智慧旅游信息化体系，金山岭长城的旅游服务将实现质的飞跃。这一系统将全面

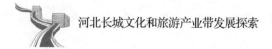

整合景点介绍、餐饮住宿、交通指引等旅游资源信息，实现旅游信息一站式查询和服务。游客可以轻松获取关于金山岭长城及周边的所有旅游信息，包括但不限于景点历史、文化背景、门票预订、路线规划、特色餐饮、住宿推荐等，明显提高旅游的便捷性和效率。

在游览过程中，智慧旅游体系还将提供实时导览服务和人流分布共享功能。通过实时导览，游客可以更深入地了解每个景点的详细信息和历史故事，而人流分布的共享则能有效避免拥挤，优化游客的游览路线，提高游览效率。此外，利用虚拟现实（VR）、增强现实（AR）等数字技术，能够真实准确地再现历史场景，让游客在仿佛活起来的文物和历史环境中获得更深度地体验。例如，游客在游览过程中，通过手机或者智能眼镜，就能看到长城的历史变迁、古代守城士兵的日常生活等虚拟场景，这种数字化的场景体验不仅让游客对长城有更加生动、直观的认识，还让游客的旅游体验更加丰富和多维。

（二）打造"最美长城"文化品牌

构建文化品牌意味着将深邃而广泛的文化元素融入品牌之中，并在管理理念、产品设计、服务流程等多个维度上体现出来，进而在精神和情感层面与消费者建立信任与共鸣。在打造"最美长城"这一文化品牌的过程中，关键在于突出"长城"与"最美"这两个文化核心，将其深度融合到品牌的塑造与推广中去。这不仅是对长城独特历史文化价值的一种呈现，还是对品牌形象和市场定位的一种深度开发，通过这样的策略，可以有效地提升品牌的文化内涵与市场竞争力。

1. 依托文化资源，凸显地域特色

在打造承德"最美长城"文化品牌的过程中，必须深度挖掘并充分利用该地区丰富的文化资源和地缘优势。金山岭长城及其周边地区，孕育了包括宋辽古栈道文化、皇家御路文化、长城抗战文化、古生物化石文化及普通话文化等多种深厚的文化底蕴。这些独特的文化资源，为承

德段长城品牌塑造提供了独一无二的素材。将这些文化元素与长城文化紧密融合在一起，不仅可以形成具有鲜明地域特色的长城品牌，还能够增强品牌的文化吸引力和市场竞争力。除了发掘和利用这些传统文化资源，承德还应推进一系列创新项目的实施，如将非物质文化遗产引入景区、融合演艺与景区开发，以及开发红色印迹与长城结合的旅游产品和冰雪体验项目等。这些项目的推进，不仅有助于丰富游客的文化体验，还有利于扩大长城文化品牌的影响力。同时，考虑到长城本体的保护需要，承德应加强与周边村镇的联动，积极探索长城文化与地方特色产业的融合发展路径。例如，通过开发长城人家康养项目，结合地方特色美食、民风民俗以及自然山水景观，为游客提供一个全方位的文化体验空间。这样的开发不仅能够使游客深刻感受到长城的多元文化魅力，还为当地经济发展注入新的活力，可促进文化旅游与地方经济的互动发展。

2.依托人才资源，创新文旅产品

在承德市推进金山岭长城文化和旅游产业的发展过程中，创意人才的作用至关重要。为了充分发挥这些人才的创新潜能，承德市需建立和优化一套高效的创意人才吸引和培育体系。这一体系应基于"吸引领军人物，培养更多后起之秀"的原则，确保创意人才队伍的稳定和发展。同时，要重点培养那些能深入探索和整合承德独有文化资源的创意专才，为金山岭长城的文创产品开发提供坚实的人才支撑。深层次地挖掘金山岭长城丰富的文化价值，并围绕这一价值不断创新，是提升文旅产品竞争力的关键。探索金山岭长城及其周边旅游资源的文化深意，不仅是旅游业发展中实现差异化竞争的有效途径，还是促进旅游与文化产业深度融合的必然要求。针对金山岭长城的每一个景点，都需要有目的地发掘其独特的文化内涵，进行无形的升级与改造，创造出新的文旅产品，从而吸引更多游客。此外，开发具有标志性的金山岭长城文化旅游纪念品也是增强旅游体验、提升附加值的重要手段。旅游纪念品不仅是文化的载体，还是旅游与文化产业融合的象征。承德市应利用其丰富的历史文化资源，组织包括企业、学校在内的各类创意团队参与纪念品的设计与创作，精选出能够反映金山岭长城历史文化特色的产品，并对其销售方式进行规范管理。通过这些具有地域文化特色的纪念品，可以有效促进旅游消费，增强旅游宣传效应，同时满足游客对经历纪念的心理需求。通过这样一系列策略的实施，承德市将能够在文化和旅游产业的融合发展中取得更大的成功，为游客提供更加丰富多彩的文化旅游体验。

3. 依托市场资源，开展文旅活动

承德市在推动文化与旅游产业融合发展的过程中，应以市场资源为依托，积极开展一系列文旅活动，以实现对北京非首都功能的有效承接，同时迈向成为"全国文化产业和旅游产业融合发展示范区"的宏伟目标。这一过程中，承德需突出项目引领，依托"错位发展，优势互补"原则，特别是在动漫游戏、影视制作、创意设计、数字传媒等领域中加强与国内外市场的对接与合作。进一步地，承德市需推动文旅产业间的深度融合，培育出一批结合长城特色与农林、体育、商业、康养等多元领域的创新项目。通过这些项目的实施，不仅可以丰富当地的文旅产品和服务，还能够创造新的消费热点，特别是通过文旅消费示范和夜间经济示范项目的推广，进一步激发市场活力和消费潜力。金山岭长城文创产品开发过程中，将通过大赛机制激发创新动力，促进旅游供给侧结构优化，同时确保文创产品能够广泛进入景区、商店、游客中心等，促进旅游消费增长。

为了深度开发国内外旅游市场，承德应持续举办贯穿四季的长城文化节庆活动，在增强与"一带一路"共建国家及周边国家旅游市场交流合作的同时，深挖长三角、珠三角、东北等国内市场潜力。通过高铁、航空等多种交通方式，加强旅游宣传推广，提高承德旅游的知名度和吸引力。同时，积极开展京津冀区域合作，通过推出便捷的周末游、节庆活动等，吸引更多游客。与此同时，承德市还应与辽西—蒙东—冀北的"5+4"城市旅游联盟密切合作，共同推出跨区域的长城旅游线路，丰富旅游产品的多样性。通过积极参与国内外文化旅游展会、博览会等，承德市可以有效地展示其精品旅游线路和产品，进一步提升其在国内外旅游市场中的影响力和竞争力。这样的综合策略不仅能够促进承德文化和旅游产业的融合发展，还能为游客提供丰富多彩、高质量的文化旅游体验，从而推动承德旅游市场的持续繁荣发展。

（三）打造"最美长城"生态经济品牌

承德市依托其丰富的自然资源和良好的生态环境，已经成为京津冀地区水源涵养、生态环境支撑的重要区域，也是国家可持续发展议程创新示范区、国际旅游城市和塞罕坝精神的发源地。在这样的背景下，承德市不断探索与自然和谐共生的绿色生态发展模式，致力将金山岭长城经过的地区打造成为一片绿水青山的美丽家园，展示生态文明建设的典范。

在具体实践中，兴隆县彻底转变产业结构，促使绿色产业对财政的贡献率达到了89.2%。滦平县通过大规模的退耕还林和水源保护林建设项目，成功被列入"第五批国家生态文明建设示范区"名单，为区域水源保护作出了重要贡献。宽城满族自治县通过实施林长工作制，围绕重要的生态保护区和水库加强森林生态保护和植树造林工作，使得全县森林覆盖率达到65.89%，为维护生态平衡和促进生态旅游发展奠定了坚实基础。承德市的生态优势是保护环境的基础，也为其农业和旅游产业的发展提供了强有力的支撑。优越的自然条件，如清新的空气、纯净的水源和肥沃的土地，是发展绿色、有机、无公害农业的天然优势。2019年，承德市启动"承德山水"农产品区域公用品牌建设战略，通过建立电商网站、直播带货平台、展示展销中心和品牌农产品直营店等，构建了线上线下相结合的销售模式。这一战略不仅促进了农产品的品牌化发展，还为农业企业和消费者提供了一个全方位的服务平台，实现了产品从基地到市场的直接连接，有效提升了农产品的市场竞争力和品牌影响力。① "承德山水"品牌的成功建设，体现了承德市在生态农业和文化旅游融合发展方面的创新举措。截至 2023 年 9 月，该品牌已拥有中国驰名商标 13 家、国家级和省级龙头企业 113 家，涵盖 36 种国家地理标志保护产品和 324 个绿色、有机认证产品，以及 225 家企业参与的 1200 多个单品，形成了 111.6 万亩（约 77400 公顷）的全国绿色食品原料标准化生产基地。这些成绩的取得，不仅展示了承德市在生态文明建设方面的成就，还为长城文旅产业带的发展提供了强有力的支撑。

---

① 尉迟国利:《"承德山水"农业品牌助农增收》,《河北日报》2022 年 11 月 7 日第 6 版。

第六章　唐山北部长城：推动文旅产业带高质量发展

第一节　唐山北部长城文旅产业带构建基础

一、长城沿线旅游业发展态势总体向好

2020 年，唐山累计接待游客 4238 万人次，实现旅游收入 447 亿元。2021 年，唐山市全年接待游客 5087.8 万人次，旅游总收入 536.5 亿元。2022 年，唐山市全年接待游客 4556.3 万人次，旅游总收入 452.7 亿元。特别是迁安市、迁西县和遵化市这三个县市，旅游收入占第三产业比重高达 31.2%，显示出旅游业已经成为其服务业发展的主导力量。尽管迁安市和迁西县第三产业占比相对较低，旅游业的重要性和贡献度仍然显著。

到 2021 年为止，唐山市共有 A 级旅游景区 51 家。这表明，虽然这些地区的旅游资源较为丰富，A 级旅游景区的数量占比很高，但星级酒店和旅行社等旅游接待设施的比例相对较低，暗示这些地区的旅游接待能力还有待提升。

唐山市长城周边及沿线各方面资源与旅游开发状况如表6-1和表6-2所示。

表6-1 唐山市长城周边文化资源及旅游开发状况

资源分类	资源等级	文化资源	旅游开发
历史文化类	国家级文物保护单位	爪村遗址、万军山遗址、西寨遗址、清东陵	清东陵景区（5A）
	省级文物保护单位	安新庄遗址、封山寺遗址、五里山摩崖造像、大岭寨明长城砖窑群、景忠山碧霞元君庙、戚继光镇府碑、喜峰口长城抗战旧址、汤泉遗址、永旺塔等	景忠山景区（4A）；喜峰雄关大刀园景区（3A）
	省级历史文化名村名镇	建昌营镇、马兰峪镇、马兰峪镇官房村	—
红色文化类	国家级爱国主义教育示范基地	沙石峪陈列馆	
	省级爱国主义教育示范基地	迁安博物馆、喜峰口长城抗战遗址、沙石峪陈列馆	喜峰雄关大刀园景区（3A）
	红色旅游资源	韩东征故居、魏春波烈士纪念馆、吴凯素纪念亭、王平陆烈士纪念亭、甲山战斗纪念馆、鲁家峪抗日根据地遗址、遵化市革命烈士陵园	—

续表

资源分类	资源等级	文化资源	旅游开发
民俗文化类	国家级非物质文化遗产	唐山皮影戏	—
	省级非物质文化遗产	手工造纸、老马识途的传说、仁义胡同的传说、贯头山酒酿造技艺、抬杆、洒河桥花灯、唐山皮影戏、忍字口背杆、铁画、铁厂飞钹	—
宗教文化类		佛教、道教、儒教	景忠山景区（4A）；万佛园景区（4A）；禅林寺古银杏风景园（3A）

表6-2　唐山长城沿线及周边地区特色农业资源及旅游开发状况

农业资源	迁安市	迁西县	遵化市	合计
特色农业	板栗、红肖梨、甘薯等	板栗、栗蘑、安梨、核桃等	油鸡、香菇、苹果、葡萄等	—
国家级休闲农业与乡村旅游示范点	白羊峪休闲农业与乡村旅游区	渔夫水寨休闲农业观光园、喜峰口板栗专业合作社观光园	—	3处
省级休闲农业与乡村旅游示范点	—	喜峰口板栗大观园、西坡草庐休闲农庄、太阳峪满族民俗村	尚合源	4处
国家乡村旅游重点村	大吾里乡山叶口村、大崔庄镇白羊峪村		团瓢庄乡山里各庄村	3处
省级乡村旅游重点村	大崔庄镇白羊峪村、大吾里乡山叶口村、五重安乡红峪口村	汉儿庄乡沙窝店村	兴旺寨乡何家峪村、团瓢庄乡山里各庄村	6处
省级特色小镇	—	露营小镇、花乡果巷小镇	古泉小镇、航天农业小镇	5处

二、长城沿线旅游交通便利化程度不断提高

随着旅游业的快速发展，交通便利化成为推动旅游地区经济增长的关键因素之一。特别是对于拥有丰富文化遗产资源的长城沿线地区而言，完善的交通网络不仅能够提升旅游体验，还能加强文化交流，促进区域经济全面发展。唐山地区，作为长城沿线的重要节点之一，其旅游交通便利化程度的不断提高，为旅游业带来了前所未有的机遇。

从交通网络构成来看，唐山地区已经形成了包括航空、铁路和高速公路在内的立体化交通体系。这种立体化交通体系不仅覆盖了国内外的大尺度交通需求，还实现了区域内部的高效连接。航空网络的扩展、铁路系统的完善以及高速公路网络的密布，共同构成了唐山旅游交通的坚实基础，提升了唐山及其周边长城文化旅游地的可达性。具体而言，航空交通的发展，使得远距离旅游者能够快速、便捷地到达唐山，缩短了时间距离，提升了旅游效率。而铁路交通的优化和高速铁路的建设，则为中短途旅游者提供了更多的选择，既满足了快速出行的需求，又保障了旅行的舒适度。高速公路网络的完善，不仅加强了唐山与周边城市的联系，还为自驾游爱好者提供了便利，使得"快旅慢游"的旅游模式成为现实。在区域交通方面，通过对迁安市、迁西县和遵化市公路网络的扩建和升级，不仅增强了这些地区的内部联系，还优化了向长城文化遗产地的通达性。特别是长城旅游公路的建设，为连接沿途的旅游景点提供了重要支撑，使得旅游者能够更加方便地游览长城及其周边的文化景观，深入体验长城文化的魅力。

三、长城文化旅游面临着京津两大客源市场

在探讨长城文化旅游发展的过程中，客源市场的规模与质量是需着重了解的一点。唐山长城文化旅游之所以具有独特的发展优势，很大程度上得益于其面临京津两大客源市场。北京和天津，作为中国北方的两

大经济中心，不仅拥有发达的经济体系，还聚集了大量的中高收入人群，为长城文化旅游提供了坚实的客源基础。京津地区的居民，由于经济条件较好，具备较高的旅游消费能力和出行意愿。这一群体对文化旅游产品有着较高的需求，对于具有深厚文化底蕴的长城文化旅游充满兴趣。因此，为了促进唐山长城文化旅游的发展，需要深入挖掘长城文化内涵，开发符合京津市场需求的高质量文化旅游产品，以吸引更多的游客。此外，京津与唐山的地理位置优势，为长城文化旅游的发展提供了便利条件。两地之间的交通网络发达，往来便捷，使得京津地区的居民可以轻松到达唐山，进行周末休闲旅游。这种地理和交通的便捷性，使得唐山长城文化旅游成为京津居民短途旅游的首选目的地之一。为了更好地服务京津两大客源市场，唐山长城文化旅游的发展策略应该更加精细化和个性化。首先，应通过市场调研了解京津地区居民的旅游偏好和需求，针对性地开发文化旅游产品。比如，可以开发一系列以长城历史文化为主题的教育旅游产品，满足家庭游客对于文化学习的需求；同时，开展长城文化节、长城历史讲座等活动，增加旅游的互动性和体验性。其次，加强与京津地区旅游机构的合作，共同推广长城文化旅游。通过建立旅游合作机制，利用京津地区的营销资源和渠道，扩大唐山长城文化旅游的知名度和影响力。此外，还可以利用数字化技术，通过互联网、社交媒体等平台，开展线上宣传和营销，吸引年轻游客。最后，提升旅游服务质量，创造舒适便捷的旅游环境。实际上，提供优质的接待服务、完善的旅游设施和丰富的旅游娱乐项目才能吸引和留住京津等地的游客。同时，要注重环境保护和文化遗产的保护，确保旅游发展的可持续性。

第二节　唐山北部长城文化与民俗资源协同繁荣

唐山地区以其独特的地理位置和丰富的历史文化背景，孕育了众多具有地方特色的民俗文化旅游资源。这些资源，与长城文化的深度融合，

不仅丰富了文化旅游产品的内涵，还为推动长城文化旅游产业带的发展提供了新的动力。在唐山，民俗文化旅游资源以其独有的魅力和地方特色，吸引了众多游客的目光。这些民俗文化旅游资源包括但不限于传统节日庆典、民间艺术展演、传统手工艺品制作，以及地方特色美食等。这些民俗文化旅游资源的存在，不仅展现了唐山地区深厚的文化底蕴，还反映了当地人民的生活习俗和文化认同。

一、主要民间曲艺文化资源

唐山地区，作为中国北方的文化宝库，拥有丰富多彩的民间曲艺文化资源。这些文化资源是唐山乃至整个冀东地区传统文化的重要组成部分。将这些民间曲艺文化资源融入长城文化之中，不仅能够为长城文化旅游增添独特的文化内涵，还能够为游客提供更为丰富多样的文化体验，促进长城文旅产业带的发展。

乐亭大鼓，作为国家级非物质文化遗产，以其独特的板腔体唱腔结构、丰富的唱词内容和深厚的地域文化特色，成为冀东文化艺术的重要代表。乐亭大鼓不仅是一种艺术表现形式，还是一种承载着当地历史记忆和文化传统的重要文化符号。通过对乐亭大鼓的保护、研究和传承，可以进一步挖掘和弘扬冀东地区的传统文化，为长城文化旅游增添独特的文化魅力。

唐山皮影，以其独特的制作工艺和表演风格，成为唐山市传统戏剧的重要组成部分。唐山皮影不只是一种视觉艺术，更是一种集历史、文化、艺术于一体的综合文化形态。将唐山皮影融入长城文化旅游，可以为游客提供独特的文化体验，使游客在欣赏皮影戏的同时，更加深入地了解长城文化和唐山地区的传统文化。

评剧，作为京津冀地区和东三省重要的剧种之一，以其通俗易懂的语言、淳朴的音乐和浓郁的地方艺术风格，受到了广大人民群众的喜爱。评剧反映了冀东地区人民的生活习俗和文化认同，也是传承和弘扬传统文化的重要途径。通过开展评剧演出、评剧文化讲座等活动，可以有效促进长城文化旅游的发展，丰富游客的文化旅游体验。

唐山地区还拥有玉田泥塑、丰南篓子秧歌、铁画、迁安背杆、剪纸、唐海吹歌、冀东大秧歌等丰富的民间艺术形式。这些民间艺术不仅展现了唐山地区深厚的文化底蕴，还是冀东地区文化多样性的重要体现。将这些民间艺术形式融入长城文化旅游，不仅能够为游客提供更加多元化的文化旅游产品，还能够为当地的文化旅游产业发展注入新的活力，促进文化旅游产业的多元化发展。

二、代表性的饮食文化资源

唐山不仅以其丰富的文化遗产和自然风光而闻名，还以其独特的饮食文化吸引着来自世界各地的游客。饮食文化，作为一种地域文化的重要体现，承载着地方的历史、风俗和人文精神。将唐山的饮食文化融入长城文化之中，不仅能够为长城文化旅游增添新的亮点，还能够促进地方美食文化的传承和发展。

唐山麻糖，作为一种拥有400多年历史的传统食品，以其独特的口感和深厚的文化底蕴而闻名。其因薄片状的外观、绵软微脆的口感受到了广泛喜爱，也成了唐山地区的文化符号之一。随着生产工艺的不断改进和创新，唐山麻糖不仅在本地有着广泛的影响力，还逐渐走向了全国乃至国际市场，成为传播唐山文化的重要载体。

迁安板栗，源自"京东板栗"的故乡——迁安市，以其优良的品质和独特的风味而闻名。迁安板栗个大、皮薄、色泽鲜艳、甘甜醇美，具有较高的营养价值，是当地居民餐桌上的常客。将迁安板栗作为一种代表性的饮食文化资源融入长城文化旅游，不仅可以为游客提供独特的美食体验，还能够进一步提升迁安板栗的品牌影响力，促进当地经济的发展。

棋子烧饼，因其独特的形状和美味的口感而成为唐山地区的特色美

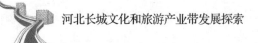

食。这种外观类似象棋棋子、色泽金黄、层多酥脆、内含丰富馅料的烧饼，不仅展现了唐山地区的传统手工艺，还体现了当地人民对美食的热爱和追求。将棋子烧饼等地方特色美食融入长城文化旅游之中，可以为游客提供更加丰富多彩的旅游体验。

三、矿业文化资源

唐山矿业文化具有独特的魅力和深厚的历史积淀。矿业的发展不仅推动了唐山乃至中国北方地区的工业化进程，还塑造了这座城市独特的文化身份。开滦国家矿山公园及其核心区域——中国近代工业博览园，便是这一矿业文化的集中展现，通过精心策划的展览和活动，向公众展示了唐山矿业的辉煌历程和文化内涵。

开滦博物馆以及分布在公园内的"中国第一佳矿"分展馆、"电力纪元"分展馆等，不仅通过高科技的展陈手段，生动讲述了唐山矿业的发展史，还通过井下探秘游等互动体验项目，让游客亲身感受矿工的工作环境和艰辛，从而增进人们对矿业文化的理解和尊重。同时，中国音乐城的设立，以及三大工业遗迹的保护，更是将唐山的矿业文化与音乐、历史等多种文化元素结合在一起，呈现了一幅多元化的文化景观。为进一步挖掘和利用唐山矿业文化资源，发展多业态融合的发展模式成为重要策略。通过与音乐、展演、餐饮等不同业态的融合，唐山矿业文化的展示形式更加多样化，吸引力也随之增强。例如，可以在开滦矿区举办音乐节和各类展演活动，将矿业文化与现代休闲娱乐结合在一起，为游客提供独特的文化体验。

此外，复原老唐山广东会馆、广东街、开滦酒店等历史场景，建设"老唐山风情小镇"，不仅能够重现老唐山的民俗风情，还能够打造城市历史文化的新地标，吸引更多游客前来体验。通过这样的方式，既保护了矿业文化遗产，又活化了城市空间，促进了文化旅游业的发展。

建设中国现代矿山循环经济示范园，是另一种发展思路。通过展示矿业发展中的绿色环保理念和循环经济实践，不仅能够提升矿业文化的时代价值，还能够引导公众关注和支持矿业可持续发展。

最终，唐山应以矿业文化旅游产业集群的建设为发展目标，将长城文化与唐山矿业文化深度融合在一起。通过开发特色旅游线路，如矿业文化探秘之旅、工业遗产游等，打造具有地方特色的长城旅游品牌，既能够展示唐山矿业文化的独特魅力，也能够促进长城文化旅游的多元化发展。通过这些举措，唐山的矿业文化旅游将成为连接过去与未来、传统与现代的重要桥梁，为城市的文化传承与旅游发展贡献新的力量。

第三节　唐山市长城国家文化公园：文旅新地标

唐山段的长城，贯穿迁安市、迁西县、遵化市等地，其沿线不仅拥有大量的长城墙体、敌台、烽火台、关堡等古代军事建筑，还聚集了大量的文物和文化资源。这些资源为长城国家文化公园的建设提供了坚实的基础。为了保护这些珍贵的文化遗产，唐山市成立了专职的长城保护队伍，定期对长城进行专项执法巡查，并根据长城的具体情况，开展了一系列的修缮和安防工程。

唐山市委和市政府高度重视长城国家文化公园建设项目的推进与实施。为确保项目的顺利进行，唐山市成立了由市文旅局牵头的长城国家文化公园建设工作专班，并依照中央与省级的工作指示，采取分级管理与分段负责的策略，全面推进长城文化公园的建设任务。唐山市不仅专题研究和部署了长城国家文化公园的建设工作，还通过成立专门的领导小组来统筹领导和协调全市范围内的建设活动。此外，市级长城国家文化公园的建设保护规划得以明确，包括文物和文化资源保护传承利用等多项基础工程。目前，唐山市域内的长城国家文化公园重点项目共33个，总投资近40亿元。这些项目的实施展现了长城国家文化公园建设的初步成效，也标志着唐山市在长城保护与利用、文化遗产传承与发展方

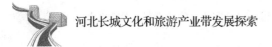

面迈出了坚实的步伐。未来，唐山市将继续以长城文化公园的建设为契机，深入挖掘和利用长城文化资源，推动长城文化与地方经济社会的融合发展，为保护和传承中华民族的优秀传统文化作出更大的贡献。

一、长城保护和利用情况

唐山市，作为长城国家文化公园建设的重点区域，其市委和市政府在长城保护与利用工作中投入了大量精力。通过成立专门的工作领导小组和实施工作专班，唐山市全面推动长城保护和文化旅游发展，展现了对传统文化遗产的深切重视和对当地经济发展的积极探索。在长城保护方面，唐山市采取了一系列有效措施，如划定保护范围、建立保护记录档案、设立保护标志等，进一步加强了长城遗产的保护管理。特别是通过组建专职保护队伍和实施定期巡查制度，唐山市确保了长城遗产的安全和完整，为长城的可持续利用奠定了坚实基础。在利用方面，唐山市依托长城及其沿线丰富的文化资源，成功打造了一批高质量的文化旅游景区，如清东陵、青山关、白羊峪等，这些景区的建设和开放不仅丰富了游客的旅游体验，还进一步提升了唐山市文化旅游品牌的影响力。同时，通过发展"长城人家"主题民宿、长城步道和绿道等旅游产品，唐山市探索出了一条融合保护与利用、传统与创新的文化旅游发展新路。

迁安市是唐山市域内长城国家文化公园建设的重点区域，其长城段落拥有丰富的文化遗产和历史价值。市政府的有力措施，如成立专门的文化公园管理中心和工作领导小组，展现了长城保护和文化传承的坚定决心。通过精细化管理和高效协调的组织体系，迁安市在长城保护展示和文化旅游发展方面取得了显著成效。特别值得一提的是，迁安市在长城修缮保护工作方面的积极实践，如抢险加固工程的顺利完成和安防监控系统的安装，有效保障了长城遗产的安全。同时，通过探索"24+N"保护模式和组建"长城红"退伍老兵志愿服务队，迁安市加强了对长城的物理保护，促进了长城文化的社会传播和公众参与。

在推动长城国家文化公园建设与发展的过程中，创新的设计思路尤为重要。利用新媒体平台，如抖音和快手，进行内容创新，成为连接传统文化与现代传播的重要桥梁。通过这些平台搜集和整理流传于民间关于长城的故事，有助于深入挖掘长城的历史和文化价值，进而有效传播长城的景观美和精神内涵。以数字化营销为手段，通过直播等形式推广长城文化公园，采用"线上建立品牌，线下提供体验"的策略，旨在培育现代数字化思维，并加速文化旅游产业的数字化转型。例如，"唐山文化旅游"抖音账号发布的《长城天路——漫步云端与长城并行》和《白羊峪》等短视频，展示了长城文化的独特魅力。此外，"唐山发布""唐山热点事儿"和"迁安信息网"等抖音账号发布的有关河北长城国家文化公园建设信息的短视频，通过其高浏览量和转发次数，进一步证明了运用新媒体平台进行文化传播的有效性①。这些数字化营销的成功案例展示了长城文化传播的新路径，也为其他传统文化的传播提供了借鉴和启示。

二、长城国家文化公园（唐山段）建设推进情况

　　河北省政府高度重视长城国家文化公园的建设，制定并下发了《2021年长城国家文化公园建设重点工作任务及分工方案》，旨在进一步明确各项工作任务，细化责任分配，确保以精确的保护措施为基础，将长城的文化资源有效转换为具体、可亲身体验的文化项目，实现对长城的高质量保护与发展。长城国家文化公园（唐山段）的关键项目得到了积极推进。依据《长城国家文化公园（唐山段）建设保护规划》，项目遵循"1个管控保护区、5个主题展示园、10个文旅融合发展示范区、35个传统利用区"的整体架构，推动长城文化的保护传承、考古研究、环境建设、文旅融合及数字化呈现五大领域的工程建设。此外，通过"一轴四段五园十带十区多点"的布局，为唐山段长城国家文化公园的总

① 刘福青、董顺媛、王建斌、霍菲菲：《河北省长城文化公园建设中的数字化设计与活化传承构建研究》，《住宅与房地产》2021年第28期。

体规划奠定了基础。唐山市在长城保护和利用方面的决心和成效，还为长城文化的传承和发展提供了新的机遇，有望进一步提升唐山市乃至整个河北省的文化旅游影响力。

在资金支持方面，唐山市政府积极申报国家和省级的文物保护专项资金，以保障长城保护工作顺利进行。通过申请得到的资金，一方面用于安装监控设备，加强对长城的安全保护；另一方面用于对青山关长城、潘家口段长城等重要段落进行修缮和加固，确保这些珍贵文化遗产的完整性和安全性。此外，喜峰口长城保护利用项目已经获得了省级旅游补助资金，这些资金的投入将进一步加速对长城文化遗产的保护和利用，推动长城国家文化公园的高质量发展。同时，唐山市正在积极推动长城国家文化公园的重点项目申报中央预算内资金，以获得更多的资金支持。目前，包括喜峰口保护利用工程、遵化市长城旅游公路改建工程在内的几个重要项目已经成功入库，这标志着长城保护和利用工作将获得更加充足的资金保障。未来，唐山市将继续努力，争取更多项目得到审批和资金支持，为长城的保护、研究和利用提供更加坚实的基础。

在迁西县和遵化市，长城国家文化公园（迁西段）的建设与发展正稳步向前推进。遵化的马兰峪段、汤泉段等长达24千米的长城段落经过改造，已呈现新貌，沿线的重要节点经过精心美化，提升了游览体验。为了更好地传承和弘扬长城的文化价值，讲述长城的历史故事，迁安市和迁西县分别成立了古长城文化研究中心和长城文化研究会。迁安市古长城文化研究中心编纂了《边乡长城——迁安行》一书，旨在深入挖掘和阐述迁安长城的文化和历史价值。迁西县长城文化研究会则致力为长城国家文化公园建设提供坚实的文化支撑，通过研究和探索，进一步丰富了长城的文化内涵。

迁西县视长城国家文化公园（迁西段）的建设为重中之重，采取了一系列积极措施以确保其成功。这包括坚持"保护优先、强化传承、文化引领、彰显特色"原则，制定一系列政策文件，为长城的保护与发展提供坚实的政策支持。^① 此外，迁西县还聘请了清华大学和天津大学的专业团队，对迁西段长城文化公园进行了综合性的规划设计，展现了其对专业性和科学性的高度重视。在规划设计方面，《长城国家文化公园（迁西段）建设保护规划》《喜峰口长城遗址公园前期策划及一期概念性规划方案》等关键文档已经完成，这些规划为长城的保护与利用提供了明确的指导。项目围绕"一带两线四段五组团"的空间布局，投入了巨额资金，实施了 66 个重点项目，有效地涵盖了该地区的关键区域，包括多个乡镇和行政村以及多个旅游景区，展现了迁西县在长城国家文化公园建设方面的宏伟蓝图。迁西县特别强调了保护传承、研究挖掘、环境配套、文旅融合和数字再现五大工程，确保了长城文化遗产的有效保护和合理利用。其中，青山关长城的保护修缮、榆木岭敌台的抢险加固，以及喜峰口西潘家口段的现状整修等一系列文物平安工程的完成，不仅保障了长城遗产的安全，还可为游客提供更好的游览体验。

迁西县在长城国家文化公园（迁西段）的建设与发展中取得了显著成就，为区域文化旅游发展开辟了新的篇章。龙井关长城漂流景区升级为 4A 级景区、李家峪的精品民宿建设、青山关的 5A 级景区提升工程，以及喜峰口长城抗战展示馆的建立、"长城人家"美丽乡村示范片的打造、长城山水风景道的建设等一系列项目的稳步推进，共同构筑了长城国家文化公园（迁西段）保护建设的新局面。通过实施"旅游+"的发展模式，迁西县依托得天独厚的自然与文化资源，如灵山秀水、长城遗迹、栗香四溢的环境，全面加速北部长城文化体验带、中部水韵休闲度假带、南部乡野田园旅居带的建设。庚水田园农旅综合体、栗香湖运动露营及乡村旅游集聚区、滦水湾公园等重点项目的快速发展，以及长城文化节、冰雪大篷车、环栗香湖自行车公路赛等文旅活动的深入举办，共同营造了浓厚的全域旅游氛围，推动了文旅、农旅、体旅产业的深度

---

① 卢山、刘建兴：《我市扎实推进长城国家文化公园（唐山段）建设》，《唐山劳动日报》2022 年 9 月 21 日第 1 版。

融合与发展。2021年，迁西县成功吸引了超过730万名游客，实现了旅游综合收入65.72亿元，荣获"中国县域旅游发展潜力百强县"的称号。这标志着迁西县在山区文化旅游领域成为"新样板"，也展示了其在推动长城文化旅游发展上的创新与努力。面对新的发展机遇，迁西县将继续扩大优势、把握战略机遇，加速长城国家文化公园的重大项目建设，致力完成高质量的建设任务。通过打造一批具有示范意义的项目，迁西县旨在为长城国家文化公园（河北段）的全面建设贡献自己的力量，进一步推动长城文化遗产的保护与利用，为地区乃至全国的文化旅游发展提供宝贵经验。

三、未来的重点工作

唐山市在长城国家文化公园的建设上，正迈向全面深化与系统推进的新阶段。为了确保工作的有效实施和可持续发展，市政府已经从多个维度出台了一系列具体的工作措施和发展战略。第一，在规划体系的完善方面，唐山市已经发布了《长城国家文化公园（唐山段）建设保护规划》，并正积极指导遵化市、迁西县、迁安市三个关键区域县级文化公园建设保护规划的制定与实施。这一步骤旨在确保整个项目的统筹协调和规范化管理，为长城国家文化公园的保护和发展提供坚实的规划基础。第二，关于重点段落和片区建设的加速推进，唐山市特别强调了白羊峪、青山关、喜峰口三个核心展示园区的发展，以及喜峰口长城抗战文旅融合区、古汤泉文旅融合区等重点段落和片区的建设。这些区域的建设不仅是长城国家文化公园（唐山段）的核心支撑，还是推动整个公园高质量发展的关键。第三，促进长城与其他文化旅游资源的融合发展。唐山市致力实现"长城+"的发展策略。通过实施长城文化廊道、喜峰口长城遗址公园等一系列标志性工程，并推动"长城人家"民宿建设，唐山市旨在打造具有独特魅力的长城脚下的美丽乡村，进一步提升文旅融合的品质和水平。第四，深入挖掘长城的文化价值。唐山市不断提炼长城的抗战文化、建筑文化、军事文化等优质文化资源，通过系统的研究和诠释，增强文化自信，并通过讲述长城的故事传播长城精神。第五，推动长城保护工作迈向新阶段。唐山市在加大长城文化研究力度的同时，创新保护理念和手段，建设长城数字云平台，强化社会对长城遗产保护的意识，共同维护这一人类共同的文化财富。

在未来的工作中，唐山市将持续推进这些策略和措施的实施，不断打造标志性的长城国家文化公园项目，完成一系列文旅融合的创新工程。通过建设串联长城的风景道，推出一批有深度、有影响力的文化成果，创新开发长城精品旅游线路和智慧化的长城产品，形成一套可复制、可推广的成功模式。同时，河北省将围绕国家文化公园建设的高标准要求，推动长城文化公园相关规划的落地实施，进一步加强长城排险和保护工作，全面提升长城国家文化公园建设的质量和水平，为长城的保护、传承和利用贡献更多力量。

第四节　唐山北部长城文旅产业带实践路径探索

《唐山北部长城区域旅游总体规划》为唐山北部长城文化与旅游产业带描绘了一幅"行走长城、绿色休闲"的美好愿景，将"唐山·中国长城绿道"作为其核心产品。该规划强调，依托实体长城遗存，以绿色休闲度假为产品方向，结合现代时尚理念，对唐山北部的长城区域资源，尤其是长城本体，进行创新性开发，在有效保护长城资源的同时，充分挖掘其使用价值。该规划旨在将唐山北部长城区域打造成为一个以长城绿道为中心，以地域文化为根基，以丰富的景点和景区为支柱的旅游大景区，使其成为国家级的旅游度假目的地。为实现这一目标，规划提出将长城绿道建设成为多功能的旅游通道，包括便捷的交通网络、吸引游客的观光和消费场所、绿色生态旅游环境、展示民俗风情的文化通道、带动农民增收的经济途径，以及为自驾游客提供畅快体验的旅游路线。

通过这样的规划与建设，唐山长城绿道将成为集旅游观光、文化体验、生态保护、民俗展示于一体的综合性旅游通道，力图成为中国最具特色和规模最大的长城主题绿道，从而提升唐山在国内乃至国际旅游市场中的竞争力和知名度，为当地经济的发展和文化的传承注入新的活力。

一、长城绿道设计理念

唐山北部长城绿道的设计理念为通过一条融合自然风光、历史文化与现代生活方式的绿色通道，深入挖掘和展现长城沿线丰富的文化遗产和自然景观。该绿道以遵化市为起点，迁安市为终点，贯穿迁西段，巧妙利用现有的长城旅游路线和三抚路环状交通路线，将沿途的景区和景点紧密串联起来，构成一条集观光、休闲、运动和文化学习于一体的多功能绿道。

具体而言，遵化段绿道从黄花山出发，经过石门—东陵乡、上关、汤泉乡、西下营西沟等地，穿越兴旺寨乡、罗文峪直至洪山口，最后到达迁西段的二道城子。而迁西段则从二道城子出发，通过龙井关、栗树湾子等关键节点，穿行汉儿庄乡、赵庄、洒河桥镇等地，经过胡家店、宋庄子、东贾庄子，直至青山口、榆木岭，最后通过兰城沟、大岭寨达到太平寨镇，沿途不仅有长城这一壮丽景观，还有丰富的地域文化。迁安段的绿道规划更是体现了对旅游发展和地区特色的深入思考，计划修建两个大型驿站，并将白羊峪景区作为该段绿道的自驾游集散地，通过新三抚路小崔庄、台头岭、建昌营镇的辅路连接红峪口、白羊峪、冷口温泉及徐流口，为游客提供了丰富的旅游选择和便利的交通条件。整体布局上，"一干四支"的构思将绿道的功能性和多样性充分展现，其中"一干"为自驾车绿道，西起连接黄花山，东至河流口，为游客提供便捷的自驾旅游体验。"四支"分别为自行车绿道、徒步绿道、滨水绿道和空中绿道，满足了不同游客的旅游需求和偏好，从而丰富了游客的体验，使得人们每一次旅行都能在享受绿色休闲的同时，深刻感受长城文化的独特魅力。

通过这样的设计和规划，唐山北部长城绿道不仅成为连接历史与现代、自然与文化的重要纽带，还为促进当地经济发展、提升居民生活质量、推动绿色生态旅游提供了新的思路和模式。未来，随着绿道项目的逐步实施和完善，唐山北部长城绿道有望成为国内乃至国际上具有重要影响力的旅游目的地，为游客提供一个探索长城文化、体验绿色休闲生活的绝佳选择。

二、长城景观文化产品设计

（一）长城军事景观体验产品

为了让游客深入体验长城军事景观及其背后的文化内涵，唐山设计了一系列的长城景观文化产品，特别是以军事景观为核心的体验产品。首先，长城军事景观博物馆将采用最新的科技手段，如场景复原技术和幻影成像技术，结合声光电效果，真实再现长城军事工程的复杂体系。在博物馆内，游客不仅能够看到边墙、堑、墩、台、关隘、城堡和驿站等典型建筑的详细展示，还能深入了解戍边职官体系、戍边官兵的日常生活和军事管理制度等内容，从而获得全面而深入的长城军事文化知识。其次，定期组织专题讲座和互动式学习活动，并邀请长城文化和历史专家，帮助游客更加深刻地理解长城的军事价值和文化意义。这种形式的活动不仅能增加游客的知识储备，还能激发他们对长城文化的进一步探索兴趣。最后为了让游客更加身临其境地体验长城文化，还特别开发了屯堡古寨体验活动，还原古代戍边将士的生活场景，配以农耕、骑马、射击等体验性活动，并让游客亲自参与，使他们感受古代长城守卫的艰苦生活和不屈不挠的精神。这种沉浸式的体验，不仅能够让游客对长城文化有更加深刻的理解和感受，还能有效增强他们的体验感，提升他们的满意度。

（二）长城建筑奇观产品

为了让游客更加全面地体验长城的建筑魅力，唐山特别探索开发了一系列以长城建筑奇观为核心的文化产品。首先，水下长城探秘活动。考虑到水下长城的独特性和探索价值，计划成立潜水俱乐部或引进全潜式水下观光潜艇，为游客提供专业的水下探险体验。通过这种方式，游客不仅能亲眼见到长城在水下的神秘一面，还能深刻感受到长城作为一项巨大工程在不同自然环境下所展现的独特魅力。这种创新的探险活动，无疑将为游客提供一次难忘的长城之旅。其次，迁西县大岭寨村的长城砖制作活动将是另一种独特的文化体验。通过参与长城砖窑群遗址开展的长城砖制作活动，游客不仅能够近距离感受到长城建筑的精妙，还能对长城的建造技术和历史文化有更深入的理解和体验。这种参与式的文化活动，能够使游客在实践中学习和体验长城文化，增强其对长城文化的认同感和归属感。最后，在迁西县空篦山区域发现的大量长城基石遗存可展示长城基石文化。通过雕塑、基石加工和石场场景的复原等，将向游客展示长城建造的基础和精髓，深入挖掘长城基石背后的文化内涵，让游客在观赏的同时，能够更全面地了解长城的历史和文化价值。这种以文化为核心，以体验为导向的项目设计，将进一步丰富游客的文化旅游体验，使长城的建筑奇观和深厚文化底蕴得到有效的展示和传承。

三、长城文化与不同文化的融合发展

在推进唐山段长城发展的过程中，除了要对红色文化和民俗文化进行深度挖掘，还需对长城相关文化进行更加细致的梳理与开发，旨在构建独具特色的旅游亮点。通过精心打造以长城为核心的特色旅游线路，可以塑造一个鲜明的品牌形象。这不仅包括皇家文化、戍边文化，还涵盖了黄帝文化等。对这些文化的整合与创新利用，将进一步丰富唐山段长城的文化内涵，为游客提供更为多样化和深层次的旅游体验，从而使长城不仅仅是一道壮观的古迹，还成为一条连接过去与现在、文化与自然的生动历史长廊。

（一）皇家文化特色的长城文旅

清东陵世界文化遗产作为皇家文化传承的重要载体，是唐山的骄傲。围绕这一核心，唐山有机会开发一系列相关的旅游产品。基于长城绿道的自然景观和历史文化背景，可以设计一条贯穿唐山北部的皇家文化主题旅游线路。这条线路不仅包括清东陵这一世界级文化遗产，还应涵盖沿线的其他皇家遗址，如历史悠久的皇家寺庙、具有治疗作用的皇家汤泉，以及皇家狩猎场等。这样的设计使游客可以一边享受长城绿道带来的自然之美，一边深入探索皇家文化的博大精深。此外，设计具有皇家文化特色的长城绿道体系旅游产品时，还可以融入更多的互动体验和文化传播手段。例如，开展皇家文化节庆活动，让游客参与到皇家礼仪重现、皇家宴食体验、皇家艺术表演等活动中，增强游客的体验感和参与感。同时，可以利用现代科技手段重现皇家文化的辉煌，让游客在沉浸式体验中深入了解皇家历史和文化。

（二）戍边文化特色的长城文旅

唐山市，尤其是迁西县，拥有丰富的戍边文化遗产，这里不仅是明代著名将领戚继光总兵府的所在地，还是众多长城文化遗址的集中展现地。迁西县的三屯营镇，作为戍边文化的重要象征，积淀了丰富的历史文化遗产。基于这样的文化背景，唐山市可以以迁西县为中心，以明代的戍边文化为核心线索，整合北部长城沿线的重要景观和遗址，包括上关湖长城、鹫峰山长城、洪山口长城、龙井关长城等，共同打造一个以戍边文化为主题的旅游产品。这一戍边文化特色的长城文旅项目，不仅包括长城的物理景观，还涵盖了长城背后的深厚文化内涵和历史故事。通过对三屯营蓟镇总兵府、喜峰口长城、红峪口长城等地的深入挖掘和精心展示，旅游项目可以让游客深刻体验到明代戍边将士的生活状态和战斗场景，感受到守卫边疆、抵御外侮的英雄气概。此外，该旅游项目还应该包括戚继光军事讲座、古代兵器展览、戍边兵营体验、古代军事演练等一系列丰富多样的文化体验活动。通过这些活动，游客不仅能够在视觉上欣赏到长城的雄伟景象，还能在情感和思想上与长城和戍边文化产生深刻的共鸣。为了更好地推广戍边文化旅游，还可以运用现代科技手段，重新演绎历史上的著名战役，让游客在虚拟空间中亲历古代战场的激烈与辉煌，从而提高游客的参与度和体验感。

（三）黄帝文化特色的长城文旅

迁安市，作为"中国轩辕黄帝姓氏文化之乡"，拥有深厚的黄帝文化底蕴。在这里，黄帝文化与长城文化的交融，为打造唐山北部独具特色的文化旅游品牌提供了得天独厚的条件。轩辕阁和姓氏文化村的开发，不仅是对黄帝文化的一种致敬，还是对中华民族寻根认祖愿望的一种回应。轩辕阁展览中心通过五个主题层次，深度呈现了黄帝文化及其对中国历史和文化的深远影响。第一层展区"人文始祖、轩辕黄帝"，将观众的视线引向黄帝文化的核心，以全国视角解读黄帝的历史地位和文化贡献。第二层展区"黄帝胜迹、光耀千秋"，专注于探讨迁安地区与黄帝之间的紧密联系，全面展示了两者之间的历史渊源。第三层展区"黄帝时代、伟业辉煌"，回溯至千年前的黄帝时代，展出了那一时期全国范围内的文明成就，揭示了黄帝对古代中国发展的巨大贡献。第四层展区"迁安文化、源远流长"，聚焦于迁安地区的历史亮点和丰富的非物质文化遗产，展现了地区文化的深厚底蕴。第五层展区"中华轩辕、薪火相传"，通过展示轩辕黄帝璀璨的姓氏文化，体现了黄帝文化如何在中华民族中代代相传，影响深远。姓氏文化村的设立，进一步丰富了这一文化体验。通过精心策划的村落游览路线，游客可以走进张谷英民俗文化村等特色村落，亲身体验黄帝后裔的文化传承和生活方式。在这里，村中的大姓不仅仅是一个家族的标识，还是一段段历史的缩影，一系列文化的象征。每个姓氏文化村都讲述着自己独特的故事，包括姓氏的由来、历史沿革、杰出人物等，使游客在游览的同时，也能进行一次意义非凡的文化之旅。将黄帝文化与长城文化相结合打造的"始祖文化长城"品牌，不只是对中国古代文化的一次深度挖掘，也是对唐山北部长城文化旅游发展的一次有力推动。

四、可联动开发的自然生态产品

唐山市独特的地理位置使其成为探索自然与历史融合的理想之地。通过长城绿道及其周围丰富的自然资源，唐山市有机会开发一系列既创新又多样化的自然生态旅游产品。这些产品不仅包括果林观光和果品采摘活动，还涵盖了山水景观的观赏等，提供给游客宽广的旅游选择空间。结合长城绿道的独特历史背景和周边自然风光，如山脉、森林、溪流和果园等，唐山市能够设计出具有特色的生态旅游路线。这些路线不仅能够引导游客深入体验长城的雄伟壮观，还能让他们亲身参与到果园生活之中，体验从果园到餐桌的全过程，如亲手采摘应季水果、参与果品加工体验等，让游客在亲近自然的同时，也能感受到农业生产的乐趣和成就感。此外，唐山市还可以通过举办各种以自然生态为主题的节庆活动，如果品节、花卉展览、自然摄影大赛等，吸引更多游客前来。这些活动不仅能够展示唐山市独特的自然生态和文化魅力，还能增进游客对自然环境保护意识的理解和认识。

为了进一步提升游客体验，唐山市还可以开发一系列与自然生态相关的休闲娱乐产品，如生态农庄、乡村民宿、户外探险、骑行和徒步旅行等。通过这些活动，游客不仅能够放松身心，还能更加深入地了解当地的自然环境和文化历史。

五、打造不同产品形态

在传统观光旅游的基础上，唐山市可进一步挖掘长城资源的潜力，

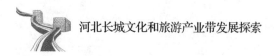

开发包括体验类、运动类、休闲类在内的多样化旅游产品，以满足不同游客的多样化需求。为了丰富游客的体验，唐山市可以依托长城的独特地理和文化资源，开发自驾车、自行车、徒步等不同类型的旅游线路和配套设施。例如，建设白羊峪自行车绿道和大黑汀自行车绿道，这些专门设计的绿道不仅为自行车爱好者提供了绝佳的骑行路线，还能让游客在骑行过程中近距离感受长城的壮丽景色。沿线绿道驿站的合理布局，也为游客提供了休息和补给的便利。通过国际运动赛事的举办，如长城马拉松、长城越野跑等，唐山市可以重点打造"长城徒步运动基地"这一品牌，将长城打造成国际知名的户外运动目的地。同时，长城徒步线路，如从潘家口到榆木岭的线路，不仅为徒步旅行爱好者提供了挑战与体验，还丰富了长城旅游的内容。

在休闲旅游方面，唐山市应进一步拓展消费层次，开发丰富多样的休闲旅游产品。青山关旅游区可以重点发展长城主题的会所、夜游、演艺、酒店等，为游客提供高品质的休闲体验。栗香湖旅游区和冷口养生度假区的开发，将自然景观和温泉资源相结合，为游客提供了一个远离城市喧嚣、身心放松的理想去处。乡村旅游的开发，如升级改造的白羊峪长城旅游区和新开发的徐流口度假村，可以充分利用当地的自然和文化资源，为游客提供独特的乡村体验。通过这些举措，唐山市不仅能够提升长城旅游的吸引力，还能推动当地经济和社会的全面发展。此外，通过打造"长城电影节""长城音乐会"等文化活动品牌，举办一系列的营销活动，能够进一步提高唐山北部长城区域旅游的品牌知名度，也能为游客提供更加丰富多彩的文化娱乐体验。这些多元化的文旅产品的开发，将使唐山市的长城旅游成为国内外游客的新选择，为唐山市的文化旅游产业注入新的活力和动力。

第七章 河北长城旅游文创与"红色长城"品牌培育

第一节 河北长城文创概述与长城红色基因谱系识别

一、长城文创产品的内涵

长城文化创意产品,作为文化与旅游融合发展的重要成果,展现了文化创意产业在现代社会中的重要地位和作用。随着文创产业的蓬勃发展,长城文创产品以其独特的文化内涵和艺术价值,成为连接过去与未来、传统与现代的桥梁,展现了长城文化的多样性和时代性,也满足了人们高品质的生活追求和不断提升的精神文化需求。

长城不仅是中国古代军事防御体系的重要组成部分,还是中华民族坚韧不拔、勇于拼搏的精神象征。长城文创产品的开发,旨在深挖长城丰富的历史文化资源,通过创意设计和现代科技的应用,将长城的历史故事、文化象征和艺术形象转化为具有实用性和收藏价值的文化产品。这些产品包括但不限于纪念品、工艺品、书籍、电子产品等形式,还涉及数字媒体、虚拟现实等新兴领域,通过多样化的展现形式,可让长城

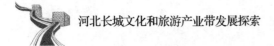

文化以更加生动、现代的方式呈现在公众面前。

在长城文创产品的开发过程中，注重产品的文化内涵和艺术价值是关键。这要求开发者不仅要有深厚的历史文化知识和敏锐的艺术审美能力，还需要具备创新意识和现代科技应用能力。通过对长城文化的深入研究和创意思考，寻找与长城文化相结合的独特元素，并将这些元素与现代生活紧密联系起来，以创造出既能体现长城文化特色，又能满足现代人生活需求的文创产品。此外，长城文创产品的推广和市场营销也十分重要。通过线上线下的多渠道推广，结合文化展览、文化节等活动，可增强公众对长城文化的认知和兴趣，提升长城文创产品的市场影响力。同时，要注重产品的知识产权保护和品牌建设，建立长效的市场运营机制，促进长城文创产业的可持续发展。

二、长城文创产品的类型

随着河北省长城国家文化公园建设的全面推进，河北地区的长城文化创意产品行业也迎来了快速的发展。目前，河北省内的长城文化创意产品已形成了较为完善的体系，种类繁多，数量众多，涵盖了从低端到高端的不同市场需求，可丰富人们对长城文化的认识和体验，促进长城文化的传播和河北文创产业的繁荣。

（一）长城文创纪念品

长城文创纪念品不仅承载着丰富的长城文化内涵，还在提升长城文化品牌形象和传播地域文化方面发挥着不可替代的作用。这类纪念品凭借其独特的地域性和深刻的纪念性，成为连接人们与长城文化的重要桥梁，通过有形的产品形式，让人们能够触摸到长城文化的深度和广度。

地域性是长城文创纪念品的显著特征之一。长城，作为中华民族的象征，横贯中国北方多个省份，每一段长城都承载着独特的历史故事和文化价值。长城的地域性不仅体现在其跨越的广泛地理空间上，还体现在各地长城文化的多样性上。比如，喜峰口的长城纪念品可能会突出其抗战历史文化内涵，而山海关的长城纪念品则可能更加强调古代军事防御特色。这种基于独特地域环境及文化差异所开发的文创纪念品，对于市场而言具有很大的吸引力和识别度，可使消费者在选择时感受到不同地域长城的独特魅力。纪念性则是长城文创纪念品的另一重要特征。长城是中国古代辉煌文明的象征，也是中华民族不屈不挠、坚韧不拔精神的体现。长城文创纪念品通过具象化的产品形式，将这种精神和历史寓意传达给每一个人。无论是精致的长城模型、别致的长城图案手工艺品，还是富有创意的长城主题设计产品，都能让人们找到对历史的尊重、对文化的认同和对精神的追求。这种纪念意义和价值，往往与个人的经历、体验或信仰紧密相连，使得每一件长城文创纪念品都具有独特的情感价值和文化意义。地域性与纪念性之间存在着内在联系，地域性的独特性为长城纪念品的纪念性提供了丰富的素材和背景，使得纪念品不只是一个物品，更是一种文化的传达和情感的体现。因此，在开发长城文创纪念品时，需要深入挖掘长城文化的深层次内涵，结合现代设计理念和科技手段，创造出既有文化深度又能满足现代审美和使用需求的高质量文创产品。

（二）长城文创土特产

在探讨长城文化创意产品的丰富多样性时，长城文创土特产引起了广泛关注。这些产品不仅承载着长城沿线地区的历史文化，还反映了该地区自然环境与人文风情的独特性。长城文创土特产的核心在于其鲜明的地域性和卓越的品质，这两个特点共同构成了土特产吸引力的源泉。

地域性，作为土特产形成的关键前提，意味着每一件土特产都是特定地理、文化背景下的产物。长城脚下的土特产，无论是糕点、菜肴、酒水、饮料还是水果，都深深植根于长城沿线的特定土壤、气候，以及当地人民的生产生活方式。例如，长城沿线某些地区可能因为独特的气

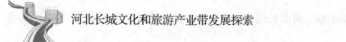

候条件，能够种植出具有特色的水果；某些区域的传统手工艺，如酿酒、制糕等，也赋予了当地土特产以独特的风味和文化意义。这些地域性的特征，不仅使土特产成为传统文化和地方风情的载体，还使其成了旅游者和消费者体验长城文化、感受地方特色的重要途径。品质，则是土特产吸引力的另一重要维度。无论是原料的采收还是制品的加工，都要求严格控制质量，以确保每一件土特产都能展现出其独有的风味。长城脚下的土特产，因其优良的品质和独特的风味，不仅受到当地居民的喜爱，还逐渐成了吸引外地游客的文化名片。通过将传统工艺与现代技术相结合，不断提升土特产的品质和创新性，可以进一步拓宽其市场影响力，促进地方经济的发展。

在发展长城文创土特产的过程中，应充分挖掘和利用长城文化资源，将长城的历史故事、文化象征融入土特产的开发和包装设计中，进行文化的表达和传播。例如，通过设计具有长城元素的包装或将长城的历史故事融入产品介绍中，可以增强土特产的文化价值和市场吸引力。此外，加强长城文创土特产的市场推广和品牌建设，通过线上线下多渠道的营销策略，让更多人了解并体验到这些充满地方特色和文化底蕴的产品，也是推动长城文创土特产发展的重要途径。通过参加各类文化展览、旅游博览会等活动，展示长城脚下的土特产，不仅可以提升产品的知名度，还能促进文化交流和经济合作，实现文化与经济的双赢。

（三）长城文创日用品

长城文创日用品是文化创意产业的一部分。将长城的文化符号和元素融入日常生活用品，不仅可丰富人们的生活，还可为长城文化的传播和利用提供新的途径。这些产品包括但不限于服装、雪糕、扇子、冰箱贴、遮阳帽、便笺夹、旅游鞋、化妆品等，它们以实用性和文化性受到了广泛的欢迎。

长城文创日用品的设计理念主要是将长城的历史文化、艺术美感和创意思维结合在一起，创造出既有实用价值又具有审美意义的产品。例如，服装设计师可能会将长城的图案和元素设计在T恤、帽子或是围巾上，使这些日常穿戴的服饰变成一种文化的展示。雪糕和其他食品也可以通过包装设计来体现长城元素，如在包装上印制长城的图案，增加产品的文化趣味性。在生活用品方面，冰箱贴、便笺夹等小物件上印制长城的图案或是造型，不仅使日用品更加美观，还让长城的文化符号融入人们的日常生活中。化妆品等也可以通过包装设计来体现长城文化，使消费者在使用过程中感受到文化的魅力。

关于长城文创日用品的开发，不仅需要对长城文化有深入的了解和研究，还需要具备创新设计理念和先进的制造技术。此外，市场营销策略的制定也是成功的关键。通过有效的市场推广，如社交媒体营销、文化展览参展、旅游纪念品店销售等方式，可以让更多人了解并购买长城文创日用品，进一步推动长城文化的传播和文创产品的销售。

（四）长城文创奢侈品

长城文创奢侈品，作为文化创意产品中的高端系列，承载着深厚的长城文化和精神，也成了收藏爱好者追求的珍品。这类奢侈品的独特之处在于其不仅仅是物质的象征，还是文化和艺术的综合体现，其价值不只来源于物品本身，更在于其背后所蕴含的历史意义和文化深度。

一方面，"古"是长城文创奢侈品的重要特质之一。这种沧桑的历史厚重感不是简单的年代久远所能赋予的，而是那个时代特有的政治、经济、文化、军事背景的凝结和体现。例如，一件制作于明朝、刻有长城图案的古董瓷器，其价值不只在于精湛的工艺，更在于它作为历史见证的独特性和稀缺性。长城文创奢侈品往往能够让人感受到一段历史的气息，体会到一个时代的风貌。另一方面，长城文创奢侈品的文化性体现在品位和艺术两个层面。品位不只是对美的追求，更是一种文化修养和精神追求的表达。艺术价值则体现在每一件奢侈品背后的创意和设计之

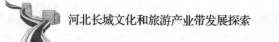

中，每一件作品都是艺术家对长城文化的理解和再创造，通过现代设计语言将传统文化表达出来。这些作品往往具有很高的艺术审美价值和收藏价值，成为市场上的稀缺资源。

随着长城国家文化公园建设的不断推进和完善，各种具有艺术价值且高质量的长城文创奢侈品不断涌现，如高档工艺美术品、书画、字画、雕刻、漆器等。这些奢侈品不仅以其独特的艺术风格和文化内涵受到了收藏家和爱好者的青睐，还逐渐成了展示长城文化魅力、传承长城精神的重要载体。

发展长城文创奢侈品，需要深入挖掘长城文化的内涵，结合现代设计理念和工艺技术，创造出既有传统韵味又不失现代感的高端产品。同时，通过举办展览、拍卖等活动，加大长城文创奢侈品的市场推广力度，让更多人了解和认识长城文化的深远影响，推动长城文化的传播和长城文创产业的发展。

三、长城文创产品发展概述

河北段的长城，历史悠久，文化底蕴深厚，是中国长城沿途15个省（自治区、直辖市）中修建长城最密集、年代跨度最大的区域。从战国、秦、汉、北魏、北齐、唐、金到明代，不同历史时期的长城遗迹在这里交错叠加，形成了独特的长城文化特色。基于这一独特的文化资源，河北省积极挖掘和利用长城文化，研发了一系列具有地方特色的长城文创产品，旨在传承和弘扬长城文化，同时为地方经济发展注入了新的活力。河北省的长城文创产品种类丰富，涵盖了纪念品、工艺品、日用品、数字产品等多个领域。这些产品不仅在设计上融入了长城的元素和符号，还在材质、工艺上追求高质量和文化内涵的体现，成功将长城文化与现代审美结合在一起，满足了不同消费者的需求和喜好。

在营销方式上，河北省采取了创新的"线上+线下"策略，有效结合了传统营销与现代科技，特别是利用5G、移动网络和AI人工智能等前沿技术，推动了长城文创产品的营销创新。2022年春节期间推出的"云长城"线上购物方式，是这一策略的典型代表。通过"云长城"，消费者可以足不出户地游览长城，实现了对长城景观的在线观看和互动体验。这种新型的线上体验，不仅打破了地理和时间的限制，还增强了消费者对长城文化的认识和兴趣。"云长城"利用 AR 地图等技术，构建了一个数字化的长城世界，实现了与物理世界的无缝融合。在这个数字世界中，用户可以自由探索长城的每一段，欣赏到不同季节、不同时间长城的美丽景象，甚至可以与其他在线用户进行交流和分享。这种新体验、新传播和新营销方式，不仅提高了河北省长城文创产品的知名度和销售额，还为长城文化的传播和长城精神的弘扬开辟了新的渠道。

　　未来，河北省将继续深化长城文化的挖掘和研究，不断丰富和完善长城文创产品的种类和质量，同时将持续探索和创新营销方式，通过科技赋能，推动长城文化和长城精神在更广阔的空间得到传承和发扬，使长城成为连接过去与未来、传统与现代的文化纽带。

　　河北代表性长城点段及文创产品如下表 7-1 所示。

表7-1　河北代表性长城点段及文创产品

代表性点段	长城特色	长城精神	建设保护主题	代表性长城文创产品
山海关	山海关被誉为"天下第一关"，始建于明洪武十四年（1381年），素有中国长城"三大奇观之一""天下第一关""边郡之咽喉，京师之保障"之称，是国家 5A 级旅游景区，地理位置优越，形势险要，文物众多。这段长城设防十分严密，以山海关关城为中心，所建筑的城墙、城台、城堡、敌楼、烽燧等组成了一个完整的防御体系	山海关长城代表了古代军事防御体系建筑的最高成就，展示了中华民族守望和平、众志成城的自强精神，也体现了中华民族团结统一、抵御外敌的爱国精神	"众志成城雄关天下"	含长城文化或长城精神的"神威大将军"大炮笔筒、"神威大将军"大炮调味瓶、青砖印章、青砖智力玩具、姜艳华剪纸、长城饸饹饼等

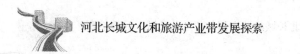

续表

代表性点段	长城特色	长城精神	建设保护主题	代表性长城文创产品
金山岭	金山岭长城是万里长城的精华地段，素有"万里长城，金山独秀"之美誉。始建于明代洪武元年（1368年），200年后，戚继光担任蓟镇总兵官时期（1567—1582年）主持重新修筑。国家5A级旅游景区。障墙、文字砖、挡马石和麒麟影壁是金山岭长城的四绝，素有"摄影爱好者的天堂"美誉	金山岭建筑艺术高超，彰显了我国古人日臻完善的长城建造技艺和开拓进取的创新精神，彰显了人与自然融合互动的文化景观价值	"坚韧自强，金山独秀"	含长城文化或长城精神的根雕、字画、粗粮食品等
崇礼	崇礼区长城遗存众多，分布广泛，形式多样，各有特色，全长约257.1千米，集中体现了长城文化所包含的边塞文化、商贸文化和民族融合文化。文物遗存数量多，价值较高，长城材质多元、建筑形制多样	长城脚下的冬奥会充分彰显了中华民族文化自信，集中展示了人与自然融合发展的文化景观	"自信自强冬奥胜景"	打造出长城文化为元素的剪纸、花鞋垫、玻璃制品、针织品、布艺5大文创产品系列
大境门	大境门长城位于张家口市桥西区北部，全长约22.6千米。明王朝于成化二十一年（1485年），在北魏长城和北齐长城的基础上修建了这段长城。现为国家4A级旅游景区、全国重点文物保护单位。崇礼长城文物资源丰富，商堡文化底蕴深厚，红色文化资源众多	作为万里长城第一门和张库大道起点，体现了中华民族的融合、开放精神	"和平开放、大好河山"	含长城文化或长城精神的蔚县剪纸、框裱画、碹窑模块玩具、手绘T恤、创意浮雕画、万全葫芦烫画、蔚县青砂器、宣化国玉陶瓷、泥塑、手绘明信片、手绘花盆、大辽茶道千年吃茶法茶器等

注：根据《长城国家文化公园（河北段）建设保护规划》整理。

四、河北长城红色基因谱系识别

在追溯中华民族百年历史的征程中，人们见证了一个民族从艰难困苦中崛起，经历了从抵御外侮到赢得民族独立，从中华人民共和国的成立到现代化建设的辉煌历程。这一时期，无数的历史事件交织在一起，铸就了丰富而宝贵的红色文化资源。抗日战争时期诞生的《义勇军进行曲》，被誉为中华民族解放的号角，其中"用我们的血肉筑起我们新的长城"这一段歌词，是对那个时代最真实的写照，在民族存亡的关头激励着整个民族团结一心，共抗外敌。因此，长城不仅是中华民族的象征，还是时代精神的载体。

河北省，地处华北腹地，毗邻京津，占据了特殊的地理位置，这使河北拥有了独一无二的红色文化资源。特别是燕山和太行山脚下的长城周边，这里分布着众多重要的红色文化资源。历史上，许多革命活动都是以长城为依托开展的，这些活动不仅深深地印刻在长城的石砖之间，还成了河北红色文化不可分割的一部分。在这片充满革命历史的土地上，许多具有重要历史意义的事件相继发生。从早期抗击外侮的英勇斗争，到八路军在抗日战争中的艰苦奋战，再到中国共产党领导下的农民运动和解放战争，这些事件构成了河北红色文化的丰富内涵。长城不仅见证了中华民族的苦难与斗争，还成为传承和弘扬这段历史的重要标志。

河北省的红色文化资源丰富，不仅包括了众多历史遗址和纪念地，还有大量的革命文物和档案资料。这些宝贵的文化资源为研究和传播中国革命历史提供了珍贵的素材，也使河北省的文化旅游拥有了独特的资源优势。通过对这些红色文化资源的深入挖掘和利用，可以更好地展示河北省在中国革命历史中的重要地位和作用，激发人们对红色文化的认识和热爱。为了更好地保护和利用这些红色文化资源，河北省积极开展了一系列的红色文化保护和传承工作。建立了多个红色文化遗址公园和纪念馆，对革命遗址进行了修缮和保护，还开发了一系列以红色文化为主题的文化旅游产品和活动，吸引了大量的游客和研学团体。通过这些努力，河北省的红色文化资源得到了有效的保护和传承，也为当地的社会经济发展注入了新的活力。

在新时代背景下，河北省的红色文化资源面临着新的发展机遇。随

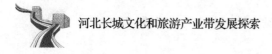

着对历史文化的兴趣日益增长，人们对红色文化的需求也在不断上升。河北省可以依托其丰富的红色文化资源，进一步探索红色文化与现代旅游、教育、艺术等领域的融合发展路径，开发出更多具有时代特色和创新性的红色文化产品和服务，让红色文化在新时代焕发出新的光彩。

河北省的长城红色文化，从广泛的角度来看，起源于中国共产党的成立，然后随着河北人民在长城分布区域开展的革命战争、社会主义建设和改革开放活动逐步形成。而从更具体的角度来考察，河北长城红色文化主要指的是从近代到中华人民共和国成立期间，中国共产党领导的河北长城文化带区域政权建设、抗日战争和革命活动等遗留下来的遗址、纪念地，以及所体现的革命精神和英雄事迹，它们构成了河北长城红色文化的核心内容。可通过对《旅游资源分类、调查与评价》（GB/T 18972—2017）等相关政策文件的深入解读，结合河北省文化旅游资源的特点，对河北省内的红色文化旅游资源进行系统的提炼和分类，从而创建一个包含多个重要革命遗址和纪念地的优质红色文化基因库。通过这一基因库，人们可以清晰地看到河北长城红色文化的丰富内涵和独特价值。

河北长城红色文化的谱系（表7-2），反映了中国共产党在河北长城区域的革命历史和斗争轨迹。从早期的秘密联络点、革命斗争遗址，到抗日战争时期的战场遗址、指挥部旧址，再到中华人民共和国成立后的红色教育基地和纪念馆，这些红色基因不只是河北省宝贵的文化资源，也是全体中华儿女共同的精神财富。在当下，河北省正积极挖掘和利用这些红色文化资源，通过建设红色旅游景点、开展红色教育活动、举办纪念展览等形式，让更多的人了解和学习长城沿线的红色历史，传承和弘扬革命先辈的英雄事迹和崇高精神。通过这些活动，河北长城红色文化正在成为连接过去与未来、激励当代与启迪后人的重要力量。

表7-2　长城（河北段）红色基因谱系

时间	地点	事件	经典提取	备注
1902 年	山海关老龙头北湾子村	八国联军军营旧址	六国营盘是八国联军中的英、法、德、日、意、俄六国所建。前事不忘后事之师，牢记历史，勿忘国耻	营盘遗址是八国联军侵华的历史见证
1907—1924 年	昌黎县五峰山、山海关、冷口	李大钊革命活动旧址	李大钊在此写出重要的马克思主义著作，山海关打响长城抗战第一枪	现有李大钊革命活动旧址陈列馆与李大钊雕塑，迁西建有喜峰雄关大刀园
1933 年	无名口、罗文峪口等	榆关抗战	大刀突击队，激发了"大刀进行曲"的诞生	山海关有"抗战第一枪"雕塑以及秦皇岛烈士陵园
1937—1944 年	倒马关、紫荆关、插箭岭等关口	八路军依托长城与日本侵略者进行战斗	战地记者沙飞拍摄了很多八路军在长城上作战和行军的照片	—
1938 年	蔚县草沟堡王喜洞村	开辟了张家口的第一块抗日根据地	根据地领导的武装进行自主作战或协助大部队作战，有力地打击了敌人的扫荡	村子有根据地遗址、日军的炮楼遗迹
1938 年	蔚县飞狐峪明铺村	明铺伏击战	该战役是八路军在抗日期间的经典战例	—
1939 年	涞源雁宿崖、黄土岭地区，中山国长城旧址	黄土岭战斗	此役打死日军"名将之花"阿部规秀，是八路军反"扫荡"的成功案例	现有雁宿崖黄土岭战役胜利纪念碑及碑亭一座
1939-1945 年	秦皇岛市抚宁天马山景区	马骥将军墓	马骥在冀东敌后进行战斗，有效打击了日军及伪军的势力，为解放战争做出了不朽的贡献	—

时间	地点	事件	经典提取	备注
1942—1945 年	秦皇岛市花厂峪村、明长城花厂峪口	花厂峪口阻击战	建立起以花厂峪为中心的抗日游击根据地	现有革命烈士纪念碑及陵园一座、抗战纪念馆一座
1945—1946 年	张家口市宣化区	察哈尔民主政府旧址	—	全国红色旅游经典景区名录
1945—1946 年	张家口市宣化区	晋察冀军区司令部旧址	—	2013 年全国重点文物保护单位
1945 年	秦皇岛市青龙满族自治县三星口乡三星口村	凌青绥抗日根据地的最前沿	青龙满族自治县人民在中国共产党的带领下与日本侵略者进行了顽强的斗争	三星口地区抗战纪念馆
1947 年	秦皇岛板厂峪长城景区	凌青绥县委遗址	时任村农会主任的杨来被国民党特务在板厂峪长城敌楼下杀害	板厂峪村也是革命老区
1948 年	秦皇岛市山海关	四野临时指挥部	第四野战军在此指挥准备平津战役	秦皇岛市重点文保单位
1958 年	秦皇岛市卢龙县柳河北山村	冀东抗日	毛泽东给予"全国解放没有冀东不行，冀东没有李运昌不行"的伟大评价	冀东抗日纪念馆

第二节　河北长城文创的市场需求与开发策略

一、河北长城文创的市场需求分析

在相关研究中，笔者设计并实施了一项关于河北长城文创产品体验及满意度的问卷调查。该调查基于广泛的文献审查和对先前研究成果的综合分析，旨在深入了解游客对于河北长城文创产品的体验情况以及他们的满意度。问卷由三个部分组成，分别涉及游客的人口学特征、对文创产品的体验情况，以及使用李克特量表法测量的满意度。调查过程在2021 年 7—9 月期间展开，笔者利用暑假时间在长城的不同段落，如山海关、金山岭、大镜门等地进行现场走访，同时通过网络链接收集数据，确保了数据的多样性和广泛性。调查对象包括游客和文创产品爱好者，共计发放问卷260份，有效回收问卷235份，显示出较高的参与度和有效性。

通过对调查结果的细致分析可以发现，参与本次调查的游客群体在性别、年龄、职业、收入和教育背景等方面呈现出明显的特征。性别分布上，女性参与者明显多于男性，这可能反映了女性在文创产品消费中的主导地位。年龄分布上，绝大多数被调查者集中在18～65岁，尤其是青年人和中年人群体，这表明了这一年龄段的游客对长城文化和文创产品具有较高的兴趣，也有较高的消费能力。职业背景方面，学生群体占比最高，说明年轻一代对长城文化和文创产品有浓厚的兴趣。在收入水平上，大部分被调查者月收入在3000元以下，反映了调查对象中中低收入群体的比例较高。教育水平方面，绝大多数参与者拥有大专或本科以上学历，表明受调查群体普遍具有较高的教育背景，而这可能增强他们理解长城文化和精神内涵的能力。

在对河北长城文创产品的调查分析中，对游客的熟悉度、购买行为以及购买动机进行了详细的探讨。调查显示，游客对于河北长城各著名点段的熟悉程度存在明显的差异，其中一部分点段因其历史意义和文化价值在公众中享有较高的知名度。此外，尽管长城文创产品在市场上的存在感逐渐增强，但仍有相当比例的游客表示未曾购买过这类产品，这暗示着文创产品的市场潜力有待进一步开发和利用。从具体产品的吸引力来看，纪念品类的文创产品因其独特的文化元素而受到游客的青睐，这反映了游客对于具有纪念意义的文化产品的偏好。与此同时，日用品和土特产类的文创产品也因融入了长城文化元素而受到关注，但奢侈品类的文创产品在受众中的占比相对较低，这可能与其价格和消费群体的具体需求有关。在探究游客购买文创产品的主要动机时，纪念价值被视为最重要的因素，这凸显了文创产品作为文化传播和记忆载体的重要作

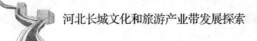
用。同时，长城文化或精神的传承是游客选择购买文创产品的关键原因之一，反映了随着国家文化公园建设的推进，公众对长城文化的认识和重视程度日益提高。除此之外，产品的使用价值和性价比也是影响游客购买决策的重要因素。

综上所述，虽然河北长城文创产品市场存在一定的挑战，但通过深入分析游客的需求和偏好，开发更多富有创意和文化内涵的产品，有助于提升文创产品的吸引力和市场潜力。此外，加强长城文化宣传和教育，提高公众对长城精神的理解和认同，也将为文创产品的推广和销售创造更加有利的环境。

二、长城文创产品开发的提升对策

一般来说，文化创意产品具有较高的文化和精神内涵，呈现高超的工艺技术，不仅能满足市场的需求，还能带来较高的附加值。

（一）依据目标市场进行市场定位

在针对长城文创产品的市场策略制定中，首要步骤是对市场进行细致的划分，识别出具有不同需求和偏好的消费者群体，这些群体可能按照年龄、职业、兴趣等因素有所区分。接下来，根据这些细分市场的具体需求、市场上的竞争状况、企业自身的竞争优势，以及提供独特长城文创体验产品的可行性，来确定一个或多个重点市场作为攻略目标。为了让体验设计更加个性化，必须考虑到不同消费者群体在年龄和知识背景上的差异，这不仅体现在体验场景的创设和氛围营造上，还包括服务人员的着装、服务态度和语言使用，以及产品和环境设置等方面，以触动消费者的全方位感官体验。在长城文创产品的销售中，纪念品类产品占据核心地位。为了更好地满足消费者对参与感的追求，各地手工艺品制造企业或基地应当基于市场细分结果，在工厂区域内设立专门的生产体验区，以此激发消费者的购买兴趣。

（二）树立长城文创产品品牌形象策略

在当前竞争日益激烈的长城文创产品市场中，品牌建设成为企业赢得市场和提升社会及经济效益的关键。品牌价值的核心在于消费者对其的忠诚度，而知名品牌往往能为企业带来更高的附加价值和利润。对于长城文创产品而言，确保质量是构建强势品牌形象的基础。在此前提下，首先，需要积极推进长城文创产品品牌的自主建设，支持有实力的企业进行商标注册，争取国家、省级著名商标和市级知名商标认定，同时获得各种质量和原产地认证。其次，强化品牌宣传与保护，通过组织培训增强企业的品牌意识，统一策划推介活动，让长城文创产品的品牌声誉"走出去"，同时加强品牌知识产权的保护，营造有利于品牌发展的环境。最后，提高对成功创建和保护品牌的企业及单位的奖励力度，为其提供必要的支持和奖励。

在营销策略上，对准目标市场，采取多元化的新媒体营销手段，特别是利用"直播带货"这一现代传播方式，不仅能够拓宽销售渠道，还能创新服务模式，从而将线下体验无缝转移到线上，实现服务的无限扩展。通过"直播"方式，不仅能够直观展示产品特性，还能通过主播与潜在消费者的实时互动，增强双方的连接，从而有效提升长城文创产品的市场认知度和品牌影响力。通过这种互动性强的销售方式，不仅可以增加消费者对长城文创产品的兴趣和好奇心，还能进一步扩大品牌的市场影响力，为长城文创产品的品牌建设和市场拓展提供新的动力和方向。

（三）依托长城文化精神提高文化体验质量

在当下文化消费升级的背景下，人们对于文化体验产品的需求日益增长，尤其是对具有深厚文化底蕴的长城文创产品。长城文化不仅仅是一种物质形态的展现，还是一种精神和文化的传承。因此，提升长城文创产品的文化体验质量，就必须深挖长城文化的精髓，将其融入产品设

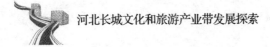

计和体验之中。以下是几个关键策略

1. 产品设计的文化深化：以长城精神为灵感的创新设计

长城文创产品的设计应紧密围绕长城文化及其精神展开，挖掘长城作为世界文化遗产所蕴含的深层次意义。设计时可以考虑长城的历史背景、建筑特色、与之相关的英雄人物、传说故事等元素，将这些文化内涵以创新的形式体现在产品之中。通过精心设计，使产品不再只是一种物质载体，还能传递长城文化精神。

长城沿线地区形成了独特的民俗风情文化，这些文化既是长城文化的重要组成部分，也是长城文创产品开发的宝贵资源。开发团队应深入了解这些地区的传统工艺、节日习俗、民间故事等，将它们融入产品设计之中，创造出既有地方特色又具有文化深度的文创产品。

2. 原材料的文化深化：以长城文化精神为灵魂的材料选择

选择反映长城文化精神的原材料是创造具有深厚文化底蕴的长城文创产品的基础。应当依托长城沿线各地区独有的自然资源和传统材料，如长城附近的土壤、石材、植物等，以及当地传统的手工艺材料，如绢丝、陶瓷、铜铁等，这些都能够使产品更具地域特色和文化价值。通过挖掘和利用这些本土化的材料，不仅能够展现长城文化的独特魅力，还能够促进当地经济的发展，实现文化和经济的双赢。

3. 工艺技术的文化提升：以长城文化精神为核心的制作工艺

选择以长城文化精神为出发点的工艺技术，意味着在生产过程中融入长城文化元素和精神。这包括结合传统手工艺技术和现代制造技术，以及运用创新设计思维。传统手工艺，如雕刻、绘画、编织等，能够赋予产品独一无二的文化特色和艺术价值。同时，运用现代制造技术和材料，不仅能够提高生产效率，还能够在保持传统韵味的同时，使产品更加符合现代审美和使用需求。通过这种方式，长城文创产品既能够传承和弘扬长城文化，又能满足市场多样化的需求。

4.外在包装的文化表达：巧妙体现长城文化精神的包装设计

外在包装是长城文创产品的"第一印象"，直接影响消费者的购买欲望。因此，包装设计中融入长城文化精神元素是至关重要的。这包括使用具有长城元素的图案、色彩、文字等，以及包装形式的创新设计。例如，可以采用长城砖石的纹理作为包装纸的背景图案，或者利用长城历史故事中的人物和场景作为包装设计的主题。此外，包装材料的选择也应体现环保和可持续理念，不仅符合当下的绿色消费趋势，还是对长城文化尊重和负责的体现。

第三节 河北"红色长城"之旅品牌培育路径

一、精选"红色长城"品牌主题线路

（一）构建播撒火种主题线路

在深刻挖掘和精心打造"红色长城"品牌主题线路的过程中，"播撒火种"主题线路作为其核心之一，不仅有助于对历史进行深度回望，还有益于对革命精神的传承和学习。河北省，作为中国共产主义运动的发源地之一，承载着丰富的红色历史和文化。在这片土地上，无数先驱者用他们的革命行动，在长城内外播撒了新中国的火种。

"播撒火种"主题线路以河北乐亭人李大钊的故居、纪念馆为起点，李大钊不仅是中国共产主义运动的先驱，还是中国共产党的创始人之一。他的革命足迹遍布河北唐山、秦皇岛等地，与长城的每一砖每一瓦都密切相关。李大钊的革命活动旧址，不只是一处处静默的建筑，更是中国共产党初期斗争历史的见证，承载着无数革命先烈的理想和信仰。

从李大钊故居和纪念馆出发，线路延伸至台城村，这里见证了全国第一个农村党支部的创建。在那个年代，正是这些如星火般的党支部，

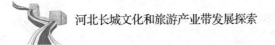

在中国大地上迅速蔓延，最终汇聚成推翻旧社会、建立新中国的燎原之火。台城村不仅仅是一个地点的名称，还代表了中国共产党在农村中坚持革命斗争的决心和智慧，是红色精神在农村大地上的生动展现。沿着这条线路，游客不仅能够亲身感受到革命历史的厚重，还能够深刻理解到，正是无数像李大钊这样的革命先驱，以及在全国各地如台城村这样的革命基点，共同构筑了中国共产党早期革命斗争的坚实基础。每一站都不仅仅是对过去的追忆，还是对未来的期许，提醒着每一个人，不忘初心、牢记使命，继续前进。此外，"播撒火种"主题线路还将通过各种形式的活动，如重走革命路线、参与红色教育课程等，让参与者身临其境地体验和感悟革命先辈的奋斗历程和伟大精神。

（二）构建太行山抗战主题线路

在中国近现代史上，太行山区域不仅是抗日战争时期重要的敌后抗战阵地，还是晋冀鲁豫抗日根据地的核心区域，其地理位置的战略意义和在抗战历史中的地位不容忽视。依托于河北省丰富的红色历史文化资源，构建"抗日烽火——太行抗战红色之旅"主题线路，旨在深化对这一时期中国人民抗日战争精神的了解与传承。该主题线路精心选取了邯郸市晋冀鲁豫烈士陵园、滦平县金山岭长城、大境门、黄土岭战斗遗址等地作为关键访问点。这些地点不仅是抗日战争期间重大历史事件的发生地，还是革命精神传承的重要载体，集中体现了当时革命队伍与广大人民群众在极其艰苦的条件下的英勇斗争和巨大牺牲。晋冀鲁豫烈士陵园，作为该线路的一个核心访问点，收集并展示了大量抗战时期烈士的事迹与遗物，是对抗日英烈最直观的纪念。通过对这些烈士事迹的学习，可以深刻了解抗日战争时期中国共产党领导下的革命军队和广大人民群众的英勇斗争，以及他们为民族独立和人民解放所作出的巨大牺牲和不朽贡献。金山岭长城、大境门、黄土岭等战斗遗址，作为抗日战争期间重要的军事防御和战斗发生地，见证了太行山区革命军队和人民群众在敌后坚持长期抗战、粉碎日军"三光"政策、保卫家乡和国土的英勇事迹。这些地点的历史价值和教育意义，在于它们不仅展现了太行山区在中国抗日战争中的独特地位和作用，还凸显了中国人民在民族危难时刻，团结一心、不畏强敌的民族精神和坚强意志。

"抗日烽火——太行抗战红色之旅"主题线路的建立，不仅为广大民众提供了深入了解中国抗日战争历史的机会，还有助于人们得到精神的洗礼。它通过具体的历史地点和生动的历史事迹，将那段硝烟弥漫的岁月再次呈现于世人面前，使参观者能够身临其境地感受那个时代中国人民不屈不挠的抗战精神。此外，该线路的开发和推广，还将进一步促进河北省乃至整个太行山区的红色旅游发展，为推动地区经济社会发展提供新的动力。通过对这些红色文化遗产的保护和利用，不仅能够使更多人了解和铭记抗战历史，还能够激发全社会尤其是青少年对中国革命历史和革命先烈的敬仰之情，进一步弘扬和传承抗日战争时期伟大的爱国主义精神和英雄主义精神。

二、完善"红色长城"品牌保护模式

（一）建立基于长城文化旅游资源的"红色长城"文旅融合发展体系

建立基于长城文化旅游资源的"红色长城"文旅融合发展体系，旨在深度挖掘和有效利用河北长城段丰富的红色文化资源，以此为依托，推动文化旅游的深度融合，打造具有历史意义、文化价值和旅游吸引力的品牌。这一发展体系不仅能够促进河北"红色长城"品牌的发展，还能够为游客提供丰富多元的文化体验，同时为当地经济社会发展注入新的活力。

首先，通过对河北长城文化旅游资源进行全面的调查、审视和分析，精心编制长城（河北段）红色文化资源目录。这一步骤要求深入研究长

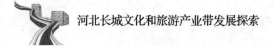

城沿线的历史文化遗存，包括重要的革命遗址、红色故事和文化遗迹，而且要考虑这些资源的历史价值、艺术价值和教育意义，确保红色文化资源的完整性和系统性。通过这种方式，可以更加系统和科学地规划和开发长城红色文化旅游资源，为后续的旅游产品开发和市场推广提供坚实的基础。

其次，加速长城（河北段）红色文化资源向宜游化转化。这一过程中，需要创新旅游产品和服务，将红色文化资源融入旅游解说、文创产品开发、主题活动策划等方面，通过故事化、情景化的旅游体验设计，让游客在参观游览的同时，能够深刻感受到红色文化的魅力和价值。同时，注重旅游产品的差异化和特色化，避免同质化竞争，提升旅游吸引力和市场竞争力。

最后，在完善长城红色文化、文物资源保护机制方面，需要建立健全的法律法规体系，加强对红色文化遗产的科学保护和合理利用，确保文化遗产的完整性和真实性。通过设立专项基金、引入社会资本等方式，为长城红色文化资源的保护和开发提供充足的资金支持。同时，加强对相关工作人员的培训和教育，提高其专业素质和业务能力，确保保护和利用工作的专业性和有效性。

实施长城红色文化传承创新工程，是建设河北长城红色文化旅游高地的重要举措。这要求在传承红色文化的基础上，不断探索和创新，将现代科技手段和创新理念融入红色文化传承之中，通过数字化展示、虚拟现实技术等手段，为游客提供更加生动、直观的红色文化学习和体验平台。同时，充分挖掘红色文化内涵，开发符合现代审美和消费需求的文化产品和服务，让红色文化在新时代焕发新的生命力。

（二）建立对标"红色长城"建设任务书的品牌培育机制

在遵循《长城国家文化公园（河北段）建设保护规划》及《长城周边风貌管控导则》等政策文件的基础上，对"红色长城"品牌的培育机制进行深化与完善，是促进河北区域"红色长城"品牌系统化、一体化发展的关键。这要求构建一个全面的品牌培育体系，明确不同主体在品牌建设、保护与推广中的角色与职责，确保各方协同作用，共同推进"红色长城"品牌的深入发展。

政府部门需承担起规划引导、政策支持、资源整合和监督保护的重要职责。政府应通过出台相关政策、提供资金支持、营造良好的发展环境等措施，为"红色长城"品牌的培育提供坚实的基础。此外，政府还需加强对长城及其周边环境的保护，确保文化遗产得到合理利用和有效传承。企业和民间组织作为品牌建设的重要力量，应积极参与到"红色长城"品牌的培育和推广中来。企业可以通过投资文化旅游项目、开发红色文化旅游产品、组织文化交流活动等方式，为"红色长城"品牌的传播与推广贡献力量。民间组织则可以依托其丰富的社会资源和灵活的运作机制，开展各类红色文化教育和宣传活动，增强公众对"红色长城"品牌的认知和认同。

为确保品牌培育机制的有效实施，应明确品牌定位、发展目标、实施路径和评估机制。对品牌建设过程中各项工作的规范管理，可以有效提升"红色长城"品牌的影响力和竞争力。同时，加强对"红色长城"品牌培育成果的宣传推广，是提高品牌知名度和影响力的关键。利用现代信息技术，如互联网、社交媒体等平台，进行创新宣传，讲好"红色长城"的故事，展现其独特的文化价值和历史意义，可以吸引更多国内外游客的关注和兴趣。此外，建立长效机制，持续优化和完善"红色长城"品牌培育体系，是确保品牌可持续发展的关键。这包括加强品牌建设与市场需求的对接、不断提高服务质量、积极探索文化旅游市场的新模式和新路径等，以适应不断变化的市场环境和公众需求。

（三）建立"长城保护员＋红色护卫队＋高校志愿者"联合的"红色长城"品牌管控保护模式

在长城国家文化公园（河北段）建设的大背景下，针对河北长城区域红色文化资源的丰富性，一种创新性"红色长城"品牌管控保护模式得以提出。这种模式旨在通过多元化、多主体的合作机制，将保护责任和爱护行动下沉到社会各层面，形成覆盖广泛的保护网络，实现"红色长城"品牌的有效管控与保护。"长城保护员＋红色护卫队＋高校志愿者"联合的保护模式，是这种多元合作机制的典型代表。

以长城遗址地区的村落居民为主体成立的长城保护员队伍生活在长城附近，对当地的环境、文化和历史背景有着深刻的了解和感情。长城保护员不仅在日常生活中担负保护长城的责任，如清理长城遗址周边的垃圾，参与长城修缮等活动，还能在保护工作中发挥宣传教育的作用，增强当地社区居民的长城保护意识。

红色护卫队则以全国各地的长城爱好者和红色文化研究者为主体，他们对长城和红色文化有着浓厚的兴趣和热爱，具备一定的专业知识和技能。组织红色护卫队参与长城保护和红色文化传播活动，不仅可以利用他们的专业优势，进行长城历史文化研究和宣讲，还可以通过他们的社会影响力，吸引更多人关注和参与到长城保护中来。

高校志愿者作为高校学生构建的志愿服务队伍，年轻活力，充满热情，是传播红色文化和长城保护理念的重要力量。组织高校学生参与长城保护活动和红色文化教育项目，不仅可以提升他们的社会实践能力和历史文化素养，还能借助他们的创新思维和网络平台，将长城保护和红色文化传播到更广泛的社会空间。

这一"红色长城"品牌管控保护模式的实施，需要建立完善的组织协调和资源支持机制。政府部门应发挥主导作用，制定具体的政策措施和操作指南，提供必要的财政资金支持。同时，应加强社会各界的沟通合作，鼓励和引导更多的社会力量参与到长城保护工作中来，形成政府引导、社会参与、专家支持、公众协作的长城保护新格局。通过这种联合的保护模式，可以更有效地整合各方资源，发挥各自优势，共同守卫长城，共护"红色长城"品牌，为传承和弘扬长城文化、保护国家文化遗产、推动红色文化旅游发展作出新的更大贡献。

三、创新"红色长城"品牌业态谱系

（一）探索"红色长城"产教融合新范式

在推动"红色长城"文化传承与创新发展的进程中，探索"红色长城"产教融合新范式，成为一项重要任务。这一新范式旨在通过文化引领，整合河北长城沿线的高校、企业等资源，进行深入的产学研合作，挖掘和利用红色文化资源，推动文化创意与创新教育的深度融合，加速河北长城沿线文创服务产业的发展。

河北长城沿线富集的红色文化资源，如喜峰口长城抗战遗址、冀东抗日根据地等，不仅有助于研究中国近现代历史，还有助于进行文化创意开发。将这些红色文化资源与长城的建筑特色、地域风貌、传统民俗等元素融入艺术设计教学课程，不仅可以丰富教学内容，激发学生的创造力和创新能力，还可以培养学生对国家历史文化的认同感和自豪感。在产教融合的过程中，高校可以发挥其在人才培养、科学研究方面的优势，并与企业紧密合作，共同开展课题研究、项目开发等活动。例如，高校可以依托自身的艺术设计、文化研究等学科专业，对长城沿线的红色文化资源进行深入研究，提炼出具有地域特色的艺术视觉符号，为企业提供创新设计方案和文化产品开发思路。

同时，企业在这一过程中可以提供实践平台和市场资源，支持高校的教学和科研活动，促进学生实践能力和创新能力的提升。企业还可以根据市场需求，指导高校调整教学内容和研究方向，使学术研究和人才培养更加贴近产业发展的实际需求，提高教育的应用性和实效性。通过这种产教融合新范式的实施，可以有效集聚高端文创人才，加速河北长城沿线文创服务产业的发展。这不仅有助于提升河北长城文化旅游的品质和竞争力，还推动了地方经济发展，促进了社会文化繁荣。此外，产教融合还应注重成果的应用和转化，通过建立高校与企业之间的长效合作机制，加强知识产权保护，鼓励和支持将科研成果转化为实际的文化产品和服务，推动文化创意产业的持续健康发展。

（二）创新打造"红色长城"文化创意产品

在"红色长城"文化传承与创新发展进程中，创新打造以红色文化为灵魂的文化创意产品成为一项重要工作。这不仅需要深度挖掘河北区域红色长城的文化内涵，还要积极培育以红色文化为品牌的文创企业。通过创新设计，开发出具有河北区域特色和红色文化特征的文创产品，以此增强品牌的辐射和外溢效应，彰显河北"红色长城"的深厚文化底蕴和生命力。

加大"红色长城"文创产品的开发力度，是实现文化价值转化的关键一步。通过整合河北长城沿线的红色文化资源，如喜峰口长城抗战遗址、山海关保卫战史迹、冀东抗日根据地等，系统提炼红色文化的核心元素和象征意义，开发河北区域专属的红色长城 IP 形象及其衍生文创产品。这些文创产品不仅要体现红色长城的历史文化特色，还要符合现代审美和消费需求，以吸引更广泛的消费群体。

河北非物质文化遗产与长城红色文化的融合，为文创产品的创新开发提供了丰富的素材和灵感源泉。利用河北地区独有的非物质文化遗产，如剪纸、夯墙技艺、手绘、年画等，结合红色文化的主题内容，创新设计出一系列具有鲜明长城红色文化特征的工艺品和纪念品。这些文创产品不仅能够传承和展示河北的传统工艺美术，还能够深化公众对"红色长城"文化的认识和理解。

为了实现这一目标，文创企业、设计师、手工艺人之间需形成紧密的合作关系。文创企业要发挥自身的品牌运营和市场开拓能力，吸引并汇聚优秀的设计师和手工艺人共同参与文创产品设计和制作。同时，高校、研究机构等学术界需予以支持，提供关于红色文化和非物质文化遗产的研究成果和创新思路，为文创产品的开发提供科学指导和理论支撑。此外，加强文创产品宣传推广，是扩大"红色长城"品牌影响力的有效途径。利用网络平台、社交媒体、文化展览等多种渠道，广泛传播河北"红色长城"文创产品的文化价值和艺术特色，可吸引更多消费者的关注和兴趣。通过举办文创产品设计大赛、文化创意市集、手工艺人工坊等活动，可创设良好的文化创意氛围。

（三）实施"红色长城"文化数字再现工程

　　在河北长城红色文化资源的保护与传承方面，实施"红色长城"文化数字再现工程显得尤为重要。这一工程不仅能够利用现代信息技术，对河北红色文化资源进行高效管理和动态监控，还能通过数字化手段，使红色文化的展示更加生动、丰富，从而提升"红色长城"品牌的影响力和时代感。

　　基于对河北长城红色文化资源的全面普查与统计，建设一个数字化管理平台是工程的基础工作。这个平台不仅有助于实现河北红色文化资源的集中存储、分类管理和动态更新，还能通过数据分析，为长城红色文化旅游产业的发展提供精准的支持和服务。例如，通过分析游客的访问数据，可以优化旅游路线、开发新的旅游项目，实现红色文化资源的高效化利用。

　　搭建一个可阅读式的"红色长城"数字云平台，是对红色文化资源进行数字化展示的重要途径。通过对英雄烈士、历史事件、革命事迹等红色文化内容的数字化采集与呈现，构建一个"数字红色长城"场馆展示体系，不仅能够让公众随时随地通过互联网访问和学习红色文化，还

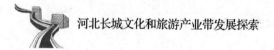

能利用虚拟现实（VR）、增强现实（AR）等技术，为用户提供沉浸式的学习和体验环境，使红色文化的传播更加直观、生动。

此外，对长城数字衍生品进行升级，是提升"红色长城"品牌新时代属性的重要措施。开发非同质化代币（NFT）长城数字文创藏品，不仅能够为红色文化的传播提供新的形式和载体，还能够借助区块链技术保证数字藏品的唯一性和安全性，增加红色文化传播的互动性和参与度。通过创意驱动和科技赋能，不断探索"红色长城"数字藏品的设计和创作新模式，可以有效促进红色文化创意产业的发展，为"红色长城"品牌增添新的时代特色。

第八章　河北长城文化旅游产业带空间结构的优化

第一节　河北长城文化旅游产业带空间结构要素及空间分布特征

一、长城文化旅游产业带空间结构要素构成及分析方法

（一）长城文化旅游产业带空间结构四大构成要素

长城文化旅游产业带的空间结构是旅游活动各要素在空间中的相互作用和组织形式的集合。这种结构不仅反映了长城文化旅游产业带的地理特征和旅游资源的分布，还揭示了旅游活动的组织和运行机制。在这个空间结构中，旅游资源要素、旅游接待设施要素、旅游交通要素和旅游客源市场四大构成要素扮演着关键的角色。

旅游资源要素是长城文化旅游产业带空间结构的核心。旅游资源包括自然景观、文化遗产、历史遗迹等，这些资源的丰富性和多样性吸引了众多游客。在长城文化旅游产业带中，旅游资源的分布和特点直接影响着旅游目的地的吸引力和竞争力。因此，对于旅游资源的合理开发和保护，是长城文化旅游产业带发展的重要内容。下文将对此要素进行详细介绍。

旅游接待设施要素是确保游客获得良好旅游体验的重要支撑。这包括酒店、餐饮、购物、娱乐等服务设施，以及公共卫生、安全、信息服务等基础设施。在长城文化旅游产业带中，旅游接待设施的质量和服务水平直接影响游客的满意度和回访意愿，对旅游目的地的品牌形象和口碑也有重要影响。下文将对此要素进行详细介绍。

旅游交通要素是连接游客和旅游目的地的重要通道。交通网络的便捷程度、覆盖范围和服务质量，直接决定了旅游目的地的可达性和吸引力。在长城文化旅游产业带中，交通网络的优化，不仅有助于提升游客的出行效率，还能促进区域旅游资源的整合和共享。

旅游客源市场是旅游目的地生存和发展的源泉。客源市场的大小和特性，反映了旅游资源的吸引力和市场潜力。长城文化旅游产业带需通过市场调研和营销策略，深入了解和挖掘潜在的客源市场，从而实现旅游收入的最大化和可持续发展。

（二）长城文化旅游产业带空间结构要素分析方法

在相关研究中，需采取一系列空间分析技术来深入探讨长城文化旅游产业带的空间结构组成要素。这包括最邻近指数法、核密度分析、交通网络连接度和通达度指数等方法，旨在综合评估长城文化旅游产业带内的旅游资源、接待设施、交通网络以及客源市场的空间分布特征。

（1）最邻近指数法：此法用于测量空间元素的相邻程度。通过对比实际和理想距离之间的差异，可确定空间点是否呈现随机、均匀或集中的分布模式。

（2）核密度分析：该方法评估点状元素在特定区域内集聚的程度。设置特定搜索半径后，核密度分析帮助识别旅游资源点在空间上的聚集情况。

（3）交通网络连接度：此分析衡量了从一个节点到网络中其他所有节点或边的可达性，反映交通网络的综合发展水平。本文采用回路性（网络中循环的数量和质量）、连接度（节点平均连接数）和连通性（节点间实际连接与最大理论连接比）三个指标来评估。

（4）通达度指数：通达度指数测量网络中某节点至其他所有节点的最短路径平均长度。通达度指数越低，表示目的地的可达性更好，即从任一点到达目的地的平均距离更短。

综合运用上述方法，可全面描绘长城文化旅游产业带的空间布局，包括旅游资源与设施的空间分布，交通网络的布局特征，以及客源市场的地理分布情况。这些空间分析结果为优化长城文化旅游产业带的规划布局、提升旅游服务质量和效率提供了科学依据。

二、旅游资源要素现状及空间分布特征

长城文化旅游产业带的旅游资源是河北长城文化旅游发展的关键吸引因素，它们构成了该地区旅游发展的资源基础。在河北长城沿线，旅游资源被分类为历史文化遗产资源、红色文化资源和自然生态资源。通过运用最邻近指数分析法和核密度分析方法，笔者对长城文化旅游产业带内的旅游资源进行了空间分布模式分析，探究了这些资源在空间上的分布密集程度以及密集分布点的具体位置。这样的分析有助于更好地了解和优化长城文化旅游产业带的空间布局，为未来的旅游规划和发展提供科学依据。

（一）旅游资源要素类型与赋存

河北段长城，作为中国历史的重要见证，不仅蕴含着丰富的历史文化遗产，还涵盖了独特的自然生态景观和红色文化资源。这一段长城的旅游资源在《旅游资源分类、调查与评价》（GB/T 18972—2017）国家标准框架下，被细致地分为历史文化遗产资源、红色文化资源和自然生态

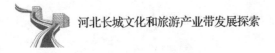

资源三大类。这种分类不仅体现了资源的多样性，还反映了地区特色和历史背景的深厚积淀。

河北段长城沿线的历史文化遗产资源包括了丰富的物质和非物质文化遗产。物质文化遗产主要指那些具有实体形态的文化遗存，如古建筑、古遗址等，而非物质文化遗产则包括民间艺术、传统手工艺、民俗活动等。河北长城沿线的国家级物质文化遗产和非物质文化遗产数量占京津冀地区的比例显著，在张家口、保定、石家庄、邯郸等市域分布较多，这一分布状况不仅反映了河北段长城的厚重历史文化，还体现了其在区域文化遗产保护中的重要地位。

红色文化资源是河北长城文化旅游产业带的一大亮点。在抗日战争和其他革命战争期间，长城沿线是重要的战场和革命活动区域。这里留下了众多爱国主义教育基地和红色旅游景区，如唐山喜峰口长城抗战遗址、张家口察北抗战遗址和太行山上的抗战纪念地。这些资源具有重要的历史价值，也是当代爱国主义教育和红色旅游的重要组成部分。根据统计，河北长城沿线的国家级爱国主义教育基地和红色旅游景区数量在京津冀地区占有很大比例，这些资源的存在丰富了河北长城文化旅游产业带的内涵，为游客提供了多元化的历史体验和学习机会。

自然生态资源则是河北段长城沿线另一大特色。这一地区跨越燕山山脉、太行山山脉、冀北山地、坝上草原等多个地理单元，自然景观丰富多彩，同时涵盖了森林、湿地、草原等多种类型。长城沿线的国家级自然公园包括风景名胜区、地质公园、森林公园、湿地公园、草原公园和沙漠公园等，这些公园在承德和张家口等地区分布较多，它们不仅是自然爱好者的天堂，还为研究中国北方的自然环境和生态系统提供了宝贵的资料。

（二）旅游资源空间分布特征

1.旅游资源空间分布模式

在分析长城文化旅游产业带内的旅游资源时，可对这些资源点的空间位置进行可视化处理，并应用最邻近指数法来测量这些旅游资源的集聚或离散程度。结果显示，长城文化旅游产业带区域内的各类旅游资源——包括国家级物质文化遗产资源、非物质文化遗产资源、红色文化资源和生态资源——的 P 值均低于0.01，且最邻近指数均小于1（分别为0.474、0.317、0.466、0.535）。这些数据表明，在99%的置信水平上，长城文化旅游产业带内的旅游资源呈现出明显的集聚趋势。这种集聚态势说明，长城文化旅游产业带的旅游资源在空间上不是均匀分布的，而是倾向于在某些特定区域集中。这种集聚现象可能与历史文化背景、自然环境、交通便利性，以及历史上的重要事件等因素有关。例如，具有丰富历史遗迹的区域往往会吸引更多的物质和非物质文化遗产资源；而自然景观优美、生态环境良好的区域，则更可能集聚生态资源。此外，红色文化资源的集聚可能与历史上的重要革命事件密切相关。这些集聚态势对于长城文化旅游产业带的旅游规划和管理具有重要意义。了解旅游资源的空间分布特征有助于合理规划旅游路线、优化旅游服务设施布局，以及提升旅游目的地的整体吸引力。此外，这些信息还可以为保护和开发旅游资源提供科学依据，确保旅游发展与文化遗产保护和自然生态保育之间的平衡（表8-1）。

表8-1　长城文化旅游产业带旅游资源最邻近指数及空间分布类型表

资源类型	旅游资源点数（个）	P 值	观测最邻近距离（km）	理论最邻近距离（km）	最邻近指数（R）	空间分布模式
物质文化遗产资源	303	0.000	7.44	15.69	0.474	集聚型
非物质文化遗产资源	114	0.000	7.52	23.60	0.319	集聚型

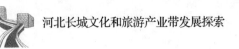

资源类型	旅游资源点数（个）	*P* 值	观测最邻近距离（km）	理论最邻近距离（km）	最邻近指数（R）	空间分布模式
红色文化资源	49	0.000	15.94	34.18	0.466	集聚型
生态资源	87	0.000	15.45	28.86	0.53	集聚型

2. 旅游资源空间集聚状况

在探究河北省长城文化旅游产业带的旅游资源空间集聚情况时，笔者运用了 ArcGIS 10.6 软件中的核密度分析工具，揭示了河北长城文化旅游产业带旅游资源的独特空间分布特点。具体来看，历史文化遗产资源在空间上呈现出带状的密集分布特征。这些资源沿太行山地带分布，主要集中在张家口南部、保定、石家庄、邢台和邯郸地区。特别值得一提的是，张家口蔚县地区的物质文化遗产资源核密度最高，这反映了该地区在历史文化遗产保护和展示方面的重要性。

红色文化资源的分布呈现出片区式的格局。这类资源主要集中在保定、石家庄、唐山和张家口等城市，沿太行山、燕山及张家口长城区域形成了大尺度的分片区布局。这种分布模式反映了长城沿线在历史上的革命文化重要性，同时指出了红色文化旅游资源在空间上的特殊集聚点。自然生态资源的分布则表现为"均匀状 + 核极"式分布。秦皇岛、承德和邢台地区是这类资源的高密集核极区域，而在其他地区则呈现出相对均匀的分布态势。这种分布反映了河北长城沿线自然资源的丰富性和多样性，同时也揭示了其在区域生态旅游发展中的潜力。

综合来看，长城文化旅游产业带内的各类旅游资源普遍呈现出集聚型分布。物质文化遗产和非物质文化遗产资源，主要集中于太行山沿线区域，这可能与该地区丰富的历史文化背景和良好的自然环境密切相关。红色文化资源的片区状分布说明历史事件在特定地区集中发生，并在红色文化传承和教育中发挥重要作用。自然生态资源的"均匀状 + 核极"

分布揭示了河北长城沿线自然景观的广泛分布和局部集中特点，这对于推动区域生态旅游的可持续发展具有重要意义。这种空间分布特点不仅为长城文化旅游产业带的规划和资源管理提供了重要参考，还为未来的文化遗产保护、红色文化传承和生态旅游发展提供了科学依据。通过对这些资源的合理规划和有效利用，可以进一步提升河北长城文化旅游产业带的旅游吸引力和文化教育价值，同时促进地区经济和社会的可持续发展。

三、旅游接待设施要素现状及空间分布特征

旅游接待设施是长城文化旅游产业带旅游系统中的重要供给侧组成部分，它们为游客提供基本的服务保障，满足旅游需求。为了深入了解这些设施的发展状况和空间分布特性，主要从两个角度进行分析：一是以星级酒店为代表的城市接待能力和服务水平，二是以旅行社为代表的城市旅游市场组织能力。在分析星级酒店的空间分布时，可采用最邻近指数和核密度分析工具。最邻近指数用于评估星级酒店在空间上的集中或离散程度，而核密度分析则进一步揭示它们的空间集聚特征。通过这些分析，可以更清晰地了解到星级酒店在长城文化旅游产业带内的分布模式，以及其在不同地区的集聚状况。对旅行社进行分析时，可运用地理信息系统（GIS）中的自然断裂法进行数量分级，并进行空间可视化处理。自然断裂法是一种基于数据自身特征的分类方法，能有效地揭示旅行社数量在不同区域的分布差异。空间可视化则进一步增强了这种分布差异的直观性，使得人们能够更清楚地了解旅行社在长城文化旅游产业带内的空间分布特点。

（一）旅游接待设施要素等级和规模

长城文化旅游产业带的星级酒店大部分分布于河北省。这些星级酒店包括高端的五星级酒店、更经济实惠的二星级酒店，及以下各类酒店，

提供了广泛的住宿选择。星级酒店的客房和床位数量在河北省内也占据了相当比例，显示出该地区在旅游接待能力上的优势。在地理分布上，星级酒店主要集中在张家口、石家庄和保定等城市，其中石家庄在高端酒店方面尤为突出，拥有该地区最多的五星级酒店。此外，长城文化旅游产业带内的旅行社数量同样占据河北省的大部分，而在更大范围的京津冀地区中所占比例则相对较小。旅行社的分布主要集中在秦皇岛、石家庄、唐山和承德等城市。总体而言，长城文化旅游产业带旅游接待设施方面在河北省具有明显的优势，尤其是在提供多样化住宿选择和旅游服务方面。然而，在京津冀整个区域，其优势相对有限。旅游接待设施的分布呈现出对太行山沿线地区以及燕山山脉地区的偏好，这可能与这些地区的丰富旅游资源和旅游吸引力有关。这种分布格局为进一步的旅游规划和资源优化提供了重要参考，有助于提升长城文化旅游产业带的整体旅游服务水平和游客体验。

（二）旅游接待设施要素空间分布特征

1.星级酒店空间集聚状况

在对长城文化旅游产业带星级酒店的空间分布特性进行研究时，可采纳地理信息系统（GIS）中 ArcGIS 软件的最邻近指数（NNI）分析工具进行初步分析。该分析结果揭示长城沿线星级酒店的分布整体倾向于聚集型态。为进一步深入探讨，还可应用核密度估计（KDE）工具，并设置 35 千米为搜索半径，以揭示星级酒店在长城文化旅游产业带内的空间分布密度呈现显著的地域差异性，其整体分布格局呈"点状分散"结构。

具体而言，通过核密度分析可发现，太行山脉沿线的石家庄地区为星级酒店高密度聚集区域，其后依次为保定、邢台及邯郸地区。在冀北的山地及坝上草原区域，以张家口为主的星级酒店聚集区显现。同时，在燕山山脉地带，秦皇岛被识别为另一高密度星级酒店聚集区。这一发现指出，星级酒店的聚集中心主要位于城市中心区域，并且不同城市的酒店密集程度展现出显著的不同。

这种分布特征反映了长城文化旅游产业带内星级酒店的空间分布是受多种因素影响的结果。城市中心通常具有更好的交通、更丰富的商业和娱乐设施，因此成为星级酒店集中的热点区域。此外，这种分布还可能与各地区的旅游资源丰富程度、旅游市场需求和地区经济发展水平等因素密切相关。对这些空间分布特征的认识对于进一步规划和优化旅游接待设施，提高服务质量和满足游客需求具有重要意义。

2.旅行社空间分布特征

在对长城文化旅游产业带旅行社的空间分布进行研究时，可采用地理信息系统（GIS）的ArcGIS软件，并运用自然间断点分级法进行分析。研究结果揭示了旅行社数量在不同城市之间存在显著的差异。具体而言，秦皇岛和石家庄在旅行社数量方面位居最高级别，随后是唐山和承德，而张家口、邯郸以及保定和邢台则位于较低的分级之中。特别是在太行山脉沿线区域，旅行社的数量分布表现出较为明显的差异，其中省会城市石家庄旅行社数量最多，保定和邢台的数量则相对较少。

综合分析表明，长城文化旅游产业带的旅游接待设施在空间分布方面独具特点。作为关键旅游接待设施的星级酒店整体倾向集聚分布，但城市间的密集程度有显著差异，其中秦皇岛、张家口和石家庄成为高密集区域，且这些地区的酒店主要集中在市区内。旅行社数量较多区域主要集中在秦皇岛、唐山和承德等燕山山脉附近，而在保定和邢台则相对较少，展现了城市间旅行社数量的显著差异。这种旅游接待设施的空间分布情况为未来的旅游规划和资源优化提供了宝贵的参考信息，有助于根据不同地区的具体特点和需求，合理规划旅游接待设施，以提升服务水平和游客满意度。

第二节　河北长城文化旅游产业带空间结构优化布局和发展路径

一、长城文化旅游产业带空间结构优化遵循的原则

在优化长城文化旅游产业带的空间结构时，应遵循以下原则：保护优先与合理利用、坚持生态保护与绿色发展，统筹发展与突出特色。

（一）保护优先与合理利用原则

在进行长城文化旅游产业带空间结构优化时，应贯彻文化遗产保护优先与合理开发利用的基本原则。这意味着，长城文化旅游产业带的可持续发展必须建立在对文化遗产的充分保护之上。对长城及其沿线地区涵盖的文化遗产，如历史文化村镇、革命文物以及红色文化遗址等的开发，都需遵循保护优先的原则。实际当中，要对这些文化遗产实施科学的保护和管理措施，确保其历史价值得以长期保存。

保护文化遗产的根本目的在于合理的开发利用。合理的开发利用不仅是促进文物古迹保护的重要手段，还是发挥其文化价值的关键途径。在保护的基础上，应适度开发长城文化旅游产业带内的长城遗址和革命文物等文化资源，以促进长城文化的传承和地方经济的发展。这种开发应以文化遗产的保护为前提，确保在提升区域文化吸引力和经济价值的同时，不损害文化遗产的本质和完整性。通过这种方式，长城文化旅游产业带的开发将与文化遗产的保护形成良性互动，共同推动区域的可持续发展。

（二）坚持生态保护与绿色发展原则

在优化长城文化旅游产业带空间布局的过程中，将生态保护作为核心优先事项并积极推进绿色发展是至关重要的。以河北省境内的长城段

落为例，该地区贯穿燕山、太行山脉以及坝上高原等多样地貌，拥有丰富多样的植被种类、良好的气候条件和丰富的生物，构成了一幅多元且丰饶的生态资源画卷。同时，作为京津冀区域的关键生态防线，长城沿线地带肩负着保护区域生态环境的重大责任。鉴于这些生态系统比较脆弱，容易受到自然及人类活动的干扰，在长城文化旅游发展规划中就必须将生态环境保护作为根本出发点，紧扣绿色发展的宗旨。这涉及实施绿色生态理念、推广绿色生产模式和倡导绿色生活方式，以低碳、环保的方式推动经济增长与社会福祉的双重提升。采取这样的发展路径，不仅有助于长城沿线自然生态系统的保护与修复，还将促进当地社会经济的持续健康发展。

（三）统筹发展与突出特色原则

长城文化旅游产业带空间结构的优化必须遵循综合协调发展与突出区域特色的原则。这一原则体现在多个层面：首先是空间区域层面，沿长城线路的 8 个市区需在规划、管理、决策等方面实现统一共建，共同发展河北段长城文化旅游产业带。其次是空间结构要素层面，涉及旅游资源、交通、接待设施和客源市场等方面的综合协调。最后还应实现区域内文化挖掘、生态保护与经济发展之间的协调，以及城乡间的平衡发展。

在执行综合性的协调策略时，应特别强调长城文化的核心价值。这不仅关乎长城文化遗产的保护与传承，还涉及依据各个区域的自然资源、历史人文背景及社会经济条件，对各地文化特色和资源优势的发掘。通过这种方式，可以促进地区间的文化差异化发展，构建具有区域特色的文化品牌，从而增强旅游产品在市场中的竞争力。

二、长城文化旅游产业带空间结构优化布局

在有关长城文化旅游产业带的战略规划中，应将长城作为中心轴线，基于增长极理论进行区域优化配置。这要求识别并选定具备高发展潜能

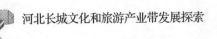

的关键增长节点，并激发其极化作用及辐射效应，以促进整个区域的综合发展。进一步地，要结合旅游中心地理论，规划建立一套分层次的三级旅游中心地体系。该体系的设计目的在于为不同层级的旅游区域提供旅游集散、接待以及其他相关服务支撑，从而优化旅游服务结构，提升区域旅游业的整体效能。

通过精心选择和培育增长极，建立有效的旅游中心地等级体系，以及充分考虑长城沿线的地形地貌和交通布局特点，可以构建出一种"一带、三区、九核"空间结构布局。这种布局不仅有助于充分利用和展示长城文化旅游产业带的独特优势，还能有效提升河北段长城文化旅游产业带的整体竞争力和可持续发展能力。通过这种综合性和层次化的规划，可以更好地保护和利用长城文化资源，同时促进区域经济的均衡和全面发展。

（一）选择旅游增长极

在文化旅游的融合发展中，文化内涵被重新注入社会再生产的各个环节，包括生产、分配、交换和消费，从而重塑经济关系。这种融合导致了新的产业链模式、产业集群模式和产品服务模式的形成，引发了旅游产业乃至更广泛领域发展方式的变革和产业结构的调整。这不仅拓宽了旅游产业的发展空间，还成为新的经济增长点。

在长城文化旅游产业带空间结构优化发展中，文化与旅游的融合可以为该区域提供关键的旅游增长极。根据增长极理论，结合长城文化旅游产业带中各地区的资源特征和发展特色，应选择那些资源质量高、周边资源丰富且交通条件良好的地区作为旅游增长极。在长城文化旅游产业带内，共识别出 9 个主要的旅游增长极，见表 8-2。

表8-2　长城文化旅游产业带9大旅游增长极

增长极名称	核心资源及周边资源整合	涉及区域	带动效应
秦皇岛滨海长城文化旅游增长极	以山海关5A级景区作为核心旅游资源，秦皇岛市应充分整合其海滨、山地以及乡村等多样化生态资源	秦皇岛	秦皇岛滨海旅游和乡村旅游
唐山喜峰口长城红色旅游增长极	以迁安市喜峰口—青山关长城景区为核心，充分利用并融合该区域周边以及迁安市内的长城及乡村资源	唐山迁西县、迁安市	唐山长城旅游和乡村旅游
承德遗产文化旅游增长极	以金山岭长城和承德避暑山庄5A级景区作为核心资源，承德市应整合其文化、生态及乡村资源	承德滦平县	承德遗产文化旅游和生态旅游
坝上草原生态文化旅游增长极	以草原天路为核心资源，整合坝上草原文化、草原生态、特色产业等资源	张家口张北县、沽源县	张家口草原生态文化旅游和特色产业
张家口长城文化旅游增长极	以大境门长城景区、宣化古城、蔚州古城为核心资源，整合张家口的物质文化遗产和非物质文化遗产资源	张家口宣化区、蔚县	张家口遗产文化旅游和文创产业
崇礼冰雪体育文化旅游增长极	以崇礼大型滑雪场为核心资源，整合冬奥文化、生态资源和乡村资源	张家口崇礼	张家口滑雪运动及体育旅游产业链
太行山山岳生态旅游增长极	以野三坡5A级景区、白石山5A级景区为核心，整合太行山生态资源和山地农业资源	保定涞水县、涞源县	太行山生态旅游、乡村旅游及山地农业
太行山红色文化旅游增长极	以西柏坡、狼牙山等红色旅游经典景区为核心资源，整合太行山生态资源和山地农业资源	石家庄平山县、保定易县	太行山红色旅游和乡村旅游
南太行生态休闲旅游增长极	以太行红河谷文化旅游经济带、娲皇宫5A级景区为核心资源，整合太行山生态资源和乡村资源	邯郸涉县、武安市	太行山生态旅游和乡村旅游

资料来源：徐灿灿《河北省长城文化旅游产业带空间结构优化研究》。

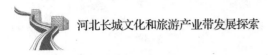

通过持续改善基础设施、提升交通通达性，以及以增长极为核心的旅游业态创新，可以有效培育这些旅游增长极。这样的培育不仅可以促进增长极本身的发展，还可以强化其关联效应和经济辐射作用，进而促进地区产业的聚集。这种聚集效应可以进一步带动周边地区旅游业及相关产业的发展，从而实现区域经济的整体增长和可持续发展。

（二）建立旅游中心地体系

在长城文化旅游产业带空间结构优化与发展中，构建一个科学的旅游中心地等级体系显得尤为重要，可促进旅游服务功能的增强、旅游增长极的有效培养与发展。旅游中心地作为专门区域，为游客提供景点访问、接待设施及服务，通常在城市或城镇中拥有突出的游客集散、旅游服务供应及产业管理与协调能力，而且其功能基于特定的空间维度，可依据服务功能与影响范围的差异而分级。

基于旅游中心地理论，结合长城文化旅游走廊的地理特征及各旅游中心地在区域旅游体系中的角色与功能，建议构建一套分为"一级中心城市（如北京）、二级中心城市（如秦皇岛、唐山、承德、张家口等）以及旅游小城镇"的三级旅游中心地分级体系（表8-3）。

表8-3　长城文化旅游产业带旅游中心地等级体系

中心地等级	中心地名称	辐射区域	辐射区域功能
一级中心地	北京	长城文化旅游产业带区域	该中心拥有强大的人流、物流和信息流集散能力，为整个长城文化旅游走廊提供了关键的旅游服务和资源支持
二级中心地	石家庄、秦皇岛、唐山、承德、张家口、保定、邢台、邯郸	次等级旅游小城镇	在次等级的旅游城镇和景区扮演交通枢纽和旅游集散中心的角色，从而促进整个区域旅游业的发展
三级中心地	山海关区、抚宁区、迁安市、遵化市、崇礼区、平山县、井陉县、武安市等	区域内旅游景区	承接二级旅游中心城市旅游资源、交通功能外溢的同时提供完善的旅游接待设施和信息服务来支撑和辐射区域内旅游景区的发展

资料来源：徐灿灿《河北省长城文化旅游产业带空间结构优化研究》。

（三）建构"一带、三区、九核"长城文化旅游产业带空间结构布局

　　河北省的长城文化旅游区域，由于其丰富的文化和旅游资源，成了一个独特的旅游目的地。而且，这个区域内的长城轴线、自然景观、历史城镇及交通网络等因素相互作用。这个区域横跨了燕山山脉、冀北山地、坝上草原和太行山脉，环绕着中国首都北京，展示了一幅大规模的地理布局。基于长城沿线的地形、自然资源、交通发展，以及城镇之间的连接程度，可对长城文化旅游产业带进行区域划分，具体包括燕山区域、张家口区域和太行山区域。进一步，以这些区域为基础，可构建一个包含"一带、三区、九核"的空间结构布局，以促进整个长城文化旅游产业带的发展。

　　"一带"将长城作为主轴线，联结沿线八个城市的丰富旅游资源，构筑了一个集长城文化、生态旅游、民俗体验及休闲活动于一体的综合性旅游区。而"三区"则包括了以长城文化为中心的三个主要旅游板块：燕山长城文化旅游区、张家口长城文化旅游区与太行山长城文化旅游区，每个区域都展示了长城沿线文化特色与自然风光。"九核"指代九个关键旅游发展核心，具体包括秦皇岛的滨海长城文化旅游中心、唐山的喜峰口长城红色旅游中心、承德的遗产文化旅游中心、坝上草原的生态文化旅游中心、张家口的长城文化旅游中心、崇礼的冰雪体育文化旅游中心、太行山的山岳生态旅游中心、太行山的红色文化旅游中心及南太行的生态休闲旅游中心。

　　燕山长城文化旅游区覆盖秦皇岛市、唐山市和承德市三个行政辖区，特点是秦皇岛的海滨生态资源、承德的山地生态资源以及唐山的革命历史文化资源高度聚集。在此区域，重点推广秦皇岛的海滨长城文化旅游、唐山的喜峰口长城红色旅游和承德的遗产文化旅游。依托津秦高铁，京秦、秦唐、承唐及承秦高速公路，以及秦皇岛、唐山、承德机场的交通网络，通过加强基础设施和景区联动，促进旅游增长极的形成，进而推

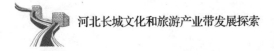

动燕山地区长城文化旅游的整体发展。

张家口及坝上长城文化旅游区位于张家口市，横跨内蒙古高原与华北平原，拥有丰富的历史文化和生态资源，以坝上草原文化和山地滑雪运动文化为代表。在该区域着力发展坝上草原生态文化旅游、张家口长城文化旅游和崇礼冰雪体育文化旅游。借助京张高铁、张石高速、张承高速、京张高速和张家口宁远机场等交通设施，构建旅游中心地级别体系，为张家口及其周边地区的草原生态、冰雪运动和长城文化旅游的发展提供强有力的支撑。

太行山长城文化旅游区涵盖保定市、石家庄市、邢台市和邯郸市等行政区划，区域内沿着太行山脉，富含深厚的历史文化遗产和革命历史文化资源，同时山岳景致壮丽迷人。在此背景下，需专注于太行山的山岳生态旅游、革命历史文化旅游，以及南太行生态休闲旅游的发展。依靠京石高铁、石太高铁、京石高速、张石高速、太行山高速，以及正定机场和邯郸机场等重要交通节点，可构筑旅游中心地分级体系。借助于增长极的辐射作用及中心地的旅游服务集散功能，可推动太行山长城文化旅游区内革命历史文化旅游、生态文化旅游及民俗文化旅游等领域的发展。

三、长城文化旅游产业带空间结构优化发展路径

（一）要素协同优化：促进长城文化旅游发展的元素整合

在优化长城文化旅游产业带的空间结构与推动其发展的过程中，必须综合考量多方面因素的协同效应。首要任务是聚焦于高质量旅游资源的开发与培养，特别是保定与邯郸地区的历史文化遗产和革命历史文化资源，张家口蔚县的物质文化遗产与民俗文化，张家口市区的革命历史文化资源，以及崇礼区的滑雪资源。对这些资源的保护与合理开发至关重要，如强化张家口宣化博物馆、蔚州古城墙等历史遗迹的培育，创新

非旺季滑雪场的旅游产品，提升至5A级旅游景区标准，及有效利用承德地区的森林、湿地等生态资源。

在旅游接待设施的配置上，亦需增加接待设施数量并强化旅游服务功能。具体而言，加强秦皇岛、承德、邢台及邯郸的星级酒店建设，以提升长城文化旅游走廊内星级酒店的总体质量、旅游接待能力及服务水平。对于太行山长城文化旅游区的保定、邢台和邯郸，可增加旅行社的数量，同时培养一系列大型、实力雄厚的旅行社企业，以支撑长城文化旅游走廊的文化旅游推广及宣传工作。

在旅游交通网络优化方面，强化区域内旅游交通的连通性尤为关键。这涉及多方面交通运输方式的增强，如开通唐山港、曹妃甸港等水域客运港口服务，加速邢台机场建设与启用进程，以及在保定新建民用机场的规划。进一步，还需加强承德、张家口、保定与北京、天津之间的交通连线，并提升这些地区内部的公路网络密度，确保游客能更方便地抵达4A级及以上的旅游景点。

在旅游客源市场规划中，明确市场定位并分层次开发多样化的旅游客源至关重要。对于国际旅游客源市场，可将日本、韩国等视为首要市场，将亚洲其他国家及欧洲、美洲的部分国家，如马来西亚、新加坡、俄罗斯、英国等定位为次级市场，其他国家则归类为第三级市场。在国内方面，将京津冀区域定位为首要客源市场，河北省邻近省份及其他中短距离省会城市作为次级市场，而西北、西南、华中南部及东北北部地区则被视为第三级市场（图8-1）。

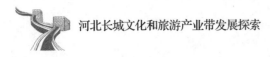

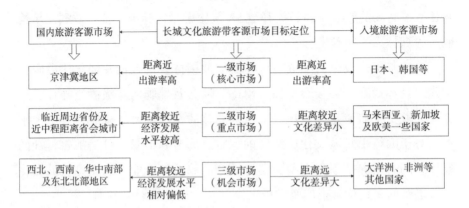

图 8-1 长城文化旅游产业带客源市场定位

（二）文旅深度融合：开创长城文化旅游新业态

在促进文化与旅游深度融合的过程中，激发长城文化旅游产业带中新旅游业态的发展显得尤为关键。基于旅游资源要素的空间分布特性，可以识别出长城文化旅游产业带内三大区域的独特旅游资源。通过文化深度挖掘、资源的有效整合以及产品的积极宣传，能够有效地培养旅游增长极，进而推动旅游新业态的兴起。

以燕山长城文化旅游区为例，该区域可通过培育长城遗产文化游、滨海生态体验游和自然生态休闲游等新业态，打造"滨海·长城·山地"文旅融合一体化的发展特色和旅游产业定位。具体而言，长城遗产文化游应着重于长城历史与文化的深度解读，结合现场体验和高科技展示手段，提高旅游体验的丰富度。滨海生态体验游则侧重秦皇岛滨海地区的自然生态资源，通过生态旅游和户外体验活动，让游客近距离感受自然的魅力。自然生态休闲游则结合区域内的森林、湿地资源，打造休闲度假和生态体验复合型旅游产品。

在张家口长城文化旅游区，培育草原生态文化游、历史文化民俗游和冰雪体育文化游等新业态，有助于形成"草原·长城·冰雪"文旅融合多业态并举的发展特色和旅游产业定位。草原生态文化游利用当地丰富的草原资源，结合长城文化，提供独特的草原文化体验。历史文化民俗游则着重于地区内丰富的民俗文化和历史遗址，为游客提供深入了解地方历史和文化的机会。冰雪体育文化游结合地区内的冬季运动资源，发展独特的冰雪旅游目的地。

太行山长城文化旅游区则通过培育山岳自然生态游、红色文化遗产游和乡村生态休闲游等新业态，打造"山岳生态旅游＋红色旅游＋乡村休闲游"文旅融合景观综合体。山岳自然生态游侧重利用太行山丰富的自然资源，提供登山、徒步等户外活动。红色文化遗产游则围绕地区的红色历史资源，为游客提供深入了解中国革命历史的机会。乡村生态休闲游结合地区内的乡村景观，打造具有地方特色的乡村旅游体验。

随着旅游基础设施的不断完善和交通通达性的提高，以及增长极外溢辐射效应的扩展，这些新业态将促进三大片区的持续融合发展。通过这种方式，不仅能够提升游客的旅游体验，还能促进长城文化旅游产业带地区的联动和共赢，促进区域内旅游业的可持续发展和文化遗产的有效保护与利用（表8-4）。

表8-4　长城文化旅游产业带资源特色及文旅融合新业态

增长极	资源要点	特色元素	文旅融合新业态
秦皇岛滨海长城文化旅游增长极	长城文化资源：山海关长城、角山长城、板厂峪长城等；滨海生态资源：南戴河国际娱乐中心、黄金海岸风景区、渔岛海洋度假区、海滨国家森林公园等	长城滨海	长城遗产文化游，滨海生态体验游
唐山喜峰口长城红色旅游增长极	红色文化资源：喜峰口长城抗战遗址、沙石峪陈列馆等；长城旅游资源：喜峰口长城、白羊峪大理石长城、青山关长城、红峪山庄长城溶洞旅游区等；山地农业资源：板栗、栗蘑、核桃、香菇、苹果等	长城抗日文化山地农业	长城红色文化游，乡村旅游

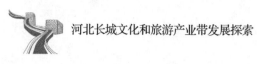

续表

增长极	资源要点	特色元素	文旅融合新业态
承德遗产文化旅游增长极	遗产文化资源：金山岭长城、清东陵景区、承德避暑山庄；自然生态资源：茅荆坝、白草洼、塞罕坝等；国家森林公园，丰宁海留图、滦平潮河、双塔山滦河等国家湿地公园	世界遗产 自然公园	历史文化遗产游 自然生态休闲游
坝上草原生态文化旅游增长极	草原文化资源：草原饮食文化、诗歌文化等；坝上生态资源：中都原始草原度假村、飞狐峪—空中草原、张北野狐岭要塞等	坝上草原	草原生态文化游
张家口长城文化旅游增长极	民俗文化资源：蔚县打树花、蔚县剪纸、蔚县秧歌等；长城旅游资源：大境门长城、宣化古城、蔚州古城等	民俗文化 古堡古城	历史文化民俗游
崇礼冰雪体育文化旅游增长极	滑雪旅游资源：万龙滑雪场、云顶滑雪场、太舞滑雪场、翠云山银河雪场、多乐美地滑雪场、长城岭滑雪场、富龙滑雪场等	冬奥滑雪体育	冰雪体育文化游
太行山山岳生态旅游增长极	山岳生态资源：野三坡、白石山、虎山风景区、天生桥景区、云花溪谷、古北岳国家森林公园等；山地农业资源：安国中药材、满城草莓、清苑西瓜等	山岳资源 特色农业	山岳自然生态游 乡村旅游
太行山红色文化旅游增长极	红色文化资源：西柏坡中共中央旧址、狼牙山遗址、冉庄地道战遗址、白求恩柯棣华纪念馆等	红色文化	红色文化遗产游
南太行生态休闲旅游增长极	历史遗产资源：娲皇宫、永年广府古城等；传统村落资源：磁县陶泉乡花驼村、北岔口村、南王庄村，武安市大贺庄村、什里店村、邢台县龙化村、鱼林沟村等	古村古镇	乡村生态休闲游

资料来源：徐灿灿《河北省长城文化旅游产业带空间结构优化研究》。

（三）品牌影响力提升：增强长城文化旅游的品牌认知

在推进长城文化旅游发展过程中，强化长城文化品牌的构建尤为关键，它是长城文化遗产保护、利用及其传承的核心动力。为深化对长城历史遗产文化价值的挖掘与广泛传播，需采纳一系列策略以促进长城文化及其辐射区域资源的全面保护与创新性转换。此举不仅在旅游开发过程中有助于长城文化的保护与继承，还能够提高长城文化旅游品牌的知名度和市场竞争能力，进而增强其吸引力和品牌影响力。

首先，实施一项全面的河北省长城文化资源普查项目成为首要任务。在长城国家文化公园建设的大背景下，对长城及其附近的多种资源进行系统性的调研、梳理与研究具有至关重要的意义。此项工作旨在构建河北省长城文化资源数据库，进而建立一个开放共享的长城文化公共数字化平台。这不仅有助于对长城文化进行阐释，还可促进长城文化的广泛宣传和有效推广。其次，基于河北长城文化资源，开发文化知识产权（IP）显得尤为必要。通过挖掘河北长城文化旅游产业带的地理多样性和丰富的文化资源，结合现代数字科技赋能文旅产业，开发出融合数字化长城与实体经济的新型文旅项目及文化创意产品。这不仅加强了长城文化的品牌形象，还促进了文化与旅游产业的深度融合与共生发展。最后，加强河北长城文化旅游重点项目建设，是提升品牌影响力的重要途径。长城沿线的八个市区应按照"资源共享、信息互通、交通互联、营销共动"的协同原则，突破地域界限，引导资源的整合与优化配置，从而丰富长城文化旅游的景观与审美体验，孵化出具有强大产业推动力和文化示范效应的龙头企业与项目。

（四）智慧化进程加速：推动长城文化旅游向智能化转型

在数字中国战略的引领下，以及文旅行业的不断革新和旅游市场需求的快速变化中，人们必须把握住数字经济的发展机遇，以推动长城文

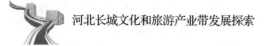

化旅游产业带向数字化、网络化和智能化的方向发展。这不仅符合时代发展的趋势，还是满足现代游客需求的必然选择。以下是实现这一目标的几个具体策略。

第一，发展线上数字旅游产品至关重要。运用5G、虚拟现实（VR）、增强现实（AR）等前沿技术，可以探索"云展览、云旅游、云体验"等新兴模式。这样不仅可以培育出数字展览馆、数字美术馆、数字图书馆等新型的线上文化体验，还可以让游客在虚拟空间中云游大境门景区、山海关景区等地，实现博物馆藏品的跨时空展示，提高游客的参与度和体验感。

第二，旅游景区的智慧化转型也是关键。通过智能化技术，可以实现景区间的联动和综合管理，增强安全防范能力。景区内的信息服务也应实现智能化，如建立景区官方门户网站和移动应用，提供游览攻略、客流信息发布、周边景点推荐、一键救援等功能。同时，应利用数字技术加速文旅产业的深度融合，改善景区旅游产品的体验。

第三，构建长城文化旅游产业带的智慧旅游公共服务系统至关重要。通过该系统，游客能够便捷地获取旅游路径信息、预约旅游服务等，享受到全面的在线信息服务。与此同时，旅游管理者也将通过提升信息化管理水平和增强区域间的协同管理能力，实现区域信息资源的共享及市场营销协同，从而为长城文化旅游走廊带来更加高效和智能化的管理服务体系。

（五）绿色发展战略：构建长城文化旅游的绿色发展体系

在当前全球高度重视绿色发展的背景下，长城文化旅游产业带的发展必须遵循绿色发展的理念，充分利用其独有的资源和生态优势，构建一个生态友好型的发展模式。这种模式应以生态环境保护为基石，以培养绿色产业为核心，以实现低碳增长为目标，并集合政府、企业、社区和游客等多方主体的力量，共同推进绿色发展，旨在实现生态、经济和社会的综合效益。

　　为了确保长城文化旅游产业带的绿色发展，各相关主体应明确其责任和作用。政府部门应承担起绿色发展的统筹规划与监管职责，出台相应的绿色发展政策，引导企业转向绿色化生产，并完善绿色发展的约束机制，建立有效的监管体系。企业应致力绿色生产实践。在深入调研的基础上，企业应遵守生态保护的原则，进行旅游资源的绿色开发，并提供环保型的旅游产品，以减少对环境的负面影响。社区作为地方资源和环境的主要建设者和维护者，应积极参与到长城文化旅游产业带的绿色建设和发展中。社区居民需发挥主体作用，保护地方环境，同时积极参与和支持当地的绿色旅游项目。此外，游客作为旅游活动的直接参与者，应树立强烈的环保意识。游客在旅游活动中应注重生态保护，推动绿色消费观念，倡导环保的旅游消费需求。通过游客的绿色行为，可以进一步推动长城文化旅游产业带的绿色发展（图8-2）。

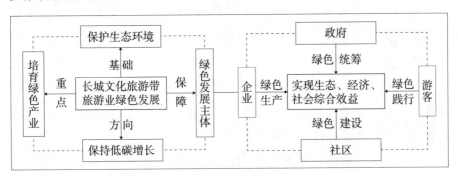

图8-2　长城文化旅游产业带旅游业绿色发展模式

第三节 河北长城文化旅游产业带空间结构优化发展的保障措施

一、加强制度落实，确保长城文化遗产的有效保护与利用

在推进长城文化遗产资源的旅游开发与利用时，首要前提是确保对长城资源的精心保护。鉴于河北段长城资源丰富，涵盖众多的物质与非物质文化遗产，保护措施显得尤为重要。依照《中华人民共和国文物保护法》《长城保护条例》和《河北省长城保护办法》等法律法规，加强对长城文化旅游产业带内历史文化资源的保护显得尤为迫切。为此，应成立专门的长城保护管理机构，并制定一整套统一的管理体系，指导地区间在保护长城的工作中进行有效的分工与合作。这套管理体系应包含长城保护标识牌、界桩等的规范设置。

同时，优化长城保护管理团队的建设，鼓励和引入社会力量参与长城保护，是增强保护力量的关键一步。而处理长城与其沿线社区居民间的关系，对于旅游开发同样重要。在开发过程中，必须充分考虑并尊重当地社区的利益，通过促进当地居民参与到长城文化旅游的开发中来，为他们提供接受教育和就业的机会。这不仅有助于构建和谐的社区关系，还能激发居民的长城保护自觉性。

此外，深入研究长城文化遗产保护的法律问题，完善相关法律法规，对于确保长城资源的有效保护也是不可或缺的。建立针对破坏长城遗址、非法买卖长城砖等违法行为的惩处机制，为解决长城资源开发中可能遇到的修复和重建问题提供法律支持，是保障长城文化遗产资源得以有效保护和可持续利用的关键措施。通过实施这些措施，不仅可以保护和传承长城的文化价值，还能为未来的旅游开发提供稳固的基础，确保长城遗产资源的长久利用和保护。

二、统筹规划进程，促进长城文化旅游产业带的协调发展

为确保长城文化旅游产业带的优化发展，可制定和实施一个全面的发展规划。这一规划应与国家级《长城国家文化公园建设保护规划》和省级《河北省旅游业"十四五"发展规划》《长城国家文化公园（河北段）建设保护规划》等上级规划紧密对接。同时，将河北段长城文化旅游产业带的旅游发展规划融入长城沿线各地区的总体城市规划、城镇规划，以及经济和社会发展规划中，以确保整体统筹和协调发展。

在制定具体规划时，重点应放在文化与旅游的深度结合方面，探索和创新旅游的新模式。这意味着在河北的长城文化旅游区域，要积极发掘并利用长城文化、周边的革命历史文化以及自然生态资源。通过与长城国家文化公园建设相结合，推动文化和旅游产业的深度融合，发展高质量的革命历史文化旅游、生态旅游、乡村旅游等多样化业态。全面升级和完善长城文化旅游产业带的公共和应急设施也是计划的重要组成部分。遵循长城国家文化公园的服务规范，致力长城文化旅游区的统一规划、标准化建设及系统化管理，旨在提升基础设施和服务质量，帮助树立并推广长城文化旅游品牌，同时扩大旅游市场。最后，加大数字基础建设的力度，完善长城资源管理信息系统，对于推动长城文化旅游产业带向智慧旅游发展至关重要。通过构建和优化这一平台，不仅可以更高效地管理和宣传长城旅游资源，还能显著提升游客的体验和满意度，从而推动长城文化旅游的持续发展和创新。

三、加强区域合作，构建长城文化旅游产业带的区域合作机制

为促进长城文化旅游走廊的空间结构优化与综合发展，区域间需建立合作协调发展机制。此举旨在深入挖掘与整合长城文化旅游资源，实现资源的高效配置，充分发挥区域内各类旅游资源的潜在优势，从而促

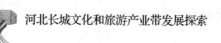

进区域旅游经济的增长并提升长城文化旅游的市场竞争力。

京津冀区域在旅游交通、文化遗产保护以及旅游产品设计领域的合作，对于推动长城文化旅游产业带与北京、天津之间的资源共享、信息交流和游客流动具有重要作用。通过构建一体化的交通网络，共享文化遗产保护的经验与资源，联合设计与推广旅游产品，可以有效增强该地区的旅游合作。

燕山长城文化旅游区、张家口长城文化旅游区，以及太行山长城文化旅游区之间的协作，对于统一长城文化旅游产业带的品牌塑造、绿色发展理念及要素协同具有重大意义。通过建立跨部门协同机制，明确发展目标与任务，加强品牌建设，可推进绿色发展，促进旅游要素的整合。

各区域城市之间的合作需超越行政界线。同时，考虑到各片区的资源特性、历史文化和地理位置，需通过区域旅游联盟的方式，设计并推广覆盖关键城市的旅游线路，实现旅游资源的互补与优化。

县区间的合作对于长城文化旅游产业带内部的综合发展同样重要。在中心城市的引领下，各县区应共同致力基础设施建设、环境形象提升、品牌宣传和文化标识的统一。通过建立跨县区旅游发展委员会、共享旅游宣传资源、共同举办区域性旅游节庆活动等方式，共同推进长城文化旅游走廊的优化与发展。

四、强化政策支持，提高长城文化旅游产业带的服务品质

提升长城文化旅游产业带的旅游公共服务水平，强化政策支持是关键。这不仅涉及资金和人才等关键资源的优化配置，还包括各相关部门的协调合作。

加大资金投入力度是提升长城文化旅游产业带服务水平的前提。河北省政府应增加财政支持，设立专项资金，支持基础设施建设、环境改善和旅游业态创新，助力文旅融合和绿色发展的实现。具体措施包括优先发展中心城市、旅游特色小镇及景区之间的交通枢纽，强化"快速到

达、缓慢享受"的旅行体验。进一步地，应进行旅游交通标识的统一规划与建设，在重要道路与景点设置一致的旅游指引标牌，确保游客获取明确的导航信息。此外，构建融合线上线下的旅游信息服务系统，满足游客对于信息查询的多样需求。

在长城文化旅游产业带空间布局的优化过程中，加强人力资源建设同样关键。政府应出台人才发展战略规划，重视旅游行业新技术、新模式人才的培育与吸纳。企业方面，应构建符合长城文化旅游、红色旅游、乡村旅游等多元化旅游需求的员工培训体系，提升其服务品质与专业技术水平。

在政策层面，政府应出台一系列旨在促进长城文化旅游产业带发展的政策。这些政策应涵盖旅游资源保护、产业扶持、税收优惠、金融支持等，为长城文化旅游产业带的可持续发展提供坚实的政策保障。同时，应鼓励私营部门和非政府组织参与到长城文化旅游产业带的建设中，通过公私合作模式（PPP）等，引入更多的社会资本和创新资源。此外，河北省政府应加强与中央政府的沟通协调，争取更多的中央资金和政策支持。通过与国家级相关部门的合作，可以更好地整合资源，提高长城文化旅游产业带的整体发展水平。

参考文献

[1] 陈格雷：《超级 IP 孵化原理》，机械工业出版社 2020 年版。

[2] Dean Mac Cannell：《旅游者：休闲阶层新论》，张晓萍等译，广西师范大学出版社 2008 年版。

[3] 付志方：《望长城内外：胜境河北》，河北美术出版社 2014 年版。

[4] 河北省爱我中华修我长城指导委员会：《爱我中华 修我长城：河北长城揽胜》，河北人民出版社 1985 年版。

[5] 河北省地方志编纂委员会：《河北省志：第 81 卷 长城志》，文物出版社 2011 年版。

[6] 河北省文物局，河北省古代建筑保护研究所，河北省长城资源调查队：《河北省明长城资源调查报告：涞源卷》，文物出版社 2010 年版。

[7] 敬人：《智无止境：〈孙子兵法〉名句今悟》，青岛出版社 2021 年版。

[8] 李许：《在承德滦平遇见最美金山岭长城》，河北美术出版社 2017 年版。

[9] 吕由：《张家口旅游》，中国青年出版社 1999 年版。

[10] 苏敏、杜浩：《河北长城文化和旅游产业带发展策略研究》，河北大学出版社 2000 年版。

[11] 苏明明：《遗产保护与旅游发展：社区视角的多案例研究》，中国旅游出版社 2019 年版。

[12] 王金伟：《红色旅游蓝皮书：中国红色旅游发展报告（2022）》，社会科学文献出版社 2023 年版。

[13] 相金科：《河北：伟哉长城》，外文出版社 2006 年版。

[14] 河北省文物局，河北省古代建筑保护研究所，河北省长城资源调查队：《河北长城》，河北美术出版社 2011 年版。

[15] 河北省文物局：《河北省长城保护管理和执法情况调查研究报告》，文物出版社 2009 年版。

[16] 聂辰席：《壮美长城》，河北美术出版社 2011 年版。

[17] 郑绍宗：《河北古长城》，河北教育出版社 2016 年版。

[18] 索绪尔：《普通语言学导论》，于秀英译，商务印书馆 2020 年版。

[19] Cohen：《旅游社会学纵论》，巫宁、马聪玲、陈立平译，南开大学出版社 2007 年版。

[20] 白翠玲、和文征、牛天娇：《太行山河北段长城旅游开发研究》，《河北地质大学学报》2017 年 4 期。

[21] 白翠玲、雷欣、苑潇卜：《长城国家文化公园（河北段）文化遗产展示体系研究》，《河北地质大学学报》2022 年 3 期。

[22] 白翠玲、武笑玺、牟丽君、李开霁：《长城国家文化公园（河北段）管理体制研究》，《河北地质大学学报》2021 年 2 期。

[23] 毕凯旋、王孟尚、罗世贤、陆朋：《秦皇岛乡村康养旅游发展策略研究》，《旅游纵览》2023 年 15 期。

[24] 程慕华、张天、孟丝琦：《长城国家文化公园（河北段）形象传播的问题与策略》，《传媒与艺术研究》2022 年 1 期。

[25] 程瑞芳、肖涵：《河北段长城文化旅游竞争优势评价及提升策略研究》，《河北地质大学学报》2023 年 5 期。

[26] 邓小艳、刘英：《符号化运作：世界文化遗产旅游地创新发展的路径选择——以湖北武当山为例》，《经济地理》2012 年 9 期。

[27] 范海刚、李秋云、苑潇卜：《长城国家文化公园（河北段）怎么建》，《中国文化报》2021 年 12 月 14 日第 8 版。

[28] 高一帆、朱颖杰：《长城文化带（河北段）文旅创意产品助推乡村振兴模式创新研究》，《参花（上）》2022年1期。

[29] 韩可为：《长城国家文化公园建设下的延边边墙保护利用研究》，硕士学位论文，吉林建筑大学建筑学专业，2022。

[30] 李菲、李锰：《河北长城文化带建设及路径研究》，《河北旅游职业学院学报》2021年4期。

[31] 李国庆、鲁超、郭艳：《河北省长城国家文化公园建设与区域旅游融合创新发展研究》，《唐山师范学院学报》2021年3期。

[32] 刘福青、董顺媛、王建斌、霍菲菲：《河北省长城文化公园建设中的数字化设计与活化传承构建研究》，《住宅与房地产》2021年28期。

[33] 刘素杰：《长城精神的新时代价值蕴含及其实践途径》，《河北地质大学学报》2020年2期。

[34] 陆大道：《2000年我国工业生产力布局总图的科学基础》，《地理科学》1986年2期。

[35] 陆大道：《关于"点—轴"空间结构系统的形成机理分析》，《地理科学》2002年1期。

[36] 马进甫、宋振美：《简析红色旅游资源的特征及其开发策略》，《北京第二外国语学院学报》2006年1期。

[37] 牛明会、潘秀昀、马瑞、吴英：《文旅产业融入河北长城国家文化公园建设的路径探析》，《旅游与摄影》2021年8期。

[38] 石培基、李国柱：《点—轴系统理论在我国西北地区旅游开发中的运用》，《地理与地理信息科学》2003年5期。

[39] 宋高安：《金山岭长城军事防御体系研究及其体验性景观设计》，硕士学位论文，石家庄铁道大学风景园林专业，2022。

[40] 宋亮凯、李悦铮、徐凯：《基于点—轴理论的环渤海地区旅游空间结构研究》，《世界地理研究》2016年3期。

[41] 佚名：《万里长城首次发现"文字墙"》，《长江建设》1997年5期。

[42] 王红宝、许亚丽：《文旅融合视角下长城文创产品开发策略研究》，《河北地质大学学报》2023年2期。

[43] 王杰彦、王丽玲：《长城文化视域下的秦皇岛地域文化发展》，《大舞台》2013 年 9 期。

[44] 王秋雅：《"体验式旅游"视角下乡村民俗旅游的开发研究》，《农业经济》2022 年 11 期。

[45] 魏艳伶、包得义：《文化强省战略下河北省红色文化开发利用研究》，《淮南职业技术学院学报》2017 年 5 期。

[46] 吴传清、孙智君、许军：《点轴系统理论及其拓展与应用：一个文献述评》，《贵州财经学院学报》2007 年 2 期。

[47] 徐灿灿：《河北省长城文化旅游产业带空间结构优化研究》，硕士学位论文，河北经贸大学旅游管理专业，2022。

[48] 杨承玥、刘安乐、明庆忠、秦趣、王艳梅：《资源型城市生态文明建设与旅游发展协调关系：以六盘水市为实证案例》，《世界地理研究》2020 年 2 期。

[49] 于英丽、陈强、谢芳、姚辉：《乡村振兴视角下冀东长城文化带村落景观的开发策略》，《现代园艺》2023 年 12 期。

[50] 苑潇卜：《长城国家文化公园（河北段）建设中非遗传承保护和发展利用研究》，《旅游纵览》2021 年 2 期。

[51] 张平一：《河北境内长城的历史价值和作用》，《文物春秋》2003 年 1 期。

[52] 张文香：《山海关区北营子村美丽乡村建设规划实践》，《中国环境管理干部学院学报》2017 年 1 期。

[53] 郑金芳、金惠新、陆义丽：《秦皇岛市文化旅游发展的对策》，《时代经贸》2017 年 25 期。

[54] 王宏伟：《长城把最美的一段留给了金山岭》，《中国集邮报》2017 年 4 月 28 日第 7 版。

[55] 苏坤：《"元宇宙"如何赋能文旅产业数字化转型值得关注》，《中国旅游报》2021 年 12 月 16 日第 3 版。

[56] 卢山、刘建兴：《我市扎实推进长城国家文化公园（唐山段）建设》，《唐山劳动日报》2022 年 9 月 21 日第 1 版。

[57] 尉迟国利：《"承德山水"农业品牌助农增收》，《河北日报》2022 年 11 月 7 日第 6 版。

[58] 李欢：《秦皇岛旅游公共服务提升路径研究》，硕士学位论文，燕山大学公共管理专业，2020。

[59] 刘忠辉：《基于顾客感知的碧螺塔酒吧公园新媒体营销效果评价研究》，硕士学位论文，燕山大学工商管理专业，2021。

[60] 吕佳欣：《影视基地体验型旅游产品开发模式与应用研究：以横店影视城为例》，硕士学位论文，浙江师范大学人文地理学专业，2019。

[61] 孟庆艳：《文化符号与人的创造本性：早期符号理论比较研究》，博士学位论文，吉林大学马克思主义哲学专业，2006。

[62] 余琪：《国内大型主题性旅游演艺产品开发初探》，硕士学位论文，华东师范大学旅游管理专业，2009。

[63] 赵文浩：《长城国家文化公园建设背景下的古城营村落设计研究：以山海关北营子村为例》，硕士学位论文，燕山大学艺术设计专业，2023。

[64] 赵红梅：《论仪式理论在旅游研究中的应用：兼评纳尔什·格雷本教授的"旅游仪式论"》，《旅游学刊》2007 年第 9 期。